suhrkamp taschenbuch
wissenschaft 1867

Alle Wege der ästhetischen Wahrnehmung kreuzen sich in einer Aufmerksamkeit für das phänomenale Erscheinen der Welt – und damit in einer Vergegenwärtigung der vergehenden Gegenwart des menschlichen Lebens. Dieser Grundgedanke von Martin Seels vielbeachteter *Ästhetik des Erscheinens* wird in den Texten dieses Buchs theoretisch erweitert und an einem breiten Spektrum von Künsten und Künstlern kritisch erprobt: Sie sind Texte zur Ästhetik, deren Ästhetik auf den Rhythmus ihrer Gegenstände zu antworten versteht.

Martin Seel ist Professor für Philosophie an der Johann Wolfgang Goethe-Universität Frankfurt am Main. Zuletzt erschien: *Sich bestimmen lassen* (stw 1589), *Ästhetik des Erscheinens* (stw 1641) und *Adornos Philosophie der Kontemplation* (stw 1694).

Martin Seel
Die Macht des Erscheinens

Texte zur Ästhetik

Suhrkamp

Bibliografische Information der Deutschen Nationalbibliothek
Die Deutsche Nationalbibliothek verzeichnet diese Publikation in der
Deutschen Nationalbibliografie; detaillierte bibliografische Daten sind
im Internet über http://dnb.d-nb.de abrufbar.

suhrkamp taschenbuch wissenschaft 1867
Erste Auflage 2007
© Suhrkamp Verlag Frankfurt am Main 2007
Alle Rechte vorbehalten, insbesondere das der Übersetzung,
des öffentlichen Vortrags sowie der Übertragung
durch Rundfunk und Fernsehen, auch einzelner Teile.
Kein Teil des Werkes darf in irgendeiner Form
(durch Fotografie, Mikrofilm oder andere Verfahren)
ohne schriftliche Genehmigung des Verlages reproduziert
oder unter Verwendung elektronischer Systeme
verarbeitet, vervielfältigt oder verbreitet werden.
Druck: Druckhaus Nomos, Sinzheim
Printed in Germany
Umschlag nach Entwürfen von
Willy Fleckhaus und Rolf Staudt
ISBN 978-3-518-29467-3

Inhalt

Vorbemerkung 7

Theorie

1. Ein Schritt in die Ästhetik 11
2. Ästhetik und Hermeneutik.
   Gegen eine voreilige Verabschiedung 27
3. Form als eine Organisation der Zeit 39
4. Über die Reichweite ästhetischer Erfahrung 56
5. Inszenieren als Erscheinenlassen 67
6. Über den kulturellen Sinn ästhetischer Gegenwart –
   mit Seitenblicken auf Descartes 82
7. Die Macht des Erscheinens. Friedrich Nietzsches
   ästhetische Marginalisierung des Seins 95
8. Vom Nutzen und Nachteil der evolutionären Ästhetik 107
9. Intensivierung und Distanzierung.
   Stichworte zur ästhetischen Bildung 123

Künste

10. Platons Apologie der Literatur.
    Eine kurze Lektüre des *Phaidros* 131
11. Räume im Raum der Gegenwart.
    Über den Ort der Architektur 143
12. Realismus und Anti-Realismus in der Theorie
    des Films 152
13. Das Auto als Konzertsaal 176
14. Die Idee der Musik 184

Kritik

15. Über einige Beziehungen der Vernunft zum Humor.
    Eine Lektüre der *Korrektur* von Thomas Bernhard 189
16. *Mein Jahr in der Niemandsbucht*.
    Peter Handkes Komödie der Kontemplation 207

17. Einiges zum Lob der Lakonie. Beim Lesen von
    Botho Strauß' *Die Fehler des Kopisten* 214
18. Das Anti-Terror-Gesetz der Komik.
    Christoph Schlingensief verweigert den Ausbruch
    der Kunst aus der Kunst 221
19. Das Wagnis des Scheiterns. Fassbinder-Notizen 228
20. Im Zweifelsgewann. Jürgen Wiesners
    fotografische Passagen zwischen Natur und Kunst 237
21. Im Gegenlicht der Geschichte.
    Matthias Holländers monumentale Studie
    über die Gegenwart der Vergangenheit 252
22. Gestalten der Kritik 259

Nachweise 269
Personenregister 271

Vorbemerkung

Wie die übrige Philosophie ist die Ästhetik vorwiegend eine Tätigkeit der Selbstverständigung – darüber, wie wir uns in unterschiedlichen Bereichen unseres Erlebens und Handelns begreifen können und sollen. Die Ästhetik erkundet, warum uns an bestimmten Arten einer vollzugsorientierten Wahrnehmung etwas liegt, was diese gegenüber anderen Formen des Vernehmens und Verstehens vermag und folglich mit was für einem Bewusstsein unserer selbst und der Welt sie uns versorgt. Diese Untersuchungen kulminieren in einer Theorie der Kunst und der Künste – und zielen doch weit darüber hinaus: auf eine Vergegenwärtigung der vielfältigen Möglichkeiten, der Gegenwart eigenen und fremden Lebens anschaulich innezuwerden.

Im Konzert der Philosophie spielt die Ästhetik aber auch eine besondere Rolle. Anders als die theoretische Philosophie und stärker noch als die praktische hat sie die Möglichkeit und steht daher in der Pflicht, den Formen der Erfahrung und Einsicht, von denen sie handelt, Farbe zu verleihen. Ihr Zweck liegt nicht allein in ihr selbst, also in einer Aufklärung der Verhältnisse, um die es jeweils geht; sie muss sich nicht nur im Entwurf einer aufschlussreichen Sprache an ihren Gegenständen bewähren; sie sollte auch in der Lage sein, die Wahrnehmung ihrer Adressaten zu bereichern, indem sie starke Interpretationen ästhetischer Phänomene eröffnet und am besten enthält. Mit anderen Worten, sie darf auch verführen: zu Arten der Begegnung mit Ereignissen innerhalb und außerhalb der Kunst, die bis dahin so noch nicht absehbar waren. Erst wenn ihr dies gelingt, hat sie ihren Zweck ganz erreicht.

Die Mehrzahl der in diesem Band zusammengestellten Arbeiten habe ich in der Zeit vor und nach der Fertigstellung meiner im Jahr 2000 publizierten *Ästhetik des Erscheinens* geschrieben; sie bereiten deren Motive vor und verfolgen sie weiter, verleihen ihnen einen anderen Akzent und geben ihnen eine zusätzliche Wendung, erproben ihren Zugang an verschiedenen Künsten und lassen sich auf unterschiedliche Kunstwerke und Künstler ein. Die erste Gruppe der Texte beleuchtet die Macht und Magie des ästhetischen Erscheinens in Auseinandersetzung mit älteren und neueren Tendenzen der Ästhetik. Die zweite unternimmt unterschiedlich lange Exkursionen in das Feld der Literatur, der Architektur, des Films und der Musik. Die dritte Gruppe enthält Deutungsversuche zu Werken, die mich seit langem begleitet oder bei Gelegenheit meine Neugier erweckt haben. Das Buch endet mit einer kleinen Galerie heterogener Gestalten der ästhetischen, aber auch der philosophischen und politischen Kritik.

Ich danke Daniel Feige, Mara Springer, Sebastián Pereira, Christian Tedjasukmana und besonders Thorsten Sindermann für ihre unermüdliche Unterstützung bei der Redaktion des Bandes.

Frankfurt am Main, im April 2007 M.S.

Theorie

1. Ein Schritt in die Ästhetik

Wenn wir uns die Ästhetik für einen Augenblick als ein weitläufiges Gebäude vorstellen, an dem seit Jahrhunderten immer wieder gebaut worden ist, das zahlreiche Erweiterungen und Ergänzungen erfahren hat – sagen wir, als ein mit der Zeit etwas labyrinthisch gewordenes Museum: so ließe sich überlegen, an welchem seiner vielen Eingänge man sich am besten für eine Besichtigung verabreden sollte. Am einfachsten wäre es wohl, sich da zu treffen, von wo aus man leicht zu den wichtigsten Ausstellungsräumen, zum Café, der Garderobe, dem Kinosaal und dem Buchladen gelangen kann. Hätten wir Glück, wäre das der Haupteingang, an den einen die Ortskundigen ohnehin schicken. Aber so viel Glück haben wir nicht. In der Folge der Umbauten und Ausbauten ist die Idee eines Haupteingangs in Vergessenheit geraten; stattdessen gibt es zahllose Pforten, von denen aus die unterschiedlichen Einrichtungen mehr oder weniger gut erreicht werden können. Wir müssen uns also erst auf die Suche nach einem günstigen Eingang machen, der uns ohne Verirrungen ins Herz der Anlage führt.

Im Folgenden möchte ich berichten, was bei meiner Suche herausgekommen ist. Ich werde einen Eingang in die Ästhetik markieren, der uns ohne Umschweife in medias res zu führen vermag. Es geht mir dabei ausschließlich um eine solche Eröffnung, nicht hingegen um die vielen weiteren Schritte, die sich aus ihr ergeben.[1] Diesen Schritt in die Ästhetik werde ich hier auf eine exemplarische Weise vollziehen. An zwei Beispielen soll deutlich werden, wo ein günstiger Ausgangspunkt liegt. Wie bei unserem imaginären Gebäude freilich gibt es viele andere Zugänge, von denen manche kaum weniger einladend sein dürften; dieser aber ist es, den ich empfehlen würde – falls jemand danach fragen sollte.

1. Eine topografische Skizze

Seit ihren platonischen Anfängen wird die philosophische Ästhetik von einer Alternative umgetrieben, die ebenso aufschlussreich wie

1 Vgl. hierzu M. Seel, Ästhetik des Erscheinens, München 2000.

irreführend ist. Der ästhetischen Wahrnehmung wurde das Vermögen zugeschrieben, entweder einen besonderen Zugang zum *Sein* oder aber eine besondere Sphäre des *Scheins* zu eröffnen. In der ersten Denkfigur wird die ästhetische Wahrnehmung als eine Begegnung damit gesehen, wie die Dinge in Wahrheit liegen – als ein Durchbrechen scheinhafter Lebensverhältnisse. In der zweiten Denkfigur hingegen erscheint sie umgekehrt als eine Abwendung von der Stabilität der verlässlichen Welt – und damit als ein Durchbrechen der Macht des Wirklichen.

In meinen Augen ist dies einer der falschen Gegensätze, aus dem die Ästhetik herausfinden sollte. Der Ausweg wird sichtbar, sobald deutlich wird, dass die alternativen Wege nur Varianten eines dritten Weges sind, der längst schon begangen wird, wo sich Anschauung und Reflexion auf Pilgerfahrt zum Sein oder zum Schein befinden.

Die klassische *Ästhetik des Seins* versteht das ästhetische Geschehen als Offenbarung eines ansonsten verstellten höheren Sinns oder Seins. In der gegenwärtigen Diskussion spielt jedoch auch eine nicht-klassische, häufig medientheoretisch formulierte Variante eine große Rolle, die in den Objekten der Kunst eine Aufdeckung der *Konstruktivität* aller Verhältnisse des Wirklichen am Werk sieht. Beide Varianten einer Ästhetik des Seins aber nehmen an, dass in oder an der ästhetischen Wahrnehmung *allgemeine* Strukturen des Wirklichen erkennbar werden; an ihrer Verfassung werde eine Grundverfassung des Wirklichen sichtbar.

Eine *Ästhetik des Scheins* hingegen weist diese enge Liaison von Realität und ästhetischer Realität – und entsprechend: von ästhetischer, epistemologischer und ethischer *Theorie* der einen Realität – zurück. Für sie ist das Feld – oder radikaler: der Zeitraum – des Ästhetischen ein eigener Bereich, von dem aus nicht auf die Verfassung des Wirklichen zurückgeschlossen werden darf. Sie beschreibt den Prozess der ästhetischen Erfahrung als einen Eintritt in die Sphäre eines ansonsten missachteten Scheins, der außerhalb der Kontinuität des Seienden steht.

Jede dieser Positionen ist in sehr unterschiedlichen Varianten und mit einer sehr unterschiedlichen Bereitschaft zu Allianzen vertreten worden; man denke nur an Hegels wirkungsmächtige Rede von einem sinnlichen Scheinen des Absoluten, an Nietzsches Gedanken einer künstlerischen Freilegung des Scheincharakters der kulturellen Welt oder an Blochs Ästhetik des Vorscheins einer künftigen besseren Gesellschaft. Dennoch ist mit der auf Platon zurückgehenden Fixierung auf Sein oder Schein eine höchst unglückliche Alternative gestellt. Ästhetisches Bewusstsein bahnt demnach entweder einen Weg zu einer höheren Realität oder aber einen Ausweg aus den Niederungen der Realität (oder es vollzieht beide Bewegungen zugleich). So oder so wird die ästhetische Wahrnehmung als eine Flucht vor der phänomenalen Gegenwart des menschlichen Lebens konzipiert. Ästhetisches Bewusstsein wird in beiden Perspektiven geradezu als eine Unaufmerksamkeit für das konkrete Hier und Jetzt der wahrnehmbaren Welt verstanden.

Diese desaströse Konsequenz sollten wir nicht akzeptieren. Denn vieles spricht dafür, das ästhetische Bewusstsein als eine ausgezeichnete Form der Anschauung von Gegenwart zu verstehen. Auch wenn es vergangene oder künftige Gegenwarten sind, die in ihrer Unübersehbarkeit zur Wahrnehmung kommen, so bedarf es hierzu doch einer Situation, die in ihrer je eigenen Augenblicklichkeit wahrgenommen wird. Diese Hinwendung zur Gegenwärtigkeit von etwas Gegenwärtigem, so möchte ich behaupten, ist ein Grundantrieb aller ästhetischen Wahrnehmung. Das ästhetische Bewusstsein nimmt das Wirkliche in der Besonderheit seines sensitiven Sichdarbietens wahr, und das bedeutet: in der Simultaneität und Momentaneität, in der es sich dem sinnlichen Vernehmen darbietet. In dieser Perspektive wird die ästhetische Wahrnehmung als Eröffnung einer Zone des Erscheinens verstanden, in der sich das Wirkliche von einer anderen, ansonsten unzugänglichen Seite zeigt. Weder das fixierbare Sein noch der irreale Schein, sondern eine momentane und simultane Fülle des Erscheinens machen den ersten Fixpunkt des ästhetischen Verhaltens aus.

Der Grundgedanke ist einfach der, Kants Wendung von einem »Spiel der Erkenntnisvermögen«, die ja zunächst nicht viel mehr als eine terminologische Metapher ist, in eine Bestimmung zu übersetzen, die das »subjektive« wie das »objektive« Element der ästhetischen Praxis gleichermaßen umfasst. Es kommt darauf an, ästhetische Wahrnehmung von ihren Objekten und die ästhetischen Objekte von ihrer Wahrnehmung her zu verstehen. Im Einklang mit dieser Forderung lässt sich sagen: Ästhetische Wahrnehmung ist *Aufmerksamkeit für ein Spiel der Erscheinungen*. Dieses Ineinander und Miteinander von Erscheinungen entzieht sich – wie Kant in der *Kritik der Urteilskraft* einleuchtend ausgeführt hat – sowohl der theoretischen wie der praktischen Verfügung. Trotzdem handelt es sich weder um eine Schimäre noch um eine Projektion – und erst recht nicht um eine Täuschung. Denn für jeden, der hören und sehen (und darüber hinaus fühlen, riechen und schmecken) kann, ist diese im Ganzen unbestimmbare Interaktion sinnlich unterscheidbarer Aspekte da. Wir nehmen hier keine *andere* als die Welt der sinnlichen Objekte wahr, aber wir nehmen sie durchaus *anders* wahr: mit einem gesteigerten Gefühl für das Hier und Jetzt der Situation, in der sich die Wahrnehmung ereignet.

Was hierbei vernehmlich wird, ist ein Zusammenbestehen von Aspekten, die *im einzelnen* durchaus bestimmt werden können. Die Erscheinungen, die dabei ins Spiel kommen, sind nicht »unbestimmte Gegenstände der empirischen Anschauung«, wie es zu Beginn der *Kritik der reinen Vernunft* heißt,[2] sie sind begrifflich bestimmbare und häufig in der Anschauung bestimmte Objekte oder Aspekte der Wahrnehmung. Wenn ich den Flug einer Plastiktüte ästhetisch betrachte, betrachte ich den Flug einer Plastiktüte – und es tut der Intensität meiner Betrachtung keinerlei Abbruch, dass ich weiß, was für ein Objekt ich da sehe. Nicht ein *vor* aller Verstandestätigkeit gefasster Begriff der Erscheinung, sondern ein Begriff des begrifflich *erfassbaren* Gegebenen ist der angemessene Ausgangspunkt einer Analyse der ästhetischen Wahrnehmung. Alles aber, was im Gebrauch von Wahrnehmungsprädikaten erfasst werden kann, kann zugleich in einer Besonderheit wahrgenommen werden, die begrifflich gerade nicht ausschöpfbar ist. Sobald wir hierauf achten, kommt es nicht auf die Fixierung eines *Soseins*, sondern auf ein Spiel von *Erscheinungen* an – wir nehmen die empirische Welt im Glanz ihrer konstitutiven *Unterbestimmtheit* wahr.

Das ästhetische Erscheinen ist nicht primär Erscheinen von etwas, sondern ein Erscheinen seiner selbst. Als »es selbst« erscheint etwas, das nicht lediglich *als etwas* oder als Zeichen für etwas *anderes* aufgefasst wird. Aller Vorschein oder Anschein im Feld des Ästhetischen ist von einem Erscheinen her zu verstehen, das nicht schon in der Funktion einer offenbarenden oder illuminierenden *Darbietung* steht. Alles ästhetische Zeigen entspringt einem *Sichzeigen*, das nicht immer zugleich ein intentionales Zeigen enthält.

2 I. Kant, Kritik der reinen Vernunft, in: ders., Werke in zwölf Bänden, hg. v. W. Weischedel, Frankfurt/M. 1968, Bde. III u. IV, Bd. III, 69 (B 33), vgl. B 94.

Aller ästhetische Schein entspringt einem Erscheinen, das selbst nicht scheinhaft ist. Darum, so meine ich, lassen sich die unbestreitbaren Einsichten sowohl einer »Ästhetik des Seins« als auch einer »Ästhetik des Scheins« erst auf dem Boden einer *Ästhetik des Erscheinens* plausibel formulieren.

Diese darf sich nicht auf die Kunst beschränken, gerade wenn sie der Besonderheit der Künste gerecht werden will. Die Darbietung von Kunstwerken operiert im Medium eines bedeutungshaften Erscheinens, das nur *zusammen* mit elementaren, nicht auf Zeigehandlung und Zeichenbildung gerichteten – und damit nicht bedeutungshaften – Prozessen des Erscheinens analysiert werden kann.[3] Natürlich ermöglichen die Werke der Kunst häufig eine dichte Erkenntnis; sie können Wissen vermitteln, ebenso wie ihre Wahrnehmung oft ein besonderes Wissen verlangt. Und natürlich operiert die Kunst vielfach mit Elementen des Scheins; sie fingiert Zustände, denen außerhalb dieser Fiktion keine Realität entspricht. Aber ein tragendes Element auch der Wahrnehmung der Werke der Kunst – und darum ein günstiger Anfangspunkt auch ihrer Theorie – ist die Aufmerksamkeit für die phänomenale Individualität ihrer Gebilde.

Der erste Schritt in die Ästhetik sollte daher dieser Aufmerksamkeit gewidmet sein. Er richtet sich auf das, was sie für eine und wofür sie eine Aufmerksamkeit ist. Die Objekte dieser Wahrnehmung können ganz beliebige Objekte sein – ein Ball, ein Baum oder eine Autowaschanlage. Trotzdem vollziehe ich diesen Schritt hier an zwei *künstlerischen* Beispielen – zum einen, weil auch sie individuelle Wahrnehmungsobjekte sind, und zum andern, weil sie den darstellungspraktischen Vorteil haben, ästhetisch noch etwas mehr als das zu sein.

2. Eine Plastiktüte in freiem Flug

In dem Film *American Beauty* von Sam Mendes (USA 1999) gibt es eine kurze Sequenz, die all den Ruhm verdient, der dem Werk im Übermaß zuteil geworden ist. Es ist die Videoaufnahme einer

---

3 In der Notwendigkeit dieser Verbindung liegt das Recht der komparativen und komplementären Behandlung von »Natur« und »Kunst« in den Ästhetiken des 18. und 19. Jahrhunderts; vgl. M. Seel, Eine Ästhetik der Natur, Frankfurt/M. 1991, Kap. V.

Plastiktüte, die sich in einer zirkulierenden Luftströmung bewegt. In der Mitte des Films ist sie etwa 80 Sekunden lang zu sehen. Am Ende, während aus dem Off der Epilog der toten Hauptfigur zu hören ist, wird für 20 Sekunden eine andere Passage aus diesem Film im Film gezeigt.

Dieses Video ist auf eine ebenso eindeutige wie komplexe Weise in die Fiktion des Films eingebettet. Die Aufnahmen entstammen dem mit einem Camcorder verfassten Videotagebuch des 18-jährigen Ricky, in dem er alles verzeichnet, was ihm bemerkenswert erscheint. Wenn der Film eine Situation aus der Perspektive von Ricky zeigt, zeigt er die Videobilder, die dieser von einer Situation aufnimmt und im Display seiner Kamera verfolgt. Durch die Videoaufnahmen, die Ricky von Jane, der Nachbarstochter, macht, erfahren die Zuschauer von seinem Interesse an ihr. Als Jane zum ersten Mal zu Ricky aufs Zimmer kommt, spielt er ihr das Plastiktütenvideo vor. Die gesamte Aufnahme, so erzählt er, sei 15 Minuten lang. Während die beiden Jugendlichen das Video sehen, knüpfen sie die einzige noch nicht zerstörte Beziehung des Films. Auch das nochmalige Zitat am Ende des Films gibt ein positives Bild. Die Sequenz mit der schwebenden Tüte belegt hier die von dem toten Helden geäußerte Auffassung der Schönheit eines Lebens, das sich von den Zwängen der Konvention und der Routine befreit und für die Erfahrung des Augenblicks öffnet – eine Erfahrung, die der Sprechende bekräftigt, obwohl sie ihn das Leben gekostet hat.

Der Film ist jedoch im Rahmen meines Beispiels nur als Kontext des Videos wichtig. In diesem verfolgt die Kamera eine weiße Plastiktüte vor dem Hintergrund einer roten Backsteinmauer, die von weißen Pfeilern unterteilt wird. Die Tüte kreist zunächst über die mit grauen Platten gepflasterte Fläche vor dieser Mauer. Das Pflaster ist zum Teil mit Herbstlaub bedeckt, das sich ebenfalls im Wind bewegt. Nach kurzer Zeit erhebt sich die Tüte – nicht aber das Laub – vom Boden, um in kreisenden Bewegungen auf und ab zu schwingen und sich, verfolgt von der Kamera, nach links die Mauer entlang zu bewegen. In der am Ende des Films eingespielten Sequenz zoomt sich die Kamera näher an die Tüte heran, so dass nur noch die Wand und das sich davor in der Luft herumwendende Objekt zu sehen sind.

Das Video ist durchweg stumm. Weder das Geräusch des Windes noch das Rascheln der Tüte noch sonst ein Laut sind zu hören. Die

Szene bleibt ganz isoliert. Der festgehaltene Vorgang spielt sich wie in einem Niemandsland ab; es könnte sich um die Wand eines Einkaufszentrums außerhalb einer Stadt handeln, aber darüber geben die Bilder keine Auskunft.

Sie geben überhaupt keine Auskunft. Sie geben ein einmaliges Ereignis wieder, indem sie es durch die Führung der Kamera verfolgen. Diese verweilt bei der Bewegung, die sie mit ihrer eigenen, durch Schwenk und Zoom erzeugten Bewegung verfolgt. Diese Konzentration ist der ästhetische Sinn dieser Aufnahme. Es geht um nichts weiter als darum, etwas im Prozess seines Erscheinens zu vernehmen. Soweit und sobald etwas so aufgenommen wird (mit welchem Sinnesapparat auch immer), befinden wir uns in einem Zustand ästhetischer Wahrnehmung. Das Video exemplifiziert einen Zugang zur äußeren Welt, der in aller ästhetischen Aufmerksamkeit im Spiel ist. Sie lässt sich auf die phänomenale Individualität – und damit: auf die unreduzierte sinnliche Gegenwärtigkeit – ihrer Gegenstände oder Umgebungen ein.

Natürlich können wir dabei oder danach auch allerlei feststellen, so wie ich es in der Beschreibung der Szene getan habe: dass da Laub am Boden liegt, dass da Platten verlegt sind, dass da weiße Pfeiler sind, dass die Tüte sich so und so bewegt, usw. Würden wir die Sequenz in eine Folge stehender Bilder auflösen, könnten wir minutiöse Studien über die Aerodynamik einer Plastiktüte oder die Zufallschoreografie des Laubs am Boden anstellen. Das alles kann man machen, so wie man mit jedem ästhetischen Objekt etwas machen kann, das seiner ästhetischen Auffassung entgegensteht. (Prinzipiell kann jedes ästhetische Objekt nichtästhetisch traktiert werden und jedes nichtästhetische ästhetisch.) Das ist aber nicht der ausschlaggebende Sinn der Aufnahme – weder der, in dem Ricky sie aufgenommen hat und nun vorführt, noch der, in dem das Video im Film verwendet wird. Das Video ist eine Ikone der ästhetischen Anschauung selbst.

Alles und jedes, das überhaupt wahrnehmbar ist, kann in seinem Erscheinen wahrgenommen werden. Wir müssen nur auf sein je gegenwärtiges, jeweils hier und jeweils jetzt erfahrbares sinnliches Gegebensein achten. Dann tritt es uns in einer phänomenalen Fülle – und damit in einer ansonsten missachteten Dimension seiner Wirklichkeit – entgegen, mit deren Wahrnehmung wir uns Zeit für den Augenblick nehmen.

Die Betonung der Wirklichkeit des Erscheinens ist freilich im Blick auf unser Video mehrdeutig. Denn wir haben es hier mit drei solcher Wirklichkeiten zu tun. Das Video ist Wiedergabe eines realen Vorgangs; was wir aber sehen, ist nicht dieser Vorgang, sondern ein Video; ein Video jedoch, dessen Bilder ihrerseits gefilmt worden sind, und zwar so, dass sie jederzeit als Videosequenzen im Unterschied zu den gefilmten Sequenzen erkennbar sind. (In der Fiktion des Films bedeutet dies: als subjektive *Darstellung* von Wirklichkeit im Unterschied zur dargestellten *Wirklichkeit*). Sowohl das *im Video* sichtbare Geschehen als auch das Geschehen *des Videos* als auch das Geschehen der Darbietung des Videos *als* eines Videos können wir als ein Spiel von Erscheinungen beschreiben. Unsere minimale Bestimmung bleibt diesen Unterschieden gegenüber neutral. Gleichgültig, ob wir es mit einem Ausschnitt der Realität zu tun haben, mit einer Darbietung von Realität oder mit der Darbietung einer Darbietung – was wir wahrnehmen, wenn wir etwas ästhetisch wahrnehmen, ist ein Spiel von Erscheinungen, das niemals nur Schein, sondern ein Ineinander und Miteinander phänomenaler Aspekte ist.

Ob wir den Tanz einer Plastiktüte oder das Bewegungsbild eines solchen Tanzes sehen oder das Bewegungsbild eines Bewegungsbildes einer tanzenden Tüte – das sind allerdings gravierende Unterschiede. Denn in jeder der fraglichen Situationen kommt etwas durchaus anderes zur Erscheinung. In der Szene, in der die Videoaufnahme entstanden ist, wären andere Sinne als nur das Auge an der Wahrnehmung beteiligt gewesen: auch Gehör, Gefühl und Geruch wären mit von der Partie gewesen. Vor dem Video dagegen sehen wir eine bewegte Choreografie von Farben und Formen, die wir als geübte Bildbenutzer als Flug einer Plastiktüte wahrnehmen; wir verfolgen zugleich die Choreografie des Videos, das unsere Wahrnehmung auf die Tüte lenkt, die sie zum Helden ihrer Erkundung macht. (Das Video ist keineswegs nur, wie Ricky es Jane gegenüber behauptet, ein schwacher Abglanz des wirklichen Geschehens; es transformiert dieses in ein lautlos-belebtes Ornament.) Im Kinofilm, der uns ein Video präsentiert, sehen wir, was auf dem Video zu sehen ist; wir sehen aber auch das grobkörnige Videobild und fassen es darüber hinaus als Ausschnitt aus einer sehr viel längeren Aufnahme auf, von der wir gerade mal ein gutes Fünfzehntel gezeigt bekommen. Wir imaginieren ein Videokunstwerk, das mit artistischen Mitteln eine Schule des Sehens formuliert.

Welche dieser Sensationen wir aber auch suchen mögen, jedes Mal müssen wir uns am Schauplatz des Erscheinens treffen. Das heißt nicht, dass die Aufmerksamkeit für das Erscheinende der Anfang jeder ästhetischen *Wahrnehmung* wäre. Denn das ist nicht immer so. Die ästhetische Wahrnehmung kann anfangen, wo immer sie will – bei der Lektüre einer Kritik oder einer Theorie, beim Aufwachen im Zug oder mit dem Besteigen eines Bergs. Wie immer sie aber einsetzen mag, es ist das innere Ziel ihrer Vollzüge, auf eine Gegenwart von Erscheinendem aus zu sein. Weil das so ist, tut die *Theorie* dieser Wahrnehmung und ihrer Objekte gut daran, ihre Analysen bei der Präsenz des Erscheinens zu beginnen.

Früher oder später aber muss diese Theorie Unterschiede machen, die in dieser minimalistischen Urszene der ästhetischen Wahrnehmung alle schon angelegt sind.

Ihr Vollzug kann – erstens – *nichts weiter* sein als eine Konzentration auf das sinnlich Erscheinende. Dann gilt ihre Aufmerksamkeit einem *bloßen* Erscheinen. Ricky irritiert seine Umgebung unter anderem dadurch, dass er auch Abseitiges für sich genommen betrachtenswert und darin schön findet. Er berichtet Jane, dass er einmal eine erfrorene Pennerin gesehen und gefilmt habe. Warum er das getan habe, fragt sie ihn. »Because it was amazing«, gibt er zur Antwort. Ricky vertritt eine Ästhetik des kontemplativen Staunens über die Dinge der Welt und des Lebens. In diesem Sinn deutet er auch sein Dokument der fliegenden Plastiktüte: In seinem ganzen Leben, sagt er, habe er nichts Schöneres gesehen. Für die beiden Jugendlichen ist gerade das Bedeutungslose, Symbolfreie, Unschuldige der Szene wichtig. In diesem Sinn erfahren sie den Flug der Plastiktüte als etwas absolut Schönes, wie es in einer profanen Welt nur im Bereich des *garbage* zu finden ist.

Zugleich aber schafft das Video – zweitens – eine besondere Atmosphäre zwischen den beiden. Sie spüren, dass sie sich in der Bewunderung dieses losgelösten Ereignisses einig sind, das für sie so zum Ereignis einer Loslösung aus ihrer deprimierenden Lebensumgebung wird. Im Blick auf das Video kommen sie sich in einer Weise näher, wie es ihnen im direkten Gegenübersein sehr viel schwerer gefallen wäre. Während sie auf den Monitor schauen und Ricky von dem Erlebnis der Aufnahme des Videos erzählt, ergreift

Jane Rickys Hand; wenig später küsst sie ihn. Nicht nur hat das Video die Szene, in der es entstanden ist, in einen schwerelosen Tanz der Elemente verwandelt – in der gemeinsamen Wahrnehmung verwandelt sich dieser in ein *atmosphärisches* Erscheinen, das auf anschauliche Weise mit der Lebenssituation der Betrachter korrespondiert.

Die Zuschauer des Kinofilms schließlich können das Video nicht nur als Augenblick eines bloßen Erscheinens, auch nicht nur als eine atmosphärische Veränderung einer Situation (sei es diejenige der Figuren oder ihre eigene), sondern überdies – drittens – als künstlerische *Präsentation* einer Art der Weltbegegnung erfahren, und somit als Prozess eines *artistischen* Erscheinens. Sie sehen das Fragment eines Videokunstwerks, das einen Teil seiner Faszination gerade daraus bezieht, dass es innerhalb des Spielfilms nur in Bruchstücken zur Anschauung kommt.[4] Wie jedes künstlerische Fragment will auch dieses vom Betrachter weitergedacht werden; es leitet die Imagination über die Grenzen des Wahrnehmbaren hinaus. Durch den Fragmentcharakter wird zugleich das Improvisatorische der Aufnahme betont. Die Kamera lässt sich von den Bewegungen des eingefangenen Objekts leiten, nähert und entfernt sich von ihm in den gegenläufigen Distanzierungen des Zooms. Auf dem in der

---

[4] Der Flug von Plastiktüten und dergleichen ist ein Topos in der neueren Videokunst. Das Video *Incidents* von Igor und Svedlana Kopystiansky, das 1997 bei der IV. Biennale in Lyon und 1999 in einer überarbeiteten Version am Museum für Moderne Kunst in Frankfurt gezeigt wurde, zeigt 15 Minuten lang Objekte, die vom Wind durch die Straßen (und das Geräusch) New Yorks bewegt werden – inklusive Einkaufstüten aus Papier und Plastik. Auf der documenta XI im Jahr 2002 zeigten die Kopystianskys die Videoinstallation *Flow*. Auf je zwei Projektionsflächen an drei Wänden zeigt sie strömendes Wasser, in dem leichtlebige Abfälle der Zivilisation dahintreiben – Zeitungsfetzen, Plastikbehälter, Plastiktüten. Auf ihrem Weg durch die Leinwände zirkulieren sie in der rauschenden Strömung. Ein Gummihandschuh ist darunter, der gespenstische, an keinen und alle adressierte Gesten macht, die von der nächsten Umstülpung wieder ausgelöscht werden. – Bei dem Schweizer Videokünstler Eric Hattan finden sich ähnliche Zufallschoreografien. Das Video *Air* (1998) verfolgt 34 Minuten lang eine Plastiktüte, die vom Wind in einem Innenhof bewegt wird. *Blowing in the wind* (1999) verfolgt die Figurationen eines im Wind bewegten Papierstreifens. »Gestern«, schrieb der Künstler der Kritikerin Kathrin Becker, »habe ich den Film *American Beauty* gesehen. Die Szene mit dem Plastiksack könnte von mir sein – respektive gibt es auch in meinem Fundus.« E. Hattan, Beton Liquide (Katalog), Baden (CH) 2000, o.S.

filmischen Reproduktion grob gerastert erscheinenden Bildschirm, auf dem die waagrechten und senkrechten Punktzeilen des elektronischen Bildes sichtbar bleiben, erhält die Kameraführung einen Gestus des Kritzelns; ihre Verläufe sind die einer bildlichen écriture automatique, die sich von allem und jedem in den Fluss ihrer Tagträume versetzen lässt.[5] Das Ereignis der filmischen Bewegung wird so zum Ereignis der Darbietung einer Wahrnehmungsform, der alle Deutungen und Bedeutungen in die Schwebe geraten.

3. Philip Roth lässt eine Zeile Shakespeare lesen

Wie immer der Flug einer Plastiktüte ästhetisch erfahren wird – als reales Ereignis, als filmisches Dokument oder als künstlerische Darbietung –: fliegende Plastiktüten können anders aufgefasst werden. Wir hasten hinter ihnen her, weil sie uns entflogen sind, wir betrachten sie als Müll, der hier nichts zu suchen hat, wir vermessen ihre Bahnen im Rahmen aerodynamischer Experimente. Bei ihrer Wahrnehmung können wir uns ästhetisch oder anders zu ihnen verhalten, manchmal auch ästhetisch und anders. So steht es mit allem, was Gegenstand unseres sinnlichen Vernehmens ist oder sein kann, ob das nun Geräusche, Gewichte, Texturen, Geschmäcke – oder auch Wortzeichen und Wortlaute sind.

Der Roman *I Married a Communist* von Philip Roth handelt an der Oberfläche von der unmöglichen Ehe des kommunistischen Agitators Ira Ringold (alias Iron Rinn) und der Schauspielerin Chava Fromkin (alias Eve Frame). Den Kern des Buchs aber stellt die Beziehung zwischen Nathan Zuckerman, der auch diesmal als Roths Alter Ego fungiert, und Murray Ringold dar, Rinns älterem Bruder. Der Roman beginnt mit Zuckermans Erinnerung an den älteren Ringold, der in der Highschool sein bewunderter Englischlehrer war. Der Roman endet mit einem Besuch des greisen Ringold bei dem ebenfalls alt gewordenen Zuckerman, bei dem jener diesem den Fortgang und Ausgang der tragischen Geschichte seines Bruders erzählt. Nach dem dramatischen Bruch seiner Ehe ist Ira

5 Als Produkt der Figur Ricky ist das Video außerdem ein Kapitel im Tagebuch einer Verführung zur leidenschaftslosen Betrachtung (die allerdings in dem Augenblick in Leidenschaft umschlägt, als Jane zum primären Objekt seines Objektivs wird).

wild entschlossen, seine Frau und seine Stieftochter umzubringen. Bereits in seiner Jugend hatte Ira einen Mord begangen; damals hatte Murray ihm geholfen, die Sache zu vertuschen. Nun, glaubt er, muss er erneut zusehen, wie ihn sein Bruder zum Komplizen eines Verbrechens macht. Was ihm dabei durch den Kopf geht, beschreibt der ehemalige enthusiastische Lehrer mit den folgenden Worten:

»›And thus the whirligig of time brings in his revenges. – Und so bringt der Kreisel der Zeit seine Vergeltung herbei.‹ Eine Zeile Prosa. Erinnern Sie sich? Aus dem letzten Akt von *Was ihr wollt*. Feste, der Narr, spricht zu Malvolio, kurz bevor Feste dieses hinreißende Lied anstimmt: ›Die Welt steht schon eine hübsche Weil, / Hop heissa, bei Regen und Wind‹, und das Stück ist aus. Ich konnte diese Zeile nicht loswerden. ›And thus the whirligig of time brings in his revenges.‹ Diese kryptischen Gs, die Raffinesse ihrer zunehmenden Entschärfung – erst die harten Gs in ›whirligig‹, dann das nasalierte G in ›brings‹, dann das weiche G in ›revenges‹. Die vielen Schluss-s … ›thus brings his revenges‹. Die Zischlaute des überraschenden Plurals ›reven*ges*‹. Dsch. Sss. Konsonanten, die stechenden Nadeln gleichen. Und die pulsierenden Vokale, die steigende Flut ihrer Tonhöhe – ertrinken könnte man darin. Der Wechsel von tiefen Vokalen zu immer höheren. Bass- und Tenorvokale und schließlich Altvokale. Die energische Dehnung des Vokals *I* in *time*, unmittelbar bevor der Rhythmus von Jamben in Trochäen übergeht und der Satz vor der Zielgeraden in die Kurve geht. Kurzes *I*, kurzes *I*, langes *I*. Kurzes *I*, kurzes *I*, kurzes *I*, bum! Revenges. Brings in his revenges. *His* revenges. Mit Zischlaut. Hisss! Als ich mit Iras Waffen im Auto nach Newark zurückfuhr, sind mir diese zehn Wörter, ihr phonetisches Gewebe, ihre umfassende Allwissenheit … ich hatte das Gefühl, in Shakespeare zu ersticken.«[6]

[6] Ph. Roth, Mein Mann, der Kommunist, übers. v. W. Schmitz, München 1999, 347. – »›And thus the whirligig of time brings in his revenges.‹ Line of prose. Recognize it? From the last act of *Twelfth Night*. Feste the clown, to Malvolio, just before Feste sings that lovely song, before he sings, ›A great while ago the world begun, / With hey ho, the wind and the rain‹, and the play is over. I couldn't get that line out of my head. ›And thus the whirligig of time brings in his revenges.‹ These cryptogrammic *g*'s, the subtlety of their deintensification – those hard *g*'s in ›whirligig‹ followed by the nasalized *g* of ›brings‹ followed by the soft *g* of ›revenges.‹ Those terminal *s*'s … ›thus brings his revenges.‹ The hissing surprise of the plural noun ›reven*ges*.‹ Guhh. Juhh. Zuhh. Consonants sticking into me like needles. And the pulsating vowels, the rising tide of their pitch – engulfed by that.

Dem ist eigentlich nichts hinzuzufügen. Es dürfte nur wenige Passagen in der Geschichte der Ästhetik geben, die mit solcher Klarheit die buchstäbliche Sinnlichkeit der Literatur zugleich analysieren und beschwören. Wie bei dem Videofilm im Kinofilm haben wir es hier mit einer artistischen Doppelung zu tun; aus dem Mund der Figur des Lehrers dramatisiert Roth die Zeile, um deren hochdramatische Energien es geht. Es ist jedoch, wie Murray eigens betont, kein Gedicht, sondern eine »line of prose«, der er seine leidenschaftliche Betrachtung widmet. Natürlich ist die buchstäbliche Sinnlichkeit der Shakespeareschen Worte keine *rein* buchstäbliche: ohne einen Sinn für den Sinn der Worte erschließt sich der Sinn ihrer Sinnlichkeit nicht. Sinnlichkeit und Sinn potenzieren sich gegenseitig; sie formen eine Sprachgebärde, der jene Eigenschaften selbst zukommen, die sie ihrer Sache zuspricht. So werden die Worte in Shakespeares Zeile zu mimetischen Zeichen, die das zeigen, was sie über den unerbittlichen Lauf der Zeit sagen.

So ist es in der Literatur häufig, wenn auch oft in einer weniger drastischen Weise. Wortklang, Wortwahl, Wortstellung, der Rhythmus von Worten, Sätzen, Absätzen, die Art der Interpunktion – all das sind Mittel der literarischen Phrasierung, deren sich die Prosa kaum weniger bedient als die Lyrik. Durch diese tritt der bewegte Körper der Worte in Erscheinung, wie das im sonstigen Sprachgebrauch nicht geschieht. Dieses Zur-Erscheinung-Kommen der Sprache aber ist kein Privileg der Literatur allein; es geschieht überall, wo sich Worte in ihrer hörbaren und sichtbaren Anordnung auffällig machen, sei es im Liebesgeflüster, in den Schlagzeilen der Presse oder in den Slogans der Werbung.[7] Es geschieht überall da,

The low-pitched vowels giving way to the high-pitched vowels. The bass and tenor vowels giving way to the alto vowels. The assertive lengthening of the vowel *i* just before the rhythm shifts from iambic to trochaic and the prose pounds round the turn for the stretch. Short *i*, short *i*, long *i*. Short *i*, short *i*, short *i*, boom! Revenges. Brings in his revenges. *His* revenges. Sibilated. Hizzzzzuh! Driving back to Newark with Ira's weapons in my car, those ten words, the phonetic webbing, the blanket omniscience … I felt I was being asphyxiated inside Shakespeare.« Ph. Roth, I Married a Communist, London 1998, 302.

7 »Il mio mito e finito, ammette Rossi«, lautete eine Schlagzeile der *Gazzetta dello Sport* im Sommer 1982, als die italienische Nationalmannschaft bei der Fußballweltmeisterschaft in Spanien eine klägliche Vorrunde ohne ein Tor ihres Wunderstürmers beendet hatte (bevor die Mannschaft im Achtelfinale ihren Siegeszug zum Titel und Rossi seinen Lauf zum »Spieler des Turniers« begann). – »I like

wo sprachliche Formen so gehört, gesehen oder gelesen werden, dass es *mit* und *neben* oder auch *entgegen* ihrer konventionellen Bedeutung auf ihr klangliches, rhythmisches und bildliches Erscheinen ankommt.

4. Zurück zum Ausgangspunkt

Freilich ist es beinahe üblich geworden, der modernen Kunst eine Tendenz zum Abschied von allem Erscheinen in die Schuhe zu schieben. Gegen diese abwegige Auffassung aber möchte ich hier nicht noch einmal argumentieren.[8] Diejenigen Werke der bildenden Kunst, der Musik oder der Literatur, die eine scheinbare Position der Indifferenz gegenüber dem Erscheinen einnehmen, sind entweder auf ein *anderes* Erscheinen aus, oder aber sie experimentieren mit den *Bedingungen* künstlerischen Erscheinens. Eine künstlerische Verweigerung aller sinnlichen Berührung zugunsten von Ideen, Konzeptionen oder einer anderen Software ist darin nicht enthalten. Denn um eine *artistische* Verweigerung handelt es sich gerade dann, wenn diese Verweigerung ihre eigenen sinnlichen Irritationen erzeugt, durch die sie sich ihrerseits zu einem inkommensurablen phänomenalen Ereignis macht.

Auch eine gegenwärtige Ästhetik der *Künste* sollte daher ihre Zelte auf dem Schauplatz des Erscheinens aufschlagen. Auch die Objekte der neueren und neuesten Kunst gewinnen ihre emotionale und atmosphärische, ihre reflexive und kognitive, ihre moralische und politische Bedeutung aus den Prozessen, den Energien, den Konstellationen ihres Erscheinens. Wenn aber das so ist, liegt es nahe, die Ästhetik nicht bei der Kunst, sondern *generell* bei den Vorfällen des Erscheinens beginnen zu lassen: da, wo wir etwas so sein lassen, wie es uns hier und jetzt gerade erscheint. Das ist keineswegs eine Begegnung mit einem puren Sein, was immer das sein sollte – denn es sind ja sozialisierte und kulturierte Individuen, die in ihrer Anschauung bei einem Ding oder in einer Situation verweilen; wir

---

Ike«, lautete in den fünfziger Jahren ein Slogan der Präsidentschaftskampagne von General Eisenhauer, dem Roman Jakobson eine einleuchtende Betrachtung gewidmet hat: ders., Linguistik und Poetik, in: ders., Poetik, Frankfurt/M. 1979, 83-121, 93.

8 Vgl. meine Ästhetik des Erscheinens, a. a. O., 192 ff.

bringen unser Können und Wissen, unsere Unterscheidungen und Ansichten in alle Augenblicke dieser sinnlichen Wachheit mit. Das Erscheinen ist dasjenige Sein, das nur als phänomenales Zugleichsein und damit als vorübergehende Gegenwart bewusst sein kann. Bei ihm kreuzen sich die in alle Welt auseinanderlaufenden Wege der ästhetischen Erfahrung.

An dieser Kreuzung liegt die Antwort auf Hegels Frage nach der »Notwendigkeit« des ästhetischen Bewusstseins[9] – nach seiner nicht wegzudenkenden Bedeutung für die menschliche Lebensform. Natürlich ist das ästhetische Bewusstsein von Gegenwart weder die alleinige noch die allein wichtige Form einer Orientierung an Gegenwart. Alle, die praktisch etwas vollbringen wollen, müssen sich auf *andere* Weise am Hier und Jetzt ausrichten können. Sie müssen sich feststellend und festlegend an das in ihm Gegebene und von ihm aus Erwartbare halten – im Unterschied zur ästhetischen Reaktion, die sich nicht an das Festhalten hält. Hierin liegt die entscheidende Differenz der ästhetischen Wahrnehmung zu aller theoretischen und praktischen Sondierung: sie lässt uns einen Sinn für die vergehende Gegenwart des Lebens gewinnen.

Auf individueller wie sozialer, auf informeller wie institutioneller, auf kultureller wie gesellschaftlicher Ebene kann dieser Sinn gedeihen oder verkümmern. Er ist ein anthropologisch zentrales Vermögen, das in seiner Ausübung einer permanenten historischen Veränderung unterliegt. Sein Stellenwert im kulturellen Haushalt ist variabel. Wie es innerhalb und außerhalb der Kunst ohne das *Vermögen* ästhetischer Wahrnehmung keine ästhetischen Objekte gibt, obwohl diese unabhängig vom aktuellen *Vollzug* dieser Wahrnehmung bestehen und obwohl sie sich in diesem Vollzug als ein *objektives* Spiel von Erscheinungen zeigen, so ist die ästhetische Präsenz von Gegenwart ein Zustand, der im individuellen und kollektiven Leben mehr oder weniger offenstehen oder verschlossen sein kann. Was also verloren ginge, wenn der ästhetische Sinn verkümmern würde, wäre eine private und öffentliche Empfindlichkeit und Empfänglichkeit dafür, was im geschichtlichen Leben hier und jetzt, *inmitten* aller historischen und biografischen, sozialen und gesellschaftlichen Vermittlung, *unmittelbar* zu berühren und

---

9 G. W. F. Hegel, Vorlesungen über die Ästhetik I-III, in: ders., Werke in zwanzig Bänden, hg. v. E. Moldenhauer u. K. M. Michel, Frankfurt/M. 1970, Bde. 13-15, Bd. 13, 42.

zu bewegen, die Phantasie und die Reflexion zu erregen vermag. So wichtig diese seismografische Bedeutung des Ästhetischen für die Selbstbewertung menschlicher Kulturen aber auch ist, sie bleibt eine Nebenwirkung des ästhetischen Verhaltens. Denn sein primärer Sinn liegt in ihm selbst – in einer als Weltbegegnung vollzogenen Selbstbegegnung, der es um nichts weiter als diese Begegnung geht. In ihr haben die Menschen eine ihrer besten Möglichkeiten, sich in der Zeit ihres Daseins da sein zu lassen.

2. Ästhetik und Hermeneutik.
Gegen eine voreilige Verabschiedung

I.

Es hat eine Zeit gegeben – es waren die seligen Zeiten der Forschergruppe *Poetik und Hermeneutik* –, in der die Wortverbindung, die hier meinen Titel bildet, fast selbstverständlich war. Das ist jedoch seit längerem vorbei. Unter Ästhetikern gehört es heute zum guten Ton, der Hermeneutik nicht über den Weg zu trauen. Vielen gilt sie als ästhetisch naiv. Sie klammert sich – so geht die Kunde – an den Sinn und das Verstehen von Objekten, die gar nicht dazu da sind, in denkender Betrachtung gedeutet zu werden.

Bereits 1973 ist Rüdiger Bubner auf Distanz zu einer hermeneutischen Ästhetik gegangen, die sich der Wahrheit großer Werke versichern will, und hat stattdessen für eine Rehabilitierung des ästhetischen Scheins plädiert, der sich einer deutenden Auflösung entzieht. Karl Heinz Bohrer hat diese Position in den folgenden Dezennien im Namen einer *Ästhetik des Plötzlichen* noch verschärft, die das ästhetische Bewusstsein primär als einen Sinn für das Unverständliche fasst. Jochen Hörisch hat der hermeneutischen *Wut des Verstehens* den Kampf angesagt, mit der ausdrücklichen Absicht, das Verstehen in ästhetischen Angelegenheiten zu einem »Epiphänomen« herabzustufen. Hans Ulrich Gumbrecht hat in verschiedenen Arbeiten eine Ästhetik des »Nicht-Hermeneutischen« entworfen, an der die Kompetenz geisteswissenschaftlicher Auslegung ihre Grenze finde. Christoph Menke, dessen Buch über die *Souveränität der Kunst* ursprünglich den Titel *Nach der Hermeneutik* trug, hat zu zeigen versucht, dass die ästhetische Lust im Bereich der Kunst gerade im Vorgang des Scheiterns unserer Verstehensbemühungen liege. Ruth Sonderegger ist ihm hierin in ihrem Plädoyer *Für eine Ästhetik des Spiels* gefolgt und hat dem hermeneutischen »Zusammenlesen« ästhetischen Sinns ein dekonstruktives »Auseinanderlesen« gegenübergestellt, zwei unausweichliche Bewegungen, zwischen denen die Kunsterfahrung das Privileg habe, ohne absehbares Ende hin und her zu irren. In diesem Zusammenhang darf auch das obligate Adorno-Zitat nicht fehlen. Es findet sich in der

Ästhetischen Theorie und lautet: »Kunstwerke sind nicht von der Ästhetik als hermeneutische Objekte zu begreifen; zu begreifen wäre, auf dem gegenwärtigen Stand, ihre Unbegreiflichkeit.«[1] Unter dem Banner solcher Sentenzen stellt sich die Hermeneutik heute einer wachsenden Mehrheit innerhalb der *aesthetic community* als eine Art Auslaufmodell dar. An ihren Gegenständen sei sie auf der ebenso verstaubten wie vergeblichen Suche nach einem Sinnganzen, das sich im Licht der modernen ästhetischen Produktion und Reflexion längst aufgelöst habe.

2.

Es ist diese Ansicht, der ich widersprechen möchte. Ihr liegt ein durchaus verkehrtes Bild der Fähigkeiten einer hermeneutischen Ästhetik zugrunde. Diese sind bei weitem nicht so begrenzt, wie es in den erwähnten Stellungnahmen scheint. Die Hermeneutik ist sehr wohl in der Lage, das ganze Feld des Ästhetischen zu bestellen, jedenfalls dann, wenn sie mit einer hellsichtigen Phänomenologie im Bunde bleibt. Und es mag sogar *nur* eine so verstandene Hermeneutik sein, die das Spektrum der ästhetischen Phänomene angemessen zu behandeln vermag.

Damit dies sichtbar wird, müssen freilich einige Klischees aus dem Verkehr gezogen werden – insbesondere das vom »hermeneutischen Objekt«, auf das die Ästhetik fixiert sei wie die Schlange auf das Kaninchen. (Die Hermeneutik, heißt es ja, wolle den Sinn ihrer Objekte verschlingen, anstatt sich damit abzufinden, dass er sich ihr mit Notwendigkeit entwindet.) Um ein Klischee handelt es sich hier zum einen, weil das Objekt einer hermeneutischen Ästhetik gar nicht notwendigerweise ein »hermeneutisches Objekt«,

1 Th. W. Adorno, Ästhetische Theorie, Frankfurt/M. 1973, 179. – Vgl. R. Bubner, Ästhetische Erfahrung, Frankfurt/M. 1989; K. H. Bohrer, Plötzlichkeit. Zum Augenblick des ästhetischen Scheins, Frankfurt/M. 1981; J. Hörisch, Die Wut des Verstehens, Frankfurt/M. 1988; H. U. Gumbrecht, Das Nicht-Hermeneutische. Skizze einer Genealogie, in: J. Huber/A. M. Müller (Hg.), Die Wiederkehr des Anderen, Basel-Frankfurt/M. 1996; ders., Diesseits der Hermeneutik. Die Produktion von Präsenz, Frankfurt/M. 2004; Ch. Menke, Die Souveränität der Kunst. Ästhetische Erfahrung nach Adorno und Derrida, Frankfurt/M. 1988; R. Sonderegger, Für eine Ästhetik des Spiels. Hermeneutik, Dekonstruktion und der Eigensinn der Kunst, Frankfurt/M. 2000.

also ein Objekt des Verstehens, der Auslegung und Deutung ist. Zum andern aber spielt sich die von der Hermeneutik analysierte Erfahrung auch dort, wo die Objekte einer hermeneutischen Ästhetik tatsächlich Objekte eines spezifischen Verstehens sind, nicht durchweg als eine Jagd nach dem Sinn dieser Objekte ab. Es muss, mit einem Wort, die Rolle des *Verstehens* überdacht werden, das für ästhetische Praktiken dieser oder jener Art grundlegend ist.

Wenn ich auf diesen Spuren eine Rehabilitierung der hermeneutischen Ästhetik versuche, so geht es mir nicht um eine Rekonstruktion und Kritik bestimmter Lehrmeinungen, ob diese nun von Schleiermacher, Dilthey, Heidegger oder – last but not least – Gadamer stammen mögen. Ich gebe vielmehr eine Auslegung des Geistes einer hermeneutischen Ästhetik, die nicht überall mit dem Buchstaben ihrer philosophischen Grundbücher übereinstimmen wird. In Frage steht, wie eine Hermeneutik aussehen könnte, die nicht der vielfach beklagten ästhetischen Engstirnigkeit unterliegt. Meine Antwort gliedert sich in drei kurze Betrachtungen. Die erste ist der Ästhetik der Natur, die zweite der Ästhetik des Sports, die dritte der Ästhetik der Kunst gewidmet.

3.

Dem ersten Anschein nach gibt es kein schlagenderes Gegenbeispiel gegen den Universalitätsanspruch einer hermeneutischen Ästhetik als das Phänomen des Naturschönen. Hier, so möchte man doch sagen, gibt es nichts zu verstehen. »Ich verstehe diesen Baum nicht«, wäre eine ziemlich seltsame Reaktion auf das Ansinnen, diesen Baum zu betrachten. »Blumen«, sagt Kant im § 16 der *Kritik der Urteilskraft*, »sind freie Naturschönheiten. Was eine Blume für ein Ding sein soll, weiß, außer dem Botaniker, schwerlich sonst jemand; und selbst dieser, der daran das Befruchtungsorgan der Pflanze erkennt, nimmt, wenn er darüber durch Geschmack urteilt, auf diesen Naturzweck keine Rücksicht.« Bei der ästhetischen Betrachtung von Naturobjekten geht es nicht um ihre wissenschaftliche Erklärung. Aber auch sonst, so fügt Kant hinzu, kommt es hier nicht auf einen inneren Zusammenhang, auf kein Analogon zu irgendeiner intentionalen Ordnung an. »Es wird also keine Vollkommenheit von irgend einer Art, keine innere Zweckmäßigkeit, auf welche sich die Zusammensetzung des Mannigfaltigen beziehe, diesem Urteile zum Grunde gelegt.« Für die ästhetische Einstellung gibt es hier, wie bei vielen anderen Objekten der Natur, viel zu sehen und mit den anderen Sinnen wahrzunehmen, aber eben nichts zu verstehen.

Dieser Befund wird nicht dadurch abgeschwächt, dass es an Szenerien, die uns vergleichsweise natürlich erscheinen, durchaus auch etwas zu verstehen geben kann. Die Anlage eines Parks, die historische Prägung einer Landschaft – das *sind* Gelegenheiten einer möglichen deutenden Betrachtung naturhafter Umgebungen. Aber sofern und soweit wir die *Natur* dieser Szenerien genießen, genießen wir gerade, dass die Natur die Reichweite unseres Verstehens immer auch transzendiert. Die Varietät und Fülle ihrer Erscheinungen verdankt sich keiner Absicht, keinem Stil und keiner Inszenierung; ihre Vergegenwärtigung trägt uns ein Stück weit aus der verwalteten und gedeuteten Welt heraus. Wenn die Erfahrung des Naturschönen auf diese Weise einen willkommenen Entzug begreifbarer Verhältnisse bedeutet, scheint eine hermeneutische Ästhetik auf diesem Feld ohne alle Kompetenz.

Dieser Eindruck jedoch wäre ganz verkehrt. Denn auch da, wo dem ästhetischen Vernehmen gar nicht an einem Verstehen liegt, gibt es ein Verstehen, das dieses Vernehmen trägt. Nach diesem Verständnis fragen wir, wenn wir uns fragen, worum es diesem Vernehmen *geht*. Das Verweilen bei naturschönen Gegenständen und Umgebungen, so würden meine Antworten lauten, gibt uns Zeit für den Augenblick, Raum für das Zufällige und damit Freiheit von den Festlegungen unseres sonstigen Handelns. Diese Antworten aber sind Aussagen über den *Sinn*, den das Verweilen bei und in der Natur für die Angehörigen moderner Gesellschaften hat. Dieser Sinn wird zugänglich in einer Reflexion darauf, worin das Interesse an sinn*freien* Zonen der lebensweltlichen Umgebung liegt. Indem eine hermeneutische Ästhetik diese Reflexion leistet, erweist sich das Naturschöne als ein genuines Feld ihrer Betrachtung, obwohl wir in ihm nicht in erster Linie und oft genug gar nicht auf »hermeneutische Objekte« in der üblichen Verwendung des Wortes stoßen.

Ich halte damit als ein erstes Zwischenergebnis fest, dass die ästhetische Praxis nicht überall eine Praxis des *Verstehens*, also hermeneutische Praxis ist. Aber sie ist eine *Praxis*, und das bedeutet: sie ist auch dort von Verständnissen getragen, wo sie nicht aufs Verstehen aus ist. Die Analyse dieser konstitutiven Verständnisse ist folglich eine natürliche Aufgabe der Hermeneutik, wenn es denn zutrifft, dass ihr leitender Gesichtspunkt das *Verstehen des Verstehens* ist, also die Explikation von Orientierungen, ohne die wir in unserer Lebenspraxis nicht – oder nicht gut – auskommen können. Wenn solche Orientierungen auch die ästhetische Praxis tragen, und zwar alle ihre unterschiedlichen Formen, dann ist die Hermeneutik für die Analyse dieser Formen ohne Einschränkung zuständig. Die Kritiker der hermeneutischen Ästhetik haben zwar Recht damit, dass die ästhetische Erfahrung nicht durchweg einen Prozess des Sinnverstehens darstellt, aber sie tun Unrecht daran, dies für einen Einwand gegen die hermeneutische Ästhetik zu halten. Wie Gadamer in einem Text über *Ästhetik und Hermeneutik* aus dem Jahr 1964 zutreffend sagt, »hat der hermeneutische Aspekt etwas so Umfassendes, daß er notwendig auch die Erfahrung des Schönen in Natur und Kunst einschließt.«[2]

4.

Ich möchte dieses Zwischenergebnis im Vorbeigehen an einem weiteren, gegenüber der Hauptlinie der philosophischen Diskussion randständigen Beispiel prüfen. In einer Abhandlung über die *Schönheit des Mannschaftssports* hat Hans Ulrich Gumbrecht den American Football zu einem Paradebeispiel für nichthermeneutische Objekte erhoben, an denen alle Auslegungskunst vergebens sei.[3] Es sind, so lautet seine negative These, keine Darstellungen, die wir im Stadion oder am Bildschirm verfolgen. Die sportlichen Handlungen sind keine Zeichen, die für etwas anderes stehen. Die Aufführung des Sports spielt sich nicht im Reich der Mimesis ab. Schon gar nicht sind es Allegorien, in die sich die Zuschauer versenken. Wäre Football ein Ausdruck titanischer Kämpfe oder kapitalistischer Expansionsbewegungen, wäre er nur für Berufsinterpreten interessant. Die normalen Betrachter aber sind nicht auf

---

2 H.-G. Gadamer, Ästhetik und Hermeneutik, in: ders., Ästhetik und Poetik I, in: ders., Gesammelte Werke, Tübingen 1993, Bd. 8, 1-8, 1.

3 H. U. Gumbrecht, Die Schönheit des Mannschaftssports, in: G. Vattimo/W. Welsch (Hg.), Medien – Welten – Wirklichkeiten, München 1998, 201-228.

Deutungen aus, sie wollen etwas mitbekommen, das sich jeder Deutung entzieht. Natürlich lassen sich Geschichten und Mythen tausendfach an das sportliche Geschehen *anschließen*, aber nur, weil es kein narratives oder sonstwie symbolisches Geschehen *ist*.

Der Zuschauer im modernen Sport, das ist Gumbrechts positive These, nimmt an einer Produktion unwahrscheinlicher Ereignisse teil. Im Fall des American Football geschieht dies durch das sekundenschnelle Erzeugen und Zerstören von Spielzügen, mit denen die angreifende Mannschaft Raum zu gewinnen, die gegnerische jedoch ihren Raum zu verteidigen versucht. So kommt es zu der plötzlichen Entstehung einmaliger Formen aus körperlichen Bewegungen, die im nächsten Augenblick auf der Leere des Spielfelds wieder ausgelöscht sind. Das ausgefeilte Kalkül der wechselseitigen Spielstrategien bringt unkalkulierbare Handlungsfolgen hervor. In den geordneten Bahnen eines geregelten Wettkampfs erleben die Zuschauer eine permanente Vereitelung von Ordnung. Sie werden nicht eines höheren Sinns teilhaftig, sie berauschen sich an Mysterien der Kontingenz. Weil die sportliche Performance keinen über sich selbst hinausweisenden Sinn vermittelt, lenkt nichts von der Zeit ihrer Darbietung ab. Das erlaubt es den Zuschauern, eine kollektive Auszeit von den Kontinuitäten ihres Lebens zu nehmen – eine Auszeit, die sie nicht, wie diejenige der Kunst, über das Spiel ihres Lebens zu reflektieren zwingt. Trotzdem kriegen die Leute etwas für ihr Geld: die Gelegenheit zu einer Zelebration der Ungewissheiten ihres Lebens.

Das sind einleuchtende Beobachtungen, aus denen freilich wiederum keine haltbaren Einwände gegen eine hermeneutische Ästhetik folgen. Denn die letzten Sätze – mit denen ich ein wenig über Gumbrechts eigene Analyse hinausgegangen bin – sind eine Explikation eben des Sinns, den die Ausübung und Betrachtung sportlicher Darbietungen für die Beteiligten hat. Eine angemessene Ästhetik des Sports muss das zu entfalten versuchen, was den Beteiligten an den Ereignissen *liegt*, worum es ihnen dabei *geht* und insofern: was an ihnen aus der Sicht der Teilnehmenden *ist*. Sie wird deutlich zu machen suchen, was *ihnen* die durch die Regeln und den Geist der betreffenden Spiele produzierten Abläufe und Erscheinungen bedeuten, auch wenn diese selbst rein gar nichts bedeuten. Das ist eine klassische hermeneutische Aufgabe, jedenfalls dann, wenn wir die Hermeneutik nicht auf eine Theorie und Praxis der Textlektüre beschränken, sondern – auf den Spuren Heideggers und Gadamers – als ein *generelles* Verstehen des Verstehens auffassen. Sie ist dann eine Deutung von Orientierungen, die für kulturelle Praktiken tragend und die von ihnen nicht wegzudenken sind. So eine Praxis aber ist auch und gerade das öffentliche Schauspiel des modernen professionalisierten Sports.

5.

Die entscheidende Bewährungsprobe freilich stellt sich der hermeneutischen Ästhetik erst im Bereich der Kunst. Denn dort haben ihr die Kritiker nicht allein Grenzen der *Zuständigkeit*, sondern eine *innere* Begrenztheit attestiert. Ihre notorische Einseitigkeit, so lautet das Argument, besteht darin, das Kunstwerk auf einen zwar komplexen und unübersetzbaren, aber doch verstehbaren Sinnzusammenhang zu reduzieren. Darüber werde verkannt, dass das Verstehen – oder genauer: der jedesmalige Verstehensversuch – nur eine – sei es initiale, sei es resümierende – *Phase* oder *Dimension* der ästhetischen Erfahrung und folglich keinesfalls mit ihr gleichzusetzen sei. Andernfalls werde mit der Offenheit und Varietät dieser Erfahrung zugleich die Prozessualität und Intermedialität des künstlerischen Materials verkannt. Durch ihre Fixierung auf das Verstehen sei die Hermeneutik dazu verdammt, die Inkommensurabilität der Kunst kommensurabel zu machen – und damit die Wirklichkeit der Kunst zu verfehlen.

An dieser Stelle hängt alles davon ab, was wir im Angesicht der Kunst unter »verstehen« verstehen wollen. Legt man einen rigiden Begriff des ästhetischen Verstehens zugrunde, so gibt es wenig, was den Kritikern zu entgegnen wäre. Lässt man sich hingegen auf einen plausiblen Begriff ein, so geht die Attacke gegen das hermeneutische Denken ins Leere.

Ich möchte das kurz ausbuchstabieren. Wenn wir die ästhetische Erfahrung als eine Bewegung auffassen, die ihr Telos in möglichst schlüssigen Deutungen hat, dann haben die Kritiker offensichtlich Recht – da die ästhetische Erfahrung überhaupt nicht in dieser Weise zielorientiert ist. Auch wenn wir unter ästhetischer Erfahrung eine Bewegung verstehen, die ihr Telos in der wahrnehmenden

Durchdringung jeweiliger Werke hat, bleiben die Einwände der Kritiker intakt – einfach weil hier im nur ungünstigsten Fall etwas zu durchdringen ist. Verstehen wir ästhetische Erfahrung hingegen als einen Prozess, der sein Telos *in der eigenen Bewegung* hat, einer Bewegung freilich, die darauf zielt und also ihren Sinn darin findet, *die Bewegung der aufgenommenen Werke* zu verfolgen – dann sieht die Sache anders aus. Denn das Verstehen, das eine so verstandene ästhetische Erfahrung durchaus vollzieht, gilt nicht der Identifikation eines dem Objekt dieser Erfahrung innewohnenden Sinns, sondern der materialen Bewegung und Bewegtheit der Werke (ihrer Konstruktion, ihrer Geste oder sogar ihrem Kalkül), kraft deren sie *Darbietungen* im Medium ihres Erscheinens sind. Welchen Sinn die ästhetische Erfahrung diesen Darbietungen auch immer abgewinnen mag, sie muss sie als *Darbietungen* erkennen und anerkennen, um sie überhaupt als Objekte der Kunst begreifen zu können. Dieses aber, etwas als Darbietung im Medium eines konfigurativen Erscheinens zu begreifen, *ist* eine Handlung des Verstehens, und nicht irgendeine; denn durch sie haben wir allererst am Prozess der betreffenden Werke teil. Dieses Verstehen ist nicht nur ein Anfangszustand der Begegnung mit Objekten der Kunst, in ihm spielt sich diese Begegnung durchweg ab. Nur es nämlich erlaubt es, an künstlerischen Objekten eine *Erfahrung* zu machen, die das eigene Denken, Fühlen und Vorstellen zu treffen, erschüttern, überschreiten oder einfach zu animieren vermag.

Zu einer vollständigen Rehabilitierung eines angemessenen Begriffs der Kunsterfahrung muss freilich ein Dogma beiseitegeräumt werden, an dem die hermeneutische Tradition selbst nicht unschuldig ist. Dieses Dogma besagt, dass eine empathische und eine reflektierte Wahrnehmung künstlerischer Objekte nicht zusammen bestehen können. Es findet seine Ausprägung unter anderem in Gadamers Kritik des »ästhetischen Bewusstseins«. Dieses kapriziere sich auf die Machart von Werken, anstatt sich in der Weite seiner Welt zu verlieren. »Je überzeugender etwas gesagt wird«, schreibt Gadamer in seiner Reflexion über *Ästhetik und Hermeneutik*, und er denkt dabei an künstlerische Darbietungen im Allgemeinen, »desto mehr scheint die Einmaligkeit und Einzigartigkeit dieser Aussage selbstverständlich und natürlich, d. h., sie konzentriert den Angeredeten ganz auf das hin, was ihm da gesagt wird, und verbietet ihm im Grunde, zu einer distanzierten ästhetischen Unterscheidung überzugehen.«[4] So recht Gadamer damit hat, die *Verselbständigung* einer allein auf das Formenspiel der Werke ausgerichteten Wahrnehmung zu kritisieren, so irreführend ist seine Forderung nach einer *Abblendung* der Aufmerksamkeit für das Arsenal der künstlerischen Operationen. Denn wer keinen Sinn für diese Operationen hat, hat auch keinen Sinn für das, was in ihrem Zusammenspiel zur Darbietung kommt. Kein künstlerisches Bild könnte als solches wahrgenommen werden, würden wir nicht zugleich auf Darbietung und Dargebotenes achten (denn andernfalls käme das *künstlerisch* Dargebotene überhaupt nicht zur Erscheinung). Und so für die anderen Künste. Ohne ein Bewusstsein der Gegenwart ihrer Werke gibt es kein Bewusstsein der von ihnen dargebotenen Gegenwart. Im Spiel *zwischen* diesen Aufmerksamkeiten spielt sich die Erfahrung von Kunstwerken ab.

Was geschieht, wenn man es bei einer Dichotomie mitgehender und distanzierter Kunstwahrnehmung belässt, wird im anderen Lager besonders am Denken von Paul de Man deutlich, das für viele der heutigen Verächter einer hermeneutischen Ästhetik Modell gestanden hat. In seinen programmatischen Schriften über *Semiologie und Rhetorik* sowie der Proust gewidmeten Abhandlung *Lesen* zementiert de Man die Unterscheidung zwischen einer »ästhetischen« und einer »rhetorischen« Lektüre literarischer Texte, deren eine – die »ästhetische« – sich dem narrativen Sinngeschehen mehr oder weniger blind überlässt, während die andere – die »rhetorische« – mehr oder weniger hellsichtig das sprachliche Räderwerk verfolgt, das für die Illusion eines solchen Sinns verantwortlich ist. (Der Ausdruck »ästhetisch« wird hier also für das genaue Gegenteil des Gadamer'schen »ästhetischen Bewusstseins« gebraucht.) Nach de Man ist der literarische Text derjenige, der seine eigene sprachliche Basis fortwährend untergräbt – und damit eine Unwucht allen Sprechens aufdeckt, deren harte Realität wir diesseits der Literatur (und als dürftige Leser derselben) mit Eifer verdrängen. Für die »völlig inkompatible(n)« Haltungen einer ästhetisch mitgehenden und einer rhetorisch distanzierenden Lektüre sei der literarische Text gemacht.[5] Eben dies – behauptet de Man – *ist* das Projekt der Literatur: die Illusion eines sicheren sprachlichen Weltzugangs – in-

---

4 Gadamer, Ästhetik und Hermeneutik, a. a. O., 6.

5 P. de Man, Semiologie und Rhetorik, in: ders., Allegorien des Lesens, Frankfurt/M. 1988, 31-51, 42.

nerhalb und außerhalb der Literatur – zu zerstören, und somit: ein Bewusstsein der prinzipiell entzweiten Lage zu schaffen, in der sich der Mensch als sprechendes und schreibendes Wesen befindet. »Die Unmöglichkeit wirklichen Verstehens«[6] wäre somit das eigentliche Thema jedes literarischen Texts – und möglicherweise jedes wahren Objekts der Kunst.

Ich will nur das kunsttheoretische Dogma kommentieren, das uns hier begegnet. Es besteht in der Annahme einer »Disjunktion zwischen einer ästhetisch empfänglichen und einer rhetorisch aufmerksamen Lektüre«, auf die sich de Man an zentraler Stelle beruft.[7] Phänomenologisch spricht alles gegen diese Behauptung. Es wäre reichlich absurd, zu behaupten, eine rhetorisch aufmerksame Lektüre der Szene, in der Anna Karenina in Tolstois Roman dabei ist, sich unter den Zug zu werfen, und sich schließlich darunter wirft – sie wird im Sprung von ihrer roten Reisetasche behindert; der Text berichtet davon in einem undramatischen Ton, als handle es sich um ein Problem der Reisevorbereitung der alltäglichsten Art; die Überlegung, unter welchen Waggon sie sich werfen soll, wird erzählt, als handle es sich um das Problem, welches Abteil zu wählen sei –; es wäre absurd, zu behaupten, eine solche Lektüre unterminiere das »ästhetische« Mitgehen mit der Handlung und Mitleiden mit der Figur, weil hier die Konstruktion des Texts auffällig und somit der reflektierte Leser aus der Welt des Texts ausgesperrt werde. Damit wäre der Ruin der Literatur besiegelt. Ihr Wahrzeichen – diejenige Sprache zu sein, die sich als Sprache sehen lassen kann – würde es ihr strukturell unmöglich machen, ihren ästhetischen Zweck zu erreichen – diejenige Sprache zu sein, durch die wir ansonsten unerreichbaren Gegenwarten des Lebens begegnen können. Literatur hätte ihren Sinn lediglich in der Klage über die Trivialität, dass alles Sprechen Menschenwerk und als solches fragil und fallibel, provisorisch und historisch, arbiträr und selten eindeutig ist.

So gering, meine ich, sollten unsere Ansprüche an die Kunst und ihre theoretische Deutung nicht sein. Wir dürfen von der Kunst mehr erwarten als eine weitere dünnblütige Bedeutungstheorie. Wir dürfen von ihren Objekten erwarten, dass sie in der Präsentation *ihrer* Konstellationen eine Präsentation *menschlicher* Konstel-

---

6 de Man, Lesen (Proust), in: ders., Allegorien des Lesens, a.a.O, 91-117, 105.
7 Ebd., 105.

lationen entwerfen. Dabei wäre es allerdings fatal, die Spannung zu leugnen, die innerhalb dieser Dimensionen – und zwar unausweichlich – besteht. In dieser Spannung nämlich liegt die Magie bedeutender Werke; sie fesseln uns an *ihre* und damit an *eine* Wahrnehmung, die durch nichts sonst zu ersetzen ist. Sie erzeugen einen Prozess einer Erfahrung, der keinen Abschluss kennt, weil sie selbst ein Spiel *mit* der Anschauung und ein Spiel *um* die Anschauung von Gegenwart sind.[8] (Kritiken und Interpretationen sind nichts weiter als öffnende *Züge* in diesem Spiel.) Schon Hegel hat – anlässlich seiner großartigen Interpretation der Goethe-Büste von Rauch (innerhalb seiner Behandlung der klassischen Kunstform in seinen *Vorlesungen über die Ästhetik*) von dem »Widerstreit« zwischen sinnlicher Gestalt und geistigem Gehalt gesprochen, der bereits in der griechischen Plastik ausgetragen werde. Erst recht hat Heidegger in seiner Abhandlung über den *Ursprung des Kunstwerkes* den »Streit« zwischen der Körperlichkeit der Werke und der Bedeutsamkeit ihrer Darbietung zum Zentrum der künstlerischen Arbeit erhoben. Dieses Spiel und dieser Streit aber sind in der Machart der Werke angelegt und wollen in dieser Anlage verstanden sein. Wir müssen uns auf das Spiel dieser Werke verstehen, wenn wir erfahrend in ihr Spiel eintreten wollen.

6.

An meinen letzten Bemerkungen sollte deutlich geworden sein, dass ich Paul de Man und die anderen Kritiker einer hermeneutischen Ästhetik nicht einfach als Schießbudenfiguren herangezogen habe. Denn ihnen verdanken wir ein geschärftes Bewusstsein der Prozessualität und Dynamik künstlerischer Darbietungen. Aber wir sollten uns nicht einreden lassen, dass Kunstwerke dazu da sind, unser eigenes – und sei es nur hermeneutisches – Scheitern zu genießen. Vielmehr bedarf es einer besonderen Form des Verstehens, um mit Lust an der Bewegtheit und Bewegung künstlerischer Werke Anteil zu nehmen. Darum ist die Hermeneutik auch auf dem Gebiet der Theorie der Kunst alles andere als eine Hilfsdisziplin; sie ist vielmehr diejenige Form der Reflexion, die in der Vermeidung sachfremder Dichotomien die Einheit der hetero-

8 M. Seel, Ästhetik des Erscheinens, München 2000, 215 ff.

genen Momente des künstlerischen Prozesses zu denken vermag. Es ist in meinen Augen gerade die Hermeneutik, die es erlaubt, die Anforderungen zu formulieren, die sich in der künstlerischen Produktion wie Rezeption stellen: nämlich, um es formelhaft zu sagen, über dem Werk nicht die Welt und über der Welt nicht das Werk zu vergessen. Adornos Sentenz über die Kunst, die es in ihrer Unbegreiflichkeit und Unbegrifflichkeit »zu begreifen« gelte, zieht hieraus lediglich eine absichtsvoll paradoxe Konsequenz. Objekte der Kunst sind Medien einer Erfahrung, die sich als ein Prozess des Verstehens abspielt, der nicht auf das Resultat eines Verstandenen zielt. Dem primären, auf die Erfahrung einzelner Werke gerichteten Verstehen von Kunst geht es vielmehr um eine andernorts unmögliche Begegnung mit andernorts unmöglichen Möglichkeiten der Wahrnehmung unserer selbst. Wenn uns das gelingt, *haben* wir etwas verstanden: Wir wissen etwas anzufangen mit den Werken, auf die wir uns eingelassen haben. Wir haben erneut, aber doch auf andere Weise als draußen in der Natur oder in den Stadien dieser Welt, Zugang zu einer Praxis gefunden, die einen guten Sinn hat, auch wenn sie nur selten einen eindeutigen Sinn ergibt. Aber das ist ja auch sonst im Leben so – dass letztlich nur das einen Sinn macht, was keinen eindeutigen hat.

3. Form als eine Organisation der Zeit

Die klassisch-moderne Ästhetik ist an vielen Stellen mit einer bemerkenswerten Metaphysik der Zeit kontaminiert. Ästhetische Wahrnehmung wird als ein in der Zeit des Lebens mögliches Heraustreten aus der Zeitlichkeit dieses Lebens gefasst. Man denke nur an Kants Theorie des Erhabenen, die dieses in dem »Gefühl, daß wir reine selbständige Vernunft haben«, verankert sein lässt – eine Vernunft, die nicht den kausalen Prozessen der Natur und damit dem Geschehen einer objektiven Zeit unterliegt.[1] Auch Hegels These von der Kunst als Anschauung des Absoluten lässt sich verstehen als Theorie einer betrachtenden Überwindung der beschränkten Perspektive des endlichen Daseins, auch und gerade in seiner zeitlichen Dimension. In einer extremen Gestalt findet sich dieser Gedanke bei Schopenhauer, wenn es in *Die Welt als Wille und Vorstellung* heißt, wer ästhetische Wahrnehmung vollziehe, verwandle sich in ein »reines, willenloses, schmerzloses, zeitloses Subjekt der Erkenntnis«.[2] Der junge Nietzsche folgt dieser Spur, wenn er in der Tragödien-Abhandlung sagt, Schopenhauer habe »das ungeheure Grausen geschildert, welches den Menschen ergreift, wenn er plötzlich an den Erkenntnissformen der Erscheinung irre wird, indem der Satz vom Grunde, in irgend einer seiner Gestaltungen, eine Ausnahme zu erleiden scheint«[3] und davon spricht, dass die Musik »eine Sphäre symbolisirt, die über alle Erscheinung und vor aller Erscheinung ist«, oder davon, dass wir angesichts dionysischer Kunst – im Unterschied zur apollinischen – die »ewige Lust des Daseins […] nicht in den Erscheinungen, sondern hinter den Erscheinungen suchen« sollen.[4] Wenn Adorno in der *Ästhetischen Theorie* behauptet, Wahrheit habe Kunst »als Schein des Scheinlosen«,

---

1 I. Kant, Kritik der Urteilskraft, in: ders., Werke in zwölf Bänden, hg. v. W. Weischedel, Frankfurt/M. 1968, Bd. X, § 27, 346 (B 99).
2 A. Schopenhauer, Die Welt als Wille und Vorstellung, in: ders., Werke in zehn Bänden, hg. v. A. Hübscher, Zürich 1977, Bd. I, 232.
3 F. Nietzsche, Die Geburt der Tragödie, in: ders., Sämtliche Werke. Kritische Studienausgabe in 15 Bänden, hg. v. G. Colli u. M. Montinari, München 1980, Bd. 1, 9-156, 28.
4 Ebd., 51 u. 109.

bleibt er dieser Tradition unter der Hand verhaftet.[5] Noch Karl Heinz Bohrers Ästhetik des Plötzlichen spielt mit dem Gedanken eines in der Wahrnehmung von Kunst bewirkten Ausstiegs aus der historischen Zeit.[6] Zuletzt hat Michael Theunissen, unter Bezug auf Benjamin, Proust und Beckett, die ästhetische Anschauung theologisch als Erfahrung einer zeitenthobenen »Ewigkeit« gedeutet, was ihm zu sagen erlaubt: »Das sogenannte Kunstschöne […], das so schön gar nicht zu sein braucht, stellt die Freiheit von der Zeit selbst dar.«[7]

Dieser eindrucksvollen Denkfigur möchte ich im Folgenden widersprechen, ohne hier noch einmal den bedeutendsten Kronzeugen gegen eine Metaphysik der ästhetischen Zeit – Paul Valéry – ins Feld zu führen.[8] Vielmehr wähle ich einen indirekten Zugang, indem ich eine andere Grundkategorie des Ästhetischen ins Spiel bringe, diejenige der Form. Ästhetische Formverhältnisse sind Zeitverhältnisse, so werde ich durchaus in Übereinstimmung mit der soeben rezitierten Tradition geltend machen, jedoch solche, die nicht einen Ausstieg aus der Gegenwart eines zeitgebundenen Lebens offerieren, sondern im Gegenteil eine Vertiefung in diese. Auf solche Verhältnisse stoßen wir nicht allein in der Kunst, sondern überall, wo wir Gelegenheit zu ästhetischer Aufmerksamkeit finden. Sie stellen somit ein gemeinsames Thema einer Ästhetik und Kunstwissenschaft dar, die das irreführende Versprechen einer innerweltlichen Transzendierung der Zeit widerruft.

Dass Form, wie mein Titel es nahelegt, als eine Organisation der Zeit zu verstehen ist, soll freilich nicht bedeuten, dass sie nicht zugleich eine Organisation des Raums sein könnte. Sie ist es häufig – in der Konstruktion von Skulpturen und Gebäuden, Parks und Straßen, Autos und anderen Schmuckstücken. Vielleicht lässt sich sogar, insbesondere mit Blick auf die Künste, sagen, dass Form immer eine Organisation des Raums ist, man denke nur an den auf unterschiedliche Weise raumfüllenden Klang von Musik oder an den linearen Aufbau von Texten, die sich, gerade wenn sie – wie

5 Th. W. Adorno, Ästhetische Theorie, Frankfurt/M. 1973, 199.
6 K. H. Bohrer, Plötzlichkeit. Zum Augenblick des ästhetischen Scheins, Frankfurt/M. 1981.
7 M. Theunissen, Freiheit von der Zeit, Ästhetisches Anschauen als Verweilen, in: ders., Negative Theologie der Zeit, Frankfurt/M. 1991, 285-298.
8 Vgl. hierzu M. Seel, Ästhetik des Erscheinens, München 2000, 28 ff.

etwa die Romane von Claude Simon – eine Fülle des Gleichzeitigen Ereignis werden lassen, in einem langgezogenen Nacheinander entfalten. Zudem könnte man anführen, dass Raum und Zeit grundsätzlich interdependente Begriffe sind: Zeitliche Prozesse sind solche einer Bewegung oder eines Verharrens, räumliche Zustände sind solche einer Dauer oder eines Vergehens. Aber selbst wenn das so ist: wenn Zeit und Raum begrifflich aufeinander verweisen und Formbildungen immer ein zeitliches und räumliches Verhältnis darstellen, selbst wenn es so ist, dass Zeit immer auf Raum und Raum immer auf Zeit bezogen ist, wäre nicht der Raum, sondern die Zeit die Pointe jeder ästhetischen oder künstlerischen Form. Das ist die These, die ich verteidigen möchte. Räumliche Verhältnisse müssen in zeitliche übersetzt und als zeitliche erfahren werden, um als ästhetische Form erfahren werden zu können. Die Umkehrung gilt nicht. Denn ästhetische und künstlerische Formen sind nicht generell dazu da, *Räume zu schaffen*, jedenfalls nicht in einem buchstäblichen Sinn, sondern *Zeit zu geben*, und dies in einem durchaus buchstäblichen Sinn. *Der Sinn der Form ist die Zeit.*

1.

Auf den ersten Blick dürfte das Gegenteil einleuchtend sein. Eine Schachtel hat diese oder jene Form, je nachdem, wofür sie als Behälter dient. Eine Blüte hat diese oder jene Gestalt, je nachdem, wer für die Reproduktion der Pflanze herbeigelockt werden soll. Der Sinn der Form ist hier einerseits der durch sie geschaffene Raum und andererseits die Art, in der sie sich in einem größeren Raum präsentiert. Sobald wir aber die Aufmerksamkeit auf das Sichdarbieten von Formen im Raum richten, erscheint die Frage nach einem Primat entweder des Raums oder der Zeit deplatziert. Dieser zweite Blick richtet sich auf die ästhetische Valenz der Gestalt von Objekten. Er richtet sich darauf, wie sie einem verweilenden Vernehmen erscheinen. Dieses Erscheinen lässt sich mit Kant als ein Spiel von Erscheinungen verstehen, die ein Gegenstand in dem Raum und in der Zeit seiner Vergegenwärtigung entfaltet. Er zeigt dann nicht nur eine abgegrenzte *Gestalt*, die sich von anderen Gestalten abhebt, sondern begegnet als ein *Spiel* von Gestalten, die an ihm verfolgt und vernommen werden können. »Alle Form der

Gegenstände der Sinne (der äußern sowohl als mittelbar auch des innern) ist entweder *Gestalt*, oder *Spiel*: im letztern Falle entweder Spiel der Gestalten (im Raume, die Mimik und der Tanz); oder bloßes Spiel der Empfindungen (in der Zeit).«[9] Kants These ist hier, dass ästhetische Wahrnehmung mit einer Aufmerksamkeit für das Spiel von Gestalten oder Empfindungen beginnt, einer Aufmerksamkeit, die durch jenes »Spiel der Erkenntniskräfte« eröffnet wird, das das begriffliche Bestimmen ihrer Gegenstände zugunsten einer Erfahrung ihrer unbegrenzten Bestimmbarkeit sein lässt – und sie damit, wie man mit Baumgarten, Valéry und Adorno hinzufügen könnte, in ihrer »Unbestimmtheit« gegenüber dem begrifflichen Denken anschaulich werden lässt. Zwar orientiert sich Kant in der zitierten Passage insgeheim an Lessings Unterscheidung zwischen Raum- und Zeitkünsten, wenn er sagt, das ästhetische Spiel von Gestalten – außerhalb wie innerhalb der Kunst – sei *entweder* eines im Raum *oder* in der Zeit. Schon der Begriff eines *Spiels* von Gestalten aber weist darauf hin, dass das, was im ästhetischen Vernehmen zum Erscheinen kommt, in vielen paradigmatischen Fällen räumliche *und* zeitliche Ereignisse oder Konstellationen sind. Auf einen zweiten Blick spricht daher alles dafür, zu sagen: Die Natur der ästhetischen Form liegt in einem *Spiel von Gestalten im Raum und in der Zeit*.

Auch wenn wir damit vermutlich auf der sicheren Seite sind, lohnt es sich doch, einen dritten Blick auf den Spielplatz der ästhetischen Erfahrung zu riskieren. Die Raum-Zeit-Konstellationen in unterschiedlichen Künsten bieten hierfür reichhaltige Anschauung. Ein Grundprinzip der Architektur ist Raumteilung – die Trennung von Außen- und Innenraum, von Innenräumen untereinander, mit vielfachen Möglichkeiten der Öffnung aller dieser Räume nach innen und nach außen. Mit dieser Abteilung und Aufteilung eines Raums aber entsteht zugleich eine Rhythmisierung und damit eine Einteilung der *Zeit der Bewegung* in diesem Raum: nicht nur ein Wechsel von Gängen und Orten, die ein Gebäude seinen Nutzern anbietet, sondern auch von zugelassenen und verwehrten Blickrichtungen, denen es sich öffnet und verschließt. Die Unterteilung des Raums ist so zugleich eine Unterteilung möglicher Zeiten des Aufenthalts in ihm. In ähnlicher Weise schaffen Skulpturen einen

9 Im zweiten Fall denkt Kant primär an die Musik: Kant, Kritik der Urteilskraft, a. a. O., § 14, 305 (B 42).

Ort und eine Zeit des Verweilens in ihrer Gegenwart; durch ihre Geste verändern sie die Anziehungskräfte, denen die Bewegung in ihrer Nähe unterliegt. Den Ort und die Atmosphäre eines Raums prägt auch das künstlerische Bild (man sieht, ich folge Hegels Einteilung der Künste, wenn auch ohne die falschen Hierarchien, die in sie eingebaut sind). Malerei öffnet nicht allein einen Raum im Raum – einen Raum *des Bildes* in dem Raum, in dem sich das Bild befindet –, sondern disponiert durch seine internen Konfigurationen zugleich über die Zeit seiner Betrachtung. Musik hingegen ist bis in die kleinsten Phasen der Stille hinein ein zeitliches Ereignis, das jedoch stets den Ort seines Erklingens auf unterschiedliche Weise füllt und somit zugleich das Raumempfinden seiner Hörer verändert. Eröffnet im Fall der sogenannten Raumkünste der räumliche Zustand immer zugleich ein zeitliches, so bewirkt hier das zeitliche immer zugleich ein räumliches Geschehen. Bei Theater und Tanz freilich hat die ganze Unterscheidung keinen Sinn: Sie sind Bewegungskünste, die sich in einem Imaginationsraum entfalten, der meist auf die eine oder andere Weise von dem Raum ihrer Betrachtung abgegrenzt ist. Solche Abgrenzungen freilich sind in jenen Performances und Installationen nicht mehr zu finden, in denen sich die Betrachter *inmitten* eines räumlich und zeitlich sich entfaltenden Werks aufhalten: diese haben hier Teil an der spatialen wie temporalen *Ausdehnung* einer künstlerischen Operation. Dies trifft auch auf die Zuschauer im Kino zu, mit dem Unterschied allerdings, dass es hier ein virtueller Raum ist, dessen Bewegung sie sehend und hörend verfolgen. Leiblich umfangen von einem Klanggeschehen sind sie einer Bildbewegung ausgesetzt, die sich wie die musikalische in einer Dynamik entfaltet, in der sich visuell Abwesendes fortwährend in Anwesendes und visuell Anwesendes fortwährend in Abwesendes verwandelt. Die beiden Fernsinne werden auf diese Weise in *einen* und in *einem* nur der Imagination zugänglichen Raum geleitet, am Leitfaden einer Narration von Ereignissen, die sich so nirgends außerhalb der Leinwand ereignet haben, wie sehr das in den Bildverläufen Sichtbare auch auf reale Schauplätze verweisen mag. Ein eigenes Spiel von Raum und Zeit entfaltet auch die Literatur. Vermöge einer in ihrer Anordnung auffälligen Reihung von Worten vollzieht sich der literarische Text für das lesende Bewusstsein in der Spannung von Erzählzeit und erzählter Zeit und entfaltet dabei oft ein Drama von Begebenheiten, in deren vorgestelltem Raum sich die Lesenden für die Zeit ihres Lesens bewegen.

Diese wenigen Stichworte machen auf die unterschiedliche Zeit-Regie aufmerksam, die in den unterschiedlichen Künsten herrscht. Gebäude, Skulpturen, Bilder, Filme, Theaterinszenierungen, Installationen, Literatur und so weiter, in jedem einzelnen ihrer Objekte, erzeugen in dem Raum, den sie bilden oder umbilden, darstellen oder vorstellen, eine jeweils andere Bewegung, der unsere Wahrnehmung für die Dauer unseres Aufenthalts in oder bei ihnen ausgesetzt ist. Sie verlangsamen, beschleunigen, verzögern, raffen, dehnen die Zeit des Ereignisses, zu dem sie im Augenblick ihrer ästhetischen Wahrnehmung werden. Man denke nur an Bill Violas Videoinstallation *Two Angels for the New Millennium* (ARoS, Kunstmuseum Aarhus), die in einem dunklen, mit fünf Bildflächen ausgestatteten Raum in extremer Zeitlupe rätselhafte Figuren aus Meeresfluten aufsteigen und wieder in sie eintauchen lässt, an Actionsequenzen in Filmen wie *The Bourne Supremacy* (Paul Greengrass, USA 2004), in denen die hochfragmentierten Handlungsverläufe nicht länger überschaut werden können, oder an den somnambul verlangsamten Blues der *Black Ballads* von Archie Shepp im Vergleich mit dem hektischen Tanz der Läufe eines Charlie Parker. Zugleich erzeugt jede dieser Künste eine andere Beteiligung unserer Sinne am Spiel ihrer Gestalten. Mal übernimmt das Ohr, mal das Auge die Führung; mal erfassen sie zusammen einen Sinn oder auch nur eine Bewegung, die keinem Organ allein zugänglich wäre; mal wird beider Rolle verkehrt und vertauscht, wie in Horrorfilmen, wenn wir zu sehen glauben, was wir vorerst nur hören, oder zu hören, was wir vorerst nur sehen. In der Erkundung von Skulpturen, Gebäuden oder Installationen werden nicht selten die übrigen Sinne in dieses Verwirrspiel mit einbezogen. Sogar unser Gleichgewichtssinn kann buchstäblich und metaphorisch aus dem Gleichgewicht geraten, wie bei einem Gang durch die beklemmend schiefgestellte »Achse des Holocaust« in Daniel Libeskinds *Jüdischem Museum* in Berlin. Schließlich eröffnen die Materialien und Medien der Künste seit jeher eine Fülle von *borderline operations*, mit denen die bis dahin etablierten Grenzen zwischen den Künsten gekreuzt und manchmal zu einem exterritorialen Schauplatz des artistischen Erscheinens gemacht werden: in Gebäuden, die Teil einer Landschaft sind, in Filmen, die zu Projektionsflächen des Theaters werden, in Bildern, die sich als Skulpturen in den Raum erstrecken, in Erzählungen, in denen die Musik der Worte allen Wortsinn übertönt, in einer Musik, deren Darbietung mit dem Tanz fusioniert.

In allen diesen Verfahren leihen uns die Künste eine andere Zeit. Das ist der Sinn ihrer Form. Die Form ihrer Werke *gibt* uns Zeit; sie lässt uns die Zeit ihrer Form erfahren. Sie verstrickt uns in den Rhythmus ihrer Gestalten. Dadurch *nimmt* sie uns Zeit, die wir nicht länger zur eigenen Verfügung haben; sie übernimmt ihre Gestaltung für die Weile, in der wir ihrer Bewegung ausgesetzt sind. Die Form der Kunst also gibt uns Zeit, indem sie uns Zeit nimmt, und nimmt uns Zeit, indem sie uns Zeit schenkt. Nicht etwa erhebt sie uns über unsere Existenz in Raum und Zeit, wie es sich beispielsweise Schopenhauer dachte.[10] Vielmehr lädt sie uns im Spielraum ihrer Objekte zu einem besonderen Vollzug der Zeit ein. Sie lässt uns in einer verwandelten Gegenwart sein.

2.

Jedoch ist diese Skizze noch zu grob, um die temporale Bedeutung der ästhetischen Form wirklich zu treffen. Denn es gibt andere Formen der Organisation von Zeit, die nicht in erster Linie dazu geschaffen sind, ästhetische Aufmerksamkeit zu binden. Man denke nur an die Rhetorik – und also: die sprachliche Form – eines Beitrags wie desjenigen, den Sie gerade lesen: Sie werden hier in einer bestimmten Manier zu den Gedanken geführt, die der Autor Ihnen nahebringen möchte. Sie werden mit einer wilden Behauptung überfallen, Sie werden im Zeitraffer durch den Kosmos der Künste geführt, Sie werden mit einem Exkurs über das Wesen der Zeit unterhalten und am Ende mit einem minimalen Beispiel alleine gelassen. Aber nicht nur diese oder eine andere Art zu schreiben, jede Handlung bedarf einer gewissen Disposition über die Zeit, in der sie ausgeführt werden soll. Jedoch werden Tätigkeiten wie Staubsaugen, Autofahren oder das Prüfen von Bilanzen nicht dar-

---

10 Schopenhauers durchaus einleuchtendes *Motiv* für diese unplausible Auffassung ist es, den *Abstand* des ästhetischen Verhaltens gegenüber jedem instrumentellen Verhalten möglichst scharf zu markieren; dies lässt sich aber auch – und wenn ich Recht habe allein – diesseits einer Metaphysik der Transzendierung von Raum und Zeit erreichen.

um schon zu ästhetischen Operationen. Unterschiedlichen Arten einer zeitlichen Organisation unterliegen aber nicht nur einzelne Tätigkeiten; Analoges gilt für die Art, in der Handelnde das Pensum ihrer Arbeit, die Spanne eines Tages und letztlich diejenige ihres Daseins zu verbringen suchen. Von dieser Ethik der Zeit handeln Texte wie Peter Handkes *Versuch über den geglückten Tag* oder Jacques Derridas Reflexionen über die Möglichkeit, Zeit zu geben (*donner le temps*).[11] Kulturelle Praktiken generell, so liegt es nahe zu folgern, sind immer auch Praktiken des Umgangs mit Zeit – eines Umgangs, mit dem Zeit möglichst nicht – oder doch nicht zu sehr – vergeudet, möglichst nicht – oder doch nicht durchweg – als leere Periode erfahren wird und also möglichst – oder doch immer wieder – als eine erfüllte Zeit gegeben ist. In dieser ökonomischen oder besser ökumenischen Behandlung von Zeit liegt eine Wurzel aller kulturellen Formgebung und damit allen Stils. Stil nämlich ist ein aufmerksamer Umgang mit Zeit, ob dies nun Arbeits-, Lebens- oder historische Zeit ist.[12] Aufmerksam ist dieser Umgang, insofern den fraglichen Abläufen hier eine für die Beteiligten verbindliche, nach innen und außen erkennbare Gestalt und somit eine einprägsame Kontur gegeben wird: etwas, worin sie sich im Fluss der Zeit halten können. Es ist die Leistung des Stils, dem Leben einen sinnenfälligen, mal beschleunigenden, mal verlangsamenden Rhythmus zu verleihen, durch den das jeweilige Tun sich in seinen Vollzügen gegenwärtig bleibt. Stil in seiner allgemeinsten Form, verstanden als eine kulturelle Formung von Situationen des Handelns, ist Bewusstsein dessen, was wann angebracht ist, und damit ein Bewusstsein von Zeit, das manchmal, in einem immer noch klärungsbedürftigen Sinn, zu einem ästhetischen Bewusstsein wird.

Wie aber ist hierbei von der Zeit die Rede? Wie stehen wir in

11 P. Handke, Versuch über den geglückten Tag, Frankfurt/M. 1991; J. Derrida, Falschgeld. Zeit geben I, München 1993.
12 Auch die »Heterotopien«, deren Untersuchung sich Michel Foucault seit *Die Ordnung der Dinge* verschrieben hat, so ließe sich in einer Untersuchung seiner einschlägigen Texte zeigen, sind immer zugleich Heterochronien, so dass auch in diesem kulturgeschichtlichen und kulturtheoretischen Feld ein Primat des Raumbegriffs vor dem Zeitbegriff unhaltbar ist. Vgl. aber M. Foucault, Von anderen Räumen, in: ders., Schriften in vier Bänden. Dits et Ecrits, Bd. IV, Frankfurt/M. 2005, 931-942 u. ders., Die Heterotopien / Der utopische Körper, Frankfurt/M. 2005.

der und zu der Zeit, so dass es uns möglich ist, ihren Verläufen die eine oder andere Form zu geben? Was sind das, die »Verläufe der Zeit«, die wir durch Formen der unterschiedlichsten Art zu organisieren vermögen? Sie spielen sich innerhalb einer nach den Polen Vergangenheit, Gegenwart und Zukunft *dimensionierten* Zeit ab. In ihr werden Zustände und Ereignisse aus der Mitte einer Gegenwart als vergangen, andauernd und möglicherweise bevorstehend erfahren. Dies ist zugleich die Erfahrung eines *gerichteten* zeitlichen Verlaufs, in dem sich Geschehendes fortwährend in Geschehenes verwandelt und fortwährend bis dahin noch nicht Geschehenes geschieht. Von Zeit in diesem Sinn kann allein aus der faktischen oder möglichen Perspektive von Subjekten die Rede sein, die zeitlichen Prozessen in den Modi der Erfahrung, Erinnerung und Erwartung ausgesetzt sind – von Subjekten also, die eine Position in und zu der Zeit einnehmen, der sie im Erleben und Handeln unterliegen. Nur von dieser Position her ergibt sich eine Irreversibilität zeitlicher Veränderungen. Alles, womit wir künftig werden rechnen können oder müssen, ebenso das, was gegenwärtig so und nicht anders ist, wird früher oder später unwiderruflich vorbei, das heißt von einer dann gegenwärtigen zeitlichen Position aus unerreichbar sein. Jede künftige Gegenwart wird einmal aus der Sicht einer anderen künftigen Gegenwart eine vergangene Gegenwart sein. Die Richtung historischer Zeit, bedeutet das, ist in einem Verhältnis zu den Richtungen gegeben, die sich diejenigen, die in einer Gegenwart stehen, in dieser Gegenwart *geben* (oder zu geben versuchen). Für die Erfahrung biografischer, kultureller und historischer Zeit ist es charakteristisch, dass das, was geschieht, was geschehen ist und was mit unterschiedlicher Wahrscheinlichkeit geschehen wird, diejenigen, denen es widerfährt oder nicht widerfährt, auf unterschiedliche Weise etwas *angeht* oder jedenfalls angehen *kann* – gemessen daran, worum es ihnen in ihrem Leben jeweils geht. Deswegen stellt das Verhältnis von Erfahrung, Erinnerung und Erwartung überhaupt ein *Spannungsfeld* dar, in dem das, was uns begegnet und begegnet ist, das, was auf uns zukommt und zugekommen ist, ebenso wie das, dem wir entkommen oder nicht entkommen werden, stets darauf bezogen ist, was wir wünschen und wollen, was wir befürchten und erhoffen.[13] Die Zeit, um deren Gestaltung und

13 Heidegger hat in *Sein und Zeit* den Tod als das exemplarische Ereignis identifiziert, an dem das Eintreten bislang ungeschehener Ereignisse in der Form eines

Formung wir uns überhaupt bemühen können, ist daher immer auch eine Zeit günstiger und ungünstiger, genutzter oder verpasster *Gelegenheiten*. In ihrem Verlauf entstehen und vergehen Möglichkeiten, die uns befreiend oder bedrängend, animierend oder deprimierend erscheinen. Mit diesen und an diesen Möglichkeiten arbeiten wir, wenn wir unserem Leben die eine oder andere Form zu geben versuchen.

Der Sinn *der* dimensionierten Zeit, so kann man vor diesem Hintergrund sagen, verweist auf einen Sinn *für* Zeit: darauf, wie Zeit von denen, die in und zu ihr stehen, erfahren wird oder erfahren werden kann. Die so erfahrene Zeit gliedert sich in Sinn-Einheiten, die ihre Grundlage in der Differenzierung von Vergangenheit, Gegenwart und Zukunft haben. Dieser Grundeinteilung kultureller Zeit entspringen historische, also revidierbare und zu einem gewissen Grad arbiträre *Ordnungen* des Zeitlichen, die stets

> »Vorlaufens auf den Tod« erfahren wird. Der Tod ist *das* auf uns zukommende Ereignis, im Unterschied zu vielen anderen Umständen, die auf uns zukommen oder auch nicht zukommen können. Als Komplement gehört hierzu das Vonunswegrücken von Ereignissen, die aus unserer Gegenwart als vergangene und somit als – für einen selbst oder andere – *ehemals* zukünftige erscheinen. Beide Bewegungen treffen sich in der spürenden und handelnden *Begegnung* mit Umständen, die uns hier und jetzt sei es betreffen, sei es unbetroffen lassen. Die Richtung von Ereignissen auf uns zu, an uns vorbei und über uns hinweg, so kann man mit Heidegger sagen, ergibt sich daraus, dass wir in unserem Leben auf etwas gerichtet sind – dass es uns in unserem Dasein um unser Dasein geht: um einen Umgang mit Umständen und Ereignissen entsprechend den Verhältnissen, die wir in unserem Leben erhalten, erreichen und vermeiden wollen. Deswegen spricht Michael Theunissen im Anschluss an Heidegger von einem »Vollzug der Zeit«, durch den Gegenwärtiges auf Vergangenes und Künftiges bezogen wird. »Der synthetisierende Vollzug der Zeit fällt mit dem Selbstvollzug des menschlichen Daseins schlechterdings zusammen. *In* der Zeit ist das Dasein der Menschen unaufhebbar, sofern es der objektiven Zeitordnung eingefügt bleibt. In sich *zeitlich* ist es ebenso unaufhebbar, sofern es nur existieren kann, indem es die ›homogene und leere Zeit‹ in ihre Ekstasen auseinandertreibt«, das heißt indem es seine Gegenwart in den Horizonten von Vergangenheit und Zukunft erfährt (Theunissen, Freiheit von der Zeit, a. a. O., 290 f.). In diesem Sinn unterscheidet sich ein Begriff der homogenen (physikalischen) Zeit – derjenigen, der jedes und alles *ausgesetzt* ist – von einem Begriff dimensionierter (historischer) Zeit – derjenigen, zu der sich ein seiner selbst bewusstes Dasein notwendigerweise *verhält*. (Dieser Kommentar lässt offen, wie dimensionierte und homogene Zeit begrifflich zueinander stehen. Heideggers These eines Primats der Ersteren jedoch dürfte schwerlich zu halten sein; plausibler erscheint die Annahme ihrer Interdependenz.)

mit *Deutungen* dessen verbunden sind, was sich in ihnen zeitigt – und daher ein weites Feld der *Gestaltung* zeitlicher Verhältnisse eröffnen.

Ich möchte dies am Begriff der Gegenwart erläutern. Was Gegenwart heißt, lässt sich durch bloße Zeitangaben überhaupt nicht klären. Wenn wir von dem Text sprechen, den Sie gegenwärtig lesen, ist von einer Gegenwart die Rede, die bis zu einer Stunde lang andauern mag. »Gegenwärtig tut sich nichts«, kann ein Sportreporter bei der Kommentierung eines Fußballspiels sagen, und wird dabei, wie die meisten der Beteiligten hoffen werden, von einer Gegenwart sprechen, die sich in wenigen Minuten zählen lässt. Wenn es heißt, dass die Wirtschaft gegenwärtig lahmt, ist mindestens von einem Quartal die Rede – verbunden mit der Befürchtung, die Flaute könne weit länger dauern. Wenn ein politischer Kommentator feststellt, dass wir gegenwärtig einen Kampf der Kulturen erleben, wie ihn die Welt noch nicht gesehen hat, mag er von Jahrzehnten oder sogar Jahrhunderten sprechen. Besonders das letzte Beispiel verdeutlicht, dass es keine klaren Linien gibt, durch die eine historische oder biografische Gegenwart von Vergangenheit und Zukunft abgegrenzt wäre. Die Zukunft hat in vielen Bereichen des Erlebens und Handelns immer schon begonnen, die Vergangenheit wirkt in ihnen oft immer noch nach. Und diese Relationen verändern sich beständig, je nachdem, wie klein oder groß wir den Kreis unserer Gegenwart ziehen, und je nachdem, wie eng oder weit er sich um uns zieht. Sie verändern sich beständig im Verhältnis zu den kleineren oder größeren Handlungszusammenhängen, die wir jeweils als Gegenwart unseres Tuns und Erlebens verstehen. Mit jeder von ihnen befinden wir uns in einem Gefüge von naheliegenden und fernstehenden, realisierten und nicht realisierten, realisierbaren und nicht realisierbaren Möglichkeiten, die im Gang der Natur sowie im Denken und Handeln sei es besetzt worden, sei es unbesetzt geblieben sind. Das *ist* Gegenwart: in einem grundsätzlich unüberschaubaren und unbeherrschbaren Fluss von Ereignissen zu sein, die mehr oder weniger lange währen und das menschliche Tun und Erleiden mehr oder weniger lange und mehr oder weniger stark berühren und betreffen. Wer sich als Teil dieses Flusses erfährt, benötigt Formen, die ihm eine Arbeit an der Zeit und ein Spiel mit ihr erlauben. Er kann nicht anders, als sich zu ihr in unterschiedliche Verhältnisse zu setzen, in denen

Zeit kalkuliert und bemessen, gespart und verschwendet, erinnert und vergessen, beschleunigt und gedehnt, gekauft und geschenkt, genommen und gegeben werden kann.

In dieses existentielle wie kulturelle, individuelle wie soziale Zeitmanagement greifen ästhetische Formbildung und ästhetisches Formbewusstsein ein. Sie machen Zeit in besonderer Weise spürbar; sie lassen uns Zeit für die Zeit. Sie tun dies, indem sie vergangene, aktuelle oder künftige Gegenwarten in ihrer zeitlichen Verfassung präsent halten, indem sie Objekte entwerfen oder aufsuchen, und dabei immer auch Räume oder räumliche Verhältnisse entstehen lassen, die Konfigurationen von Präsenz zugleich herstellen und herausstellen. Der Sinn *der* Gegenwart verwandelt sich in einen Sinn *für* Gegenwart; das ist die grundlegende ästhetische Operation.

Es ist die Operation des Künstlers, in seinen jeweiligen Materialien und Medien Formen zu entwickeln, die Konstellationen realisierter und unrealisierter, anwesender und abwesender Möglichkeiten des Vernehmens und Verstehens ausbilden, wie sie für menschliche Gegenwarten kennzeichnend sind. Die künstlerischen Konstruktionen selbst sind so verfasst, dass sie in ihrem Erscheinen je besondere Verhältnisse der Verschränkung des Fasslichen und Unfasslichen, Verfügbaren und Unverfügbaren, Erinnerten und Erwarteten entstehen lassen, wie sie die erlebte Wirklichkeit des Menschen generell durchherrschen. Der Künstler erfindet Objekte, an *deren* räumlicher und zeitlicher Gegenwart wir *einer* Gegenwart innewerden. Entsprechend ist es die Operation der ästhetisch Wahrnehmenden, für ein künstlerisches oder außerkünstlerisches Spiel von Gestalten aufmerksam zu sein, die es ihnen erlauben, im Auge einer realen oder imaginierten – und nicht selten einer realen *und* imaginierten – Gegenwart zu verweilen.[14] Nicht erleben wir im Prozess der ästhetischen Produktion und Rezeption eine »Freiheit von der Zeit«, wie es Michael Theunissen in der Nachfolge Schopenhauers postuliert und Derrida es an einigen Stellen zumindest nahelegt.[15] Was wir erleben, ist eine Freiheit *für* die Zeit: ein Freiwerden für die Erinnerung an die Potentiali-

---

14 Zum Verhältnis von Gegenwart und ästhetischer Gegenwart vgl. Seel, Ästhetik des Erscheinens, a.a.O., bes. 160 ff. u. 215 ff. u. ders., Von Ereignissen, in: ders, Paradoxien der Erfüllung. Philosophische Essays, Frankfurt/M. 2006, 11-26.
15 Theunissen, Freiheit von der Zeit, a.a.O., 287 ff., 292 f.; Derrida, Falschgeld, a.a.O., z.B. 19, 139.

tät der Gegenwart unseres und nicht allein unseres Lebens – eine Begegnung mit eigener und fremder Gegenwart, die nicht zuletzt den Sinn hat, die eigene Gegenwart wieder befremdlich und darin bemerkenswert werden zu lassen.[16] Ästhetische Form und ästhetisches Bewusstsein von Form, so verstanden, sind Medien, die es uns erlauben, uns in die Zeit unseres Lebens zu vertiefen, uns in ihr zu verlieren, uns von ihr erschrecken und berauschen zu lassen, wie es die übrigen Techniken des Time-Managements – und mit ihnen nicht wenige Formen des Stils – mehr oder weniger erfolgreich zu verhindern suchen. Ästhetische Form nimmt unsere alltägliche Zeitvergessenheit ein Stück weit zurück, erinnert an das Hier und Jetzt sowohl ihrer selbst als auch der Zustände der Welt, die sie durch ihr Erscheinen sei es intensiviert, sei es imaginiert. Je näher wir der Kunst, je näher wir bedeutenden Kunstwerken kommen, desto weniger bewirkt diese Form eine Bändigung oder Bewältigung der Zeit, die darauf gerichtet wäre, das Bewusstsein unserer Endlichkeit in einen Zustand angenehmer Umnachtung zu hüllen, sondern vielmehr eine Bündelung zeitlicher Zustände, die uns das endliche Dasein als ein Kraftfeld unbekannter und unbewältigter Möglichkeiten und damit als das einzige unendliche Dasein erfahren lässt.[17]

---

16 Das Moment der Freiheit grenzt das ästhetisch gesteigerte Gegenwartsbewusstsein von einem angsthaften oder panikartigen Gebanntsein durch Gegenwärtiges ab, das den überwältigten Subjekten den Spielraum eines willkürlichen oder unwillkürlichen, aber grundsätzlich freiwilligen *Verweilens* bei einem Ereignis nimmt, ohne das auch Horrorfilme und dergleichen nicht ästhetisch genossen werden können.
17 S. hierzu P. Valéry, Der Unendlichkeitsfaktor in der Ästhetik, in: ders., Über Kunst, Frankfurt/M. 1973, 141-145.

3.

Ich will nicht schließen, ohne diese letzten Behauptungen wenigstens an einem Beispiel verdeutlicht zu haben. Ich wähle ein kurzes Gedicht von William Carlos Williams aus seinen *Collected Earlier Poems*:[18]

> *Between Walls*
>
> the back wings
> of the
>
> hospital where
> nothing
>
> will grow lie
> cinders
>
> in which shine
> the broken
>
> pieces of a green
> bottle

Eine Übertragung könnte lauten:

> *Zwischen Mauern*
>
> die hinteren Flügel
> eines
>
> Krankenhauses wo
> nichts
>
> wachsen wird liegt
> Asche
>
> in ihr glitzern
> die Scherben
>
> einer grünen
> Flasche

---

18 W. C. Williams, Die Worte, die Worte, die Worte. Gedichte, übertr. v. H. M. Enzensberger, Frankfurt/M. 1989, 90.

Dies ist ein sehr einfaches, wie formlos erscheinendes, aber natürlich alles andere als formloses Gedicht. Es präsentiert sich als das Notat eines zufälligen Blicks; es beschreibt, wie etwas – Asche und Scherben an der Rückseite eines Krankenhauses – in einem bestimmten Augenblick erschienen ist. Es schweigt sich darüber aus, wem dies erschienen ist. Der Leser wird nicht mit den Reaktionen eines lyrischen Ichs, sondern direkt mit dem von diesem Gesehenen konfrontiert, das ihm zur imaginierenden Vergegenwärtigung angeboten wird. Was da zu sehen war, wird in einer Art Zeitlupe vorgestellt, in fünf mal zwei Zeilen, die jeweils ein bis drei Worte enthalten. Das Gedicht verlangsamt die von ihm wachgerufene Vorstellung eines ebenso unscheinbaren wie unerheblichen Orts. Aber es verlangsamt nicht nur den flüchtigen Blick, dessen Objekte es protokolliert, es kulminiert in einer verhaltenen rhetorischen Pointe, indem es am Ende verrät, welche Farbe da aufscheint und was für ein Ding es war, dessen Scherben aus der Asche der grauen Hinterhofszene glitzern. Sie leuchten hervor an einem Ort, an dem, wie der Text sagt, nichts wachsen, nichts grünen, nichts leben wird, in einer Umgebung, in der der Tod stets nahe ist. Aber dieses Erscheinen weist zugleich darauf hin, dass auch das Tote lebt, jedenfalls für Betrachter (oder Leser), die sich nicht mit der Fassade des Lebens zufrieden geben, die hinter die Einteilung der Dinge in lebende und tote, erhabene und banale zu blicken verstehen. So gelesen, verwandeln sich die sparsamen Schritte des Gedichts in eine Allegorie nicht nur vom Scheinen des Unscheinbaren, sondern auch von der Schärfe eines Sehens, das die Frontansichten der Welt zerschneidet oder auf andere Weise zu Bruch gehen lässt, weil es sich die Gelegenheiten seines Verweilens nicht vorschreiben lässt.

Jedoch kommt es mir nicht so sehr auf eine Deutung dieses Gedichts an. Es soll mir vor allem helfen, die abstrakte Rede von der »Zeit gebenden« und Gegenwart spendenden Energie von Kunstwerken verständlicher zu machen. *Between Walls* handelt von einem kurzen Verweilen, wie es selbst ein solches verlangt. Durch *seine* Form gibt es uns *eine* Form. Zum einen verlangt es uns ein verlangsamtes Lesen ab, das sich auf die beiläufige Kraft der wenigen Worte einlässt, aus denen es gemacht ist; es gibt uns Zeit für die gelassenen Zeilensprünge, die es vorführt. Zum anderen bietet es eine durch wenige Akkorde gestützte Vergegenwärtigung der von ihm entworfenen Szene an; es gibt uns Zeit, ein Bild des Glitzerns der grünen Scherben zu entwickeln. Drittens stellt es eine Form der Wahrnehmung zur Verfügung, die sich auch unabhängig von den Zeilen des Gedichts erproben lässt; indem es seine Leser hierzu ermutigt, gibt es ihnen potentielle Zeit für eine rückhaltlos kontemplative Anschauung der Welt.[19] In jeder dieser Dimensionen fungiert das Gedicht als ein Zeitspeicher, der den Lesern ein wenig Zeit nimmt, um ihnen einen Vorrat an Zeit für die Wahrnehmung ihrer selbst und der Welt zu geben. In jeder dieser Hinsichten ist es die Gegenwart des Gedichts als einer fragilen Anordnung von Worten, die einen gesteigerten, veränderten und variierbaren Sinn für Gegenwart weckt. Sie gibt uns Zeit für sich (für das Dastehen des Gedichts), Zeit für etwas (für das, wovon es spricht) und Zeit für anderes (an dem wir die Sichtweise des Gedichts erproben können). Diese Dimensionen des Form- und mit ihr des Zeitgebens aber, so möchte ich sagen, auch wenn ich es an dieser Stelle nur sagen und nicht an weiteren Kunstwerken und Kunstformen durchspielen kann, sind in der Konfrontation mit bedeutenden künstlerischen Objekten stets präsent. Als Dank für die Aufmerksamkeit, die wir ihren Formen schenken, gewähren sie uns Aufmerksamkeit für die Zeit, in der – und in der allein – sich das Glück und das Unglück unserer Tage ereignet.

Auf diese Weise versetzt uns ästhetische Wahrnehmung in die Lage, uns Zeit für den Augenblick unseres Lebens zu nehmen – Zeit für das Hier und Jetzt unseres Lebens, zusammen mit einem Gespür dafür, was in der jeweiligen Gegenwart nicht oder nicht mehr oder noch nicht gegenwärtig ist. In meiner Betrachtung allerdings ist ein Begriff überhaupt nicht vorgekommen, derjenige, der trotz aller modernen Windungen der Grundbegriff der Ästhetik und Kunsttheorie war und ist. Zwar fehlt mir hier der Raum, *über* diesen Begriff noch irgendetwas Erhellendes zu sagen. Ich möchte aber nicht schließen, ohne *zu* ihm wenigstens ein abschließendes Wort gesagt zu haben. Erneut, aber jetzt wirklich zum letzen Mal, halte ich mich an den Begriff der Form. Wie immer schrecklich, erschütternd, ernüchternd, verstörend oder sonstwie atemberaubend das auch sein mag, was uns in der Gestalt gelungener künstlerischer und betörender außerkünstlerischer Formen begegnet, es gewährt

---

19 Vgl. hierzu M. Seel, Eine Ästhetik der Natur, Frankfurt/M. 1991, Kap. I.

uns eine Form des Glücks, nämlich das Glück der Form. Dies aber ist jenes Glück, über das wir sprechen, wenn wir sagen, etwas sei – schön.[20]

---

20 Stefan Deines und Jasper Liptow möchte ich herzlich für Einwände und Anregungen danken.

4. Über die Reichweite ästhetischer Erfahrung

Dass ästhetische Erfahrung eine schöne Sache ist, wird vermutlich niemand bestreiten, wenn auch einige derer, die das nicht bestreiten werden, doch bestreiten werden, dass dies immer eine Sache der Schönheit ist. Um das Schöne aber soll es hier nicht gehen. Ich werde etwas über den Sinn und Wert ästhetischer Erfahrung zu sagen versuchen, ohne auf die unterschiedlichen Spielarten dieses Werts näher einzugehen. Stattdessen werde ich über den Ort der ästhetischen Erfahrung im Kontext menschlicher Praktiken nachdenken – und damit zugleich über die Reichweite, die dieser Art der Erfahrung in Bezug auf andere Arten der Erfahrung zukommt. Auch unter denen, die sich einig darin sind, dass es sich hierbei um eine schöne Sache handelt, ist es schließlich alles andere als klar, wie der Stellenwert der ästhetischen Erfahrung im Haushalt menschlicher Orientierungen einzuschätzen ist. Vielen, die sie keinesfalls missen wollen, erscheint der Prozess ästhetischer Erfahrung nur als eine Art Zugabe oder eine Bereicherung von Leistungen – sei es der Kontemplation, sei es der Produktion, sei es der Reproduktion –, die auch anderswie, nur eben etwas glanzloser, vollbracht werden können. Diesem ästhetischen Defätismus werde ich jedoch nicht huldigen. Denn ich meine, dass die ästhetische Erfahrung ihre Subjekte mit einer Art der Bewusstheit versorgt, mit der sie keine andere Erfahrungsweise versorgen kann.

Ich werde meine Überlegung in fünf Schritten entwickeln. Beginnend mit einer These zum Begriff der ästhetischen Wahrnehmung, werde ich diese in einem zweiten Schritt von demjenigen der ästhetischen Erfahrung abgrenzen. Drittens komme ich auf die Besonderheit der Kunsterfahrung zu sprechen, von der ich viertens behaupte, dass sie als eine der Interaktion von Künsten verstanden werden muss. Schließen werde ich mit einer These über die Reichweite der ästhetischen Erfahrung, die, so viel sei verraten, sich weder auf die Künste noch auf irgendeine andere ihrer traditionellen Domänen beschränkt.

I.

Es kommt einem trennscharfen Begriff der ästhetischen Erfahrung zugute, wenn man ihn nicht als Oberbegriff für ästhetische Reaktionen jedweder Art, sondern als Terminus für eine Steigerungsform der ästhetischen Wahrnehmung versteht. Diesem Vorschlag entsprechend ist ästhetische Wahrnehmung nicht immer bereits ästhetische Erfahrung, ästhetische Erfahrung aber stets eine – und zwar eine gesteigerte – Form der ästhetischen Wahrnehmung.

Dieser Vorschlag hat natürlich nur Sinn, wenn es gelingt, den Begriff der ästhetischen Wahrnehmung inhaltlich zu füllen. Ich nehme hier eine Abkürzung und trage dasjenige Verständnis ein, das ich in meiner *Ästhetik des Erscheinens* in Auseinandersetzung mit der neuzeitlichen Ästhetik entwickelt und erläutert habe.[1] Ästhetische Wahrnehmung besteht demnach in einer *Aufmerksamkeit für das Erscheinen von Erscheinendem*.

Dies ist eine Aufmerksamkeit dafür, wie etwas hier und jetzt für unsere Sinne anwesend ist. Sie betrifft nicht in erster Linie das, wie etwas ist, sondern wie es da ist: wie es in der Fülle seiner Aspekte und Bezüge anwesend ist. Diese Aufmerksamkeit kann mit Phänomenen des Scheins und der Imagination vielfach verbunden sein. Ihr Grundbegriff jedoch hebt das synästhetische Vernehmen der Simultaneität und Momentaneität sinnlicher Erscheinungen hervor, das alle weiteren und alle komplexeren ästhetischen Vollzüge begleitet. Mit ihm geschieht eine Umpolung der sonstigen Wahrnehmung und zugleich eine Verwandlung der Gegenstände ihres Empfindens. Die elementare ästhetische Wahrnehmung, so könnte man sagen, lässt ihren Gegenstand für die Dauer ihrer Anschauung ohne weiteres sein, nämlich erscheinen.

Dies sind Vollzüge der Wahrnehmung, die immer und überall eintreten können – und auch eintreten: beim Aufenthalt in der Natur, in der Stadt, in einer Kunstgalerie oder in einem Waschsalon. Ästhetische Wahrnehmung setzt weder höhere Bildung noch Reflexion voraus, sondern ist eine Grundfähigkeit der Bewusstheit von Lebewesen, die etwas in seiner Bestimmtheit *oder* in seiner Unbestimmtheit vergegenwärtigen können. Es ist eine Grundfähigkeit von Individuen, die wissen, dass ihre Lebenssituation trotz aller Möglichkeiten der Bestimmung und Beherrschung eine nachhaltig

[1] M. Seel, Ästhetik des Erscheinens, München 2000.

unbestimmte und unbeherrschte ist. Die ästhetische Anschauung erlaubt es ihnen, in den *Genuss* dieser Lage zu kommen. Denn sie eröffnet ihnen den Spielraum, etwas nicht in der Bestimmtheit seines Soseins, sondern in der Besonderheit seines Erscheinens zu vernehmen: in der Art, wie es gerade hier und gerade jetzt (und oft nur hier und nur jetzt) in unserer leiblichen Umgebung gegenwärtig ist. Durch das Verweilen bei dem Erscheinen von Dingen und Situationen gewinnt die ästhetische Wahrnehmung ein spezifisches Bewusstsein von Gegenwart. Sie verschafft denen, die sich ihr überlassen, *Zeit für den Augenblick* ihres Lebens.

Für Lebewesen, die in ihrem Denken und Imaginieren beliebig weit in Raum und Zeit ausgreifen (und sich dabei in Vergangenheit oder Zukunft durchaus verlieren können), ist dies keine geringe Leistung. Denn die Fähigkeit zur ästhetischen Wahrnehmung erdet ihr für Abstraktionen, Antizipationen und Retrospektiven so empfängliches Bewusstsein durch Phasen eines anschauenden Rückgangs auf die Gegenwart, wie sie bei einem Blick aus dem Fenster oder einem Hören auf das Geräusch der Welt jederzeit eintreten können.

2.

Von diesen überall möglichen und überall üblichen Episoden ästhetischer Wahrnehmung, so möchte ich sagen, unterscheidet sich ästhetische *Erfahrung* dadurch, dass sie für diejenigen, die sie durchleben, zum *Ereignis* wird. *Ästhetische Erfahrung, mit einem Wort, ist ästhetische Wahrnehmung mit Ereignischarakter.*

Von Ereignissen spreche ich hier in der historisch-kulturellen Bedeutung, in der ein Vorkommnis darin Ereignis ist, dass es für jemanden – sei es für einen oder für viele – zum Ereignis *wird*.[2] Davon abzuheben ist ein Verständnis des Begriffs, in dem nahezu alles als Ereignis aufgefasst werden kann, bis hin zu den Zuckungen der Materie, ohne die es weder Bestehen noch Vergehen gibt. Von Ereignissen im engeren Sinn dagegen kann die Rede sein, wo ein bestimmtes Vorkommnis in einem bestimmten biografischen oder historischen Augenblick auf eine bestimmte Weise bedeutsam

2 Zum Begriff des Ereignisses vgl. ausführlicher M. Seel, Von Ereignissen, in: ders., Paradoxien der Erfüllung, Philosophische Essays, Frankfurt/M. 2006, 11-26.

wird: Etwas, das bis dahin nicht möglich war oder schien, wird mit einem Mal möglich (der kleine Jonas kann seine Schuhe binden, zwei Passagierflugzeuge legen das World Trade Center in Schutt und Asche).

Ereignisse in diesem Sinn sind Unterbrechungen des Kontinuums der biografischen und historischen Zeit. Sie sind Vorgänge, die nicht eingeordnet, aber ebenso wenig ignoriert werden können; sie erzeugen Risse in der gedeuteten Welt. Sie machen sich bemerkbar, indem sie zugleich das Bemerken verändern. Sie sind Vorgänge, die in der Zeit ihres Geschehens nicht zu fassen sind. Indem sie etwas plötzlich und unausweichlich in den Mittelpunkt der Aufmerksamkeit rücken, sind sie ein Aufstand der Gegenwart gegen die übrige Zeit.

Historische Gegenwarten, in denen sich solche Erhebungen abspielen, stellen nahe und ferne, vertraute und unvertraute, gebahnte und ungebahnte, erahnte und ungeahnte Möglichkeiten des Handelns und Denkens, des Erlebens und Wünschens dar, die zusammen, in den jeweiligen Bereichen, die Kultur oder Lebensform einer Gesellschaft ausmachen. In diese Konstellation erschlossener und verschlossener Gelegenheiten greifen kleine oder große Ereignisse mit unterschiedlicher Macht und Wucht ein. Sie lassen bis dahin Unmögliches möglich und bis dahin Mögliches unmöglich werden. Zugleich aber machen sie spürbar, dass in den bekannten Möglichkeiten Unmöglichkeiten und in den bekannten Unmöglichkeiten Möglichkeiten lauern – und dass dieser Latenzzustand die Gegenwart *ist*.

Auch ästhetische Ereignisse – solche, die uns in einen Prozess ästhetischer Erfahrung versetzen, weil sie das ästhetisch Erwartbare überschreiten – haben an dieser Dynamik teil. Ästhetisch sind sie, weil wir in ihrem Angesicht »an den Erkenntnissformen der Erscheinung irre« werden, wie es in Nietzsches Schopenhauer-Referat in der *Geburt der Tragödie* heißt.[3] Ihr Ausgangspunkt ist nicht nur ein unwahrscheinliches, sondern ein bis dahin für unmöglich gehaltenes Erscheinen, sei dies eine überwältigende Landschaft oder Stadtlandschaft, ein verrücktes Fußballspiel, ein erotisches Intermezzo, ein rauschendes Fest, eine künstlerische Offenbarung oder

---

3 F. Nietzsche, Die Geburt der Tragödie, in: ders., Sämtliche Werke. Kritische Studienausgabe in 15 Bänden, hg. v. G. Colli u. M. Montinari, München 1980, Bd. 1, 9-156, 28.

ein Bildprozess wie die TV-Bilder vom 11.9.2001, bei dem man erst nicht wusste, ob es Kino oder eine Inszenierung realer Vorgänge war.

Ästhetische Erfahrung im Allgemeinen ist also keineswegs auf Kunsterfahrung beschränkt; sie kann sich – wie die ästhetische Wahrnehmung – immer und überall vollziehen, auch wenn sie uns sehr viel seltener widerfährt als diese. Sie lässt sich nicht abrufen wie unspektakulärere Formen der ästhetischen Wahrnehmung, in die man durch einen Blick aus dem Fenster oder das Einlegen einer vertrauten CD oder DVD hineingleiten kann; sie muss geschehen und kann nur geschehen, indem ihre Subjekte sich einlassen auf die sinnliche Vergegenwärtigung von Phänomenen und Situationen, die ihren Sinn für das, was wirklich und möglich ist, auf bis dahin ungeahnte Weise verändern (wie es einem manchmal auch mit einer CD oder DVD geschieht, und manchmal mit einer längst vertrauten). Das ruhige Verweilen in der Bewegung eines Augenblicks, das für die einfache ästhetische Wahrnehmung charakteristisch ist, steigert sich hier zu einer bewegenden Anschauung bewegter Gegenwart.

3.

Wenn ästhetische Erfahrung außerhalb der Kunst ebenso gut vorkommt wie innerhalb, bedarf es eines nochmals engeren Begriffs der ästhetischen Wahrnehmung, um die Besonderheit der Kunsterfahrung zu charakterisieren. Wie bei allen ästhetischen Phänomenen ist auch hier die Form der Wahrnehmung von der des hierbei Wahrgenommenen nicht zu trennen. Objekte der Kunst existieren nicht unabhängig von den Möglichkeiten ihrer *Wahrnehmung* als Objekte der Kunst. Zu den Erwartungen aber, die wir – jedenfalls heute – mit der Begegnung mit Kunstwerken verbinden, gehört, dass sie uns nicht nur anders *wahrnehmen*, sondern dass sie uns anders *erfahren* lassen – dass sie also unserer sinnlichen und seelischen Disposition zum *Ereignis* zu werden mögen.

Von den Wahrnehmungsereignissen, über die ich bisher gesprochen habe, unterscheidet sich die Erfahrung von Kunstwerken dadurch, dass sie nicht von irgendwelchen, sondern von *Darbietungs*ereignissen ausgelöst wird. Mit dem Wort »Darbietung« meine ich hier nicht in erster Linie die Repräsentation (oder Darstellung), in der *etwas als etwas* präsentiert wird, sondern eine Vorführung, in der eine *Präsentation* ausgeführt wird. Performances dieser Art sind nicht auf die neuere Kunstsparte dieses Namens spezialisiert; auch ein Gedicht oder ein Roman führt seinen Lesern die besondere – grafische, lautliche, rhythmische, gestische oder narrative – Anordnung seiner Worte vor. Dieser präsentative Sinn der künstlerischen Handlung dürfte gegenüber den repräsentativen eindeutig primär sein; künstlerische Objekte sind solche, in denen sich, was immer dargeboten wird, aus der Art der je individuellen Darbietungsweise ergibt. Der Weg zur Weltpräsentation, falls diese vorhanden ist, führt über die Selbstpräsentation des Werks, seines Materials, seiner internen Konfigurationen, seiner Perspektiven usf. *Kunstwerke sind Wahrnehmungsereignisse einer besonderen Art, eben weil sie Darbietungsereignisse einer besonderen Art sind.*

Unter »Darbietungsereignissen« verstehe ich Vorgänge der Darbietung, bei denen mit dem Sinn der Darbietung zugleich der Sinn des Dargebotenen unsicher wird, und zwar – anders als bei einer unleserlichen Examensklausur – so, dass hierin unwägbare Möglichkeiten von Darbietung und Dargebotenem anschaulich werden. Es sind individuelle Darbietungen, die in ihrer Bestimmtheit ein unübersetzbares Artikulationspotential enthalten. Auch bei der Konfrontation mit solchen *Darbietungen* tritt eine Veränderung sowohl des Bemerkens als auch des Bemerkten ein: Wir lernen etwas *als* Darbietung kennen, indem wir uns auf eine neue *Form* der Darbietung verstehen lernen. Wir haben es mit Ereignissen zu tun, deren Darbietungscharakter oft so unsicher ist wie das, was in ihrem Verlauf dargeboten wird, die aber eben deshalb als herausragende Darbietungen empfunden und erfahren werden.

So sind Kunstbetrachter spätestens seit Duchamp mit der Frage vertraut, was für ein Objekt es eigentlich ist, das sich als Kunstobjekt präsentiert, und darüber hinaus, was an dem Objekt es ist, das es zu einem Kunstobjekt macht. Die Verzahnung der Fragen jedoch, was die künstlerische Darbietung, wie die künstlerische Darbietung und wovon sie Darbietung ist, lässt sich nicht allein in der Begegnung mit Readymades erkennen; vor jedem interessanten Kunstwerk wird sie auf die eine oder andere Weise spürbar. »Was sind das für Texte«, wird sich ein Leser des literarischen Œuvres von Alexander Kluge fragen, »und wie verbinden sie sich zu dem

Kompendium von Texten, aus denen dieses Œuvre seit den *Neuen Geschichten* von 1977 besteht?« »Was ist das für ein Film?«, fragte sich ein Kritiker angesichts von Lars von Triers *Dogville* und beantwortete die Frage selbst mit dem Hinweis, auf einer leeren Theaterbühne werde hier der Film neu definiert. Nicht anders werden sich die Besucher der Produktionen von Christoph Schlingensief häufig fragen, was hier eigentlich zu sehen sei – eine Theateraufführung, eine Performance, eine politische Aktion oder eine Art der Installation? Nicht grundsätzlich anders verhält es sich in den weniger spektakulären Fällen, in denen ein etabliertes Kunstgenre auf eine bis dahin noch nicht dagewesene Weise realisiert wird – ob es sich um ein Sonett oder eine Fuge, ein fotografisches Porträt oder einen Actionfilm handelt. Künstlerische Darbietungen sind von Haus aus *Variationen* von Darbietungsweisen, bei denen immer die Frage aufkommen kann, was denn eigentlich hier die Darbietung sei.

Kunst ist der Fall von Präsentationen, bei denen diese Frage nicht banal ist. Deswegen aber, weil wir uns hier vor die Frage gestellt sehen, was hier und wie hier die Präsentation ist, sind die künstlerischen Darbietungsereignisse stets als eminente Wahrnehmungsereignisse auffällig. Die Behandlung von Raum und Zeit, die Bewegung von Körpern und Zeichen, die Beziehung von Materialien und Medien – das sind Faktoren, aus denen die Konstellation einer künstlerischen Darbietung entsteht. Aus dem Vernehmen und Verfolgen dieser Konstellation – und des von ihr entfachten Erscheinens – ergibt sich das präsentative Geschehen des künstlerischen Objekts. Dieses ist ein Ereignis, das unsere Wahrnehmungsfähigkeit dadurch herausfordert, dass es – als Darbietungsereignis – zugleich unsere Erkenntnisfähigkeit provoziert. Es ist ein Ereignis, das einen Aufstand der Gegenwart nicht allein hervorruft, sondern – kraft *seiner* Gegenwart – eine *Darbietung* von Gegenwart möglich werden lässt. Diese Darbietung kann sich auf die Erfahrung der Gegenwart des Werks selbst oder auf eine von ihm imaginierte Gegenwart beziehen. Bei minimalistischen Skulpturen steht eher das Erste, bei Kriminalromanen dagegen eher das Zweite im Vordergrund. Meist aber geschieht beides: In *seiner* Darbietung gibt das Werk die Anschauung *einer* Gegenwart frei, wie es in den Romanen Hammetts oder Chandlers nicht weniger der Fall ist als in denen Musils oder Coetzees. Wir haben es daher im Fall der Kunsterfahrung nicht allein mit einer Verdoppelung des *Ereignis*charakters der ästhetischen Erfahrung, sondern auch mit einer Verdoppelung ihres Rückgangs auf *Gegenwart* zu tun. Im Angesicht der Kunst begegnen wir Gegenständen, die durch ihre unwahrscheinliche Gegenwart die Erfahrung vergangener oder künftiger, erinnerter oder imaginierter Gegenwärtigkeit möglich machen.

Dieser Ereignischarakter kommt neueren wie älteren Kunstwerken gleichermaßen zu. Ein künstlerisches Objekt muss weder neu noch für den Rezipienten neu sein, um durch seine Präsenz einen Bruch im Kontinuum seines Selbstverständnisses zu bewirken. Denn es bezeichnet das *Potential* bedeutender Kunstwerke, durch die Begegnung mit ihnen einen neuen Blick auf Gegenwart zu gewähren. Klassische oder kanonische Objekte der Kunst sind solche, die ein solches Potential immer wieder – und angesichts der jeweils späteren Kunstentwicklung auch immer wieder neu – zu entfalten vermögen.

Kunst, würde das heißen, präsentiert Präsenz, indem sie Präsenz produziert.[4] Im Ereignis ihrer Werke bringt sie jene Konstellationen des Möglichen und Unmöglichen, Anwesenden und Abwesenden durcheinander, die wir als Realität unserer Zeit zu erfahren gewohnt sind. Indem sie so mit dem Gleichlauf des Wirklichen bricht, führt sie auf und führt sie vor, wie sehr das Wirkliche ein Mögliches und wie sehr das Mögliche ein Wirkliches ist. Dieses Bewusstsein des Wirklichen im Möglichen und des Möglichen im Wirklichen ist ein Bewusstsein von Gegenwart: ein Bewusstsein davon, wie offen der Lauf der Zeit und die Ordnung der Dinge tatsächlich sind.

4.

Der Ereignischarakter der Kunst und Kunsterfahrung ist damit aber nur unzulänglich beschrieben. Denn er kann nicht erfasst werden, solange man nicht über das Verhältnis der Künste spricht. Was es heißt, dass Kunstwerke Darbietungsereignisse sind, ist nämlich ohne eine Beachtung der immanenten Verschränkung der Künste überhaupt nicht zu verstehen. In jeder Kunstform und mehr noch in jedem Kunstwerk stellt sich das Ineinander der Künste anders

---

4 Hier berührt sich meine Überlegung mit denjenigen von H. U. Gumbrecht, Diesseits der Hermeneutik. Die Produktion von Präsenz, Frankfurt/M. 2004.

dar. Ein Ereignis der ästhetischen Darbietung und Wahrnehmung sind die gelungenen Objekte der Kunst gerade deshalb, weil sich mit ihnen – mit jedem einzelnen von ihnen – die Konstellation der Künste verändert.

Schließlich ist das, was heute unter dem Stichwort einer »Entgrenzung der Künste« diskutiert wird, nur die Kehrseite einer nachhaltigen und seit jeher bestehenden Verschränkung, die in den entgrenzenden Operationen der modernen Kunst gleichsam beim Wort genommen und öffentlich gemacht wird. Was an diesen Operationen sichtbar wird, ist die Tatsache, dass es klare Grenzen zwischen den Künsten nicht gibt und nie gab. Immer schon kommen die einen in vielen anderen vor. Und diese Art dieses Ineinandervorkommens ist es, was die Identität einer Kunstart gegenüber den anderen ausmacht. Die Literatur unterhält andere Beziehungen zur Musik als beispielsweise das Theater, andere Beziehungen zum Kino als beispielsweise der Tanz, andere Beziehungen zum Bild als beispielsweise die Architektur und nur marginale Beziehungen zu räumlichen oder olfaktorischen Differenzen, die in anderen Künsten eine maßgeblichere Rolle spielen. Und so weiter für die anderen Künste. Die Verfahren der Darbietung, durch die der Umgang mit bestimmten Materialien und Medien zu einer *künstlerischen* Performance wird, sind auch in den puristischen und reduktiven Ausprägungen so verzweigt, dass sie von vornherein in Kommunikation mit Verfahrensweisen stehen, die auch in anderen Kunstformen eine tragende Verwendung finden. Bis in jedes einzelne ihrer Werke stehen alle Künste in Beziehungen zu vielen anderen Künsten. *Die Besonderheit der Erfahrung einzelner Künste*, so lautet deshalb meine vierte These, *entspringt ihrer besonderen Verbindung mit jeweils anderen Künsten.*

Natürlich ist diese Auskunft recht zirkulär; jedoch scheint mir das hier kein Nachteil zu sein. Denn was die Besonderheit von Künsten ausmacht, ist nun einmal zuallererst ihre Stellung *unter* den anderen Künsten. Alle äußerlichen Unterscheidungen, wie diejenige von Raum- und Zeitkünsten oder die nach unterschiedlichen Materialien, mit denen jeweils gearbeitet wird, haben sich als oberflächlich erwiesen. Alle Künste sind Raum- und Zeitkünste, wenn auch nicht alle im selben Maß; keine Kunst hat exklusive Rechte an einem für sie wichtigen oder notwendigen Material. Künste sind historisch variable Gestaltungsmöglichkeiten, in denen bestimmte

Materialien und Medien für eine Weile eine conditio sine qua non darstellen, die früher oder später relativiert werden kann. Überdies sind sie intern, durch *ihr* vorrangiges Material und Medium, mit vielen anderen Künsten und *deren* Materialien und Medien verbunden, so sehr, dass sie nur durch diese Kommunikation mit den anderen das sind, was sie sind.[5]

Genau diese Kommunikation unter den Künsten wird im Darstellungsereignis einzelner Kunstwerke mit zum Ereignis. Der Bruch im Kontinuum des Erwartbaren, der für kulturelle Ereignisse aller Art kennzeichnend ist, betrifft hier gerade das Verhältnis des einzelnen Werks zu seiner Gattung und deren Verhältnis zu anderen Gattungen. Gerade dieser Bruch macht wesentlich die produktive Ungewissheit aus, die künstlerische Darbietungen von unleserlichen Klausuren, wirren Vorträgen und überdeutlichen Waschmaschinenanleitungen unterscheidet. Die Konstellation dieses Werks verändert die Konstellation der Genres, denen es angehört. Den Romanen, die sich im vergangenen Jahrhundert »filmischer« Techniken des Schnitts und der Montage bedient haben, antworten Jahrzehnte später Filme, in denen literarische Techniken verwendet werden, teilweise sogar eben jene Techniken, die in früheren Tagen als *»filmisch«* auffällig waren und die nun wieder wegen ihrer literarischen Qualität einen filmischen Unterschied machen (man denke an die Erzählweise in *Pulp Fiction* (Quentin Tarantino, USA 1994) oder *Mulholland Drive* (David Lynch, USA 2001)). An solchen Verschiebungen der Präsentationsverhältnisse teilzuhaben, ist der Kunsterfahrung wesentlich, und dies nicht zuletzt deshalb, weil sie in ihnen erneut eine Verschiebung der Möglichkeiten des Darbietens und Wahrnehmens und also des Sinns für Gegenwart erfährt.[6]

---

5 Dies habe ich ausführlicher erörtert in meiner Ästhetik des Erscheinens, a.a.O., 173 ff.

6 Man darf dies nicht mit einer irreführenden Fortschrittsideologie verbinden. Die fortwährende Veränderung der Konstellation der Künste durch einzelne Werke hat zunächst einmal kein anderes Ziel als dieses: solche Veränderungen geschehen zu lassen. Darüber hinaus werden diese Veränderungen nicht allein durch die jeweils neuen, sondern ebenso von vielen jeweils älteren Werken bewirkt: dadurch, wie sie den Wahrnehmenden nun, in der veränderten Situation, in einem Kontrast oder einer Korrespondenz mit der jüngeren und jüngsten Produktion erscheinen.

5.

Die zuletzt hervorgehobene Erfahrung der Intermedialität der Künste ist freilich an die Voraussetzung einer trainierten Wahrnehmungsfähigkeit gebunden. Wer nicht versteht, dass Filme wesentlich Musik fürs Auge sind, wer nicht sieht, dass der Unterschied zwischen substantivischem und verbalem Stil in Lyrik und Prosa auch eine grafische Differenz macht, wer nicht spürt, dass Musik und Malerei immer auch räumliche Künste sind, wer also nicht merkt, dass beispielsweise Installationen in der Räumlichkeit von Bildern und Klängen ihre Wurzeln haben, der bekommt vom Geschehen der Künste nicht genug mit, um hier überhaupt Erfahrung machen zu können.

Ich möchte aber noch einen Schritt weiter gehen und sagen: Wer seine ästhetischen Erfahrungen nur im Bereich der Kunst macht, bekommt ebenfalls nicht genug mit, um die Erfahrungen zu machen, die nur hier vollzogen werden können. Wer von den Ereignissen der Welt – einschließlich ihrer ästhetischen Ereignisse – unbetroffen bleibt, wird im Erscheinen der Kunst kein Ereignis der Darbietung des Inderweltseins erkennen können. Die Erfahrung der Kunst zehrt von der Erfahrung außerhalb der Kunst – und hier gerade von *ästhetischen* Erfahrungen in den Räumen der Stadt und der Natur, in denen die Koordinaten der Weltgewandtheit und des Weltvertrauens durcheinandergeraten. Man darf also, wenn es um die Reichweite der ästhetischen Erfahrung geht, nicht bei den Künsten stehen bleiben, so als seien sie die eigentliche Erfüllung ästhetischer Erfahrung. Denn die ästhetische Erfahrung kennt eine eigentliche Erfüllung nicht. Sie erfüllt sich darin, innerhalb und außerhalb der Kunst in Möglichkeiten des Vernehmens und Verstehens hineingezogen zu werden, von denen sie zugleich erfährt, dass sie nicht erschöpft, beherrscht und bestimmt werden können. Darin, das ist meine fünfte und letzte These, liegt die besondere Reichweite der ästhetischen Erfahrung: *Sie lässt am Bestimmten das Unbestimmte, am Realisierten das Unrealisierte, am Fasslichen das Unfassliche kenntlich werden und stellt darin ein Bewusstsein der Offenheit von Gegenwart her.* Sie reicht ins Herz der Gegenwart hinein und zugleich über alle Sicherheiten des jeweils gegenwärtigen Selbstverständnisses hinaus.

5. Inszenieren als Erscheinenlassen

»Ästhetik der Inszenierung« – in dieser Wendung liegen ein einleuchtender Vorschlag und eine ernstzunehmende Gefahr. Der Vorschlag geht dahin, Inszenierung durchweg als ein ästhetisches Verhältnis und folglich den Begriff der Inszenierung von vornherein als einen ästhetischen Begriff zu verstehen. Die Gefahr liegt darin, den Begriff der Inszenierung so auszuweiten, dass am Ende jedes Handeln innerhalb wie außerhalb der Kunst als Inszenierung (oder als Element von Inszenierung) erscheint.

Ich möchte im Folgenden ein Verständnis von Inszenierung entwerfen, das den Vorschlag ernst nimmt, aber den genannten Gefahren entgeht. Jede Inszenierung, so nehme ich an, ist ein Vorgang des Handelns, aber nicht jedes Handeln ist (Teil einer) Inszenierung. Jede Inszenierung ist eine ästhetische Operation, aber nicht jede ästhetische Operation ist (Teil einer) Inszenierung. Jede Inszenierung ist ein ästhetischer Vorgang, aber nicht jede Inszenierung ist eine Operation der Kunst.

Ich werde zunächst einige Eigenschaften hervorheben, die für Inszenierungen generell charakteristisch sind; danach werde ich etwas über den Sinn von Inszenierungen sagen, um anschließend eine zentrale Differenz zwischen künstlerischen und nicht-künstlerischen Inszenierungen zu markieren. Nach einem Exkurs über die »inszenierenden Künste« komme ich am Ende auf die Grenzen der Sache und des Begriffs der Inszenierung zurück. – Alles in allem möchte ich klären, was Inszenierung in ihren verschiedenen Formen *ist* und was sie in ihren verschiedenen Formen *kann*. Dies geschieht hier in der Form von Thesen, die zusammen einen Umriss des fraglichen Phänomens zeichnen sollen.

1. Ein Begriff der Inszenierung

Ich beginne mit einer recht formalen Bestimmung, die nach einigen Schritten zu gehaltvolleren Aussagen führen wird. Inszenierungen, so möchte ich vorläufig sagen, sind 1. absichtsvoll eingeleitete oder ausgeführte sinnliche Prozesse, die 2. vor einem Publikum dargeboten werden, und zwar 3. so, dass sich eine auffällige spatiale und temporale Anordnung von Elementen ergibt, die auch ganz anders hätte ausfallen können.

ad 1:
Inszenierungen sind absichtsvoll ausgeführte oder eingeleitete sinnliche Prozesse.

Inszenierungen können sich nur in Kontexten intentionalen Handelns ereignen. Das Rauschen im Wald ist keine Inszenierung. Natur inszeniert nicht, wie sehr sie auch – in der Gestaltung von Bundesgartenschauen und Erlebnislandschaften – zu einem prominenten Gegenstand von Inszenierungen werden mag. Die Absichten allerdings, durch die sich Inszenierungen vollziehen, sind keineswegs durchgängig *Inszenierungs*absichten. Das Eigentor eines Fußballspielers kann der tragische Schlusspunkt einer grandiosen sportlichen Inszenierung sein, aber es verdankt sich selbst keiner Inszenierung (es sei denn, es wäre Betrug im Spiel). Innerhalb von Inszenierungen kann sich vieles absichtslos vollziehen, aber keine Inszenierung kann sich absichtslos vollziehen.

Etwas, das wir als Inszenierung verstehen, kann sich eher als intentionale szenische *Darbietung* vollziehen oder aber als eine durch inszenatorische Vorgaben lediglich *ermöglichte* Folge von Ereignissen. Den einen Pol bilden hochkontrollierte schauspielerische Leistungen, den anderen bilden Inszenierungen, bei denen lediglich eine Folge von Ereignissen in Gang gesetzt wird, wie etwa bei der Öffnung eines Staudamms im Rahmen einer politischen Inszenierung. Inszenierungen sind absichtsvoll *herbeigeführte, ausgeführte* oder *in Gang gebrachte* Prozesse.

Jede Inszenierung ist das *Ergebnis* eines komplexen intentionalen Prozesses, aber jede ist auch *selbst* ein komplexer und keineswegs durchgängig *intentionaler* (oder auch nur: intendierter) Prozess. Inszenierungen, mit einem Wort, sind ein intentional erzeugtes *Geschehen*. Das gilt auch dort, wo wir von einer Inszenierung im Sinn eines *Resultats* sprechen – wie etwa im Fall einer Theaterinszenierung (dem Resultat einer Inszenierungsarbeit). Das Resultat ist auch hier ein Bühnen*ereignis*, das sich jeweils hier und jetzt vollzieht.

ad 2:
Inszenierungen sind absichtsvoll eingeleitete oder ausgeführte sinnliche Prozesse, die *vor einem Publikum dargeboten werden.*

Die besondere *Sinnlichkeit* von Inszenierungen, auf die ich gleich noch eingehen werde, ist ohne einen Bezug auf ein bestimmtes oder unbestimmtes, begrenztes oder unbegrenztes Publikum nicht zu verstehen. Denn es handelt sich um sichtbare und/oder hörbare Vorgänge, die einem solchen Publikum auf eine bestimmte Weise *präsentiert* werden und sich darin von anderen Zuständen und Ereignissen unterscheiden.

Dieses Publikum, für das etwas in Szene gesetzt wird, kann aus einem oder aus unbestimmt vielen Betrachtern oder Zuhörern bestehen, die räumlich anwesend oder auch abwesend sein können. Auch wer – vor dem Spiegel oder einem anderen leeren Raum – eine Inszenierung probt, tut dies für ein Publikum, allerdings für ein vorerst potentielles. Ein Abendessen für zwei Personen kann eine Inszenierung der einen Person für die andere oder auch beider füreinander sein. Das *Dinner for One*, das der Butler in dem bekannten Fernsehfilm für die Lady inszeniert, soll die Illusion wachhalten, ihre Verehrer seien bei dem Silvesteressen alle noch anwesend. Als Zuschauer am Bildschirm freilich erleben wir eine filmische Inszenierung dieser Inszenierung. Solchen Verschachtelungen begegnen wir in der heutigen Medienlandschaft allerorten. Die Fernsehserie *Big Brother*, die seit dem Frühjahr 2000 von dem Sender RTL2 ausgestrahlt wurde, führte eine Gruppe jüngerer Menschen für maximal hundert Tage vor den Augen der (täglich 23 Stunden laufenden) Kameras zusammen. Die mediale Inszenierung durch den Sender (Einrichtung des Containerlagers, in dem die Kandidaten lebten; auffällig kunstlose Aufnahmetechniken; Regeln, die festlegten, wer von ihnen am Ende eine Viertelmillion gewinnt) erzeugte und förderte ein alltägliches Inszenierungsverhalten der Beteiligten untereinander; diese doppelte Inszenierung wurde dem Publikum im Zusammenschnitt der abendlichen Fernsehsendung und per Live-Übertragung im Internet in einer doppelten Weise präsentiert. Jedoch ließ diese Sendung auch deutlich werden, dass selbst in dem höchst künstlichen Alltag öffentlich lebender Probanden eine *durchgehende* Inszenierung gerade nicht möglich ist. Viele der Mitspieler, die gerade erfahren hatten, dass sie von den anderen zur Abwahl vorgeschlagen worden waren, waren zu konsterniert, um irgendetwas überspielen zu können; oder schiere Müdigkeit und Langeweile hinderten sie daran, sich den anderen drinnen und draußen auf eine dramaturgisch kalkulierte Weise zu geben.

Immer aber ist Inszenierung eine Präsentation für ein Publikum, mag dieses im Raum der Inszenierung anwesend sein oder nicht. Man kann sich selbst nicht für sich selbst inszenieren. Allerdings kann eine Selbstinszenierung an einem Mangel an Publikum scheitern. Das ist die nicht seltene Situation, wo man mit F. K. Wächter sagen muss: »Wahrscheinlich guckt wieder kein Schwein.«[1]

ad 3:
Inszenierungen sind absichtsvoll eingeleitete oder ausgeführte sinnliche Prozesse, die vor einem Publikum dargeboten werden *und zwar so, dass sich eine auffällige spatiale und temporale Anordnung von Elementen ergibt, die auch ganz anders hätte ausfallen können.*

Wo Inszenierungen stattfinden, wird etwas vorübergehend in Szene gesetzt. Es vollzieht und präsentiert sich als ein räumlich sichtbares oder hörbares Geschehen. Inszenierungen sind immer zugleich ein räumliches und ein zeitliches Verhältnis. Etwas bewegt sich in einem begrenzten Raum, in dem sich das Publikum befindet oder der ihm betrachtend zugänglich ist; etwas ereignet sich in einer begrenzten Zeit, für die die Aufmerksamkeit eines Publikums gesucht und, wenn die Inszenierung gelingt, auch gebunden wird.

Jede Inszenierung, heißt das, kann sich nur vor dem Hintergrund *nicht inszenierter* räumlicher und zeitlicher Verhältnisse abspielen. Dies ist auch dann so, wenn eine Inszenierung die Überschaubarkeit einer genau markierten Bühne und eines genau markierten zeitlichen Rahmens verlässt. Denn sie kann sich als Inszenierung

---

[1] Es erscheint sinnvoll, generell zwischen Inszenierung und *Stilisierung* zu unterscheiden. Paradox könnte man sagen: Stilisierung ist die unvermeidbare, Inszenierung hingegen die vermeidbare Form der Inszenierung. »Personen«, schreibt Robert Spaemann, »sind nicht Rollen, aber sie sind, was sie sind, nur, indem sie eine Rolle spielen, das heißt sich auf irgendeine Weise stilisieren.« R. Spaemann, Personen. Versuche über den Unterschied zwischen »etwas« und »jemand«, Stuttgart 1996, 94. Im Sinn Spaemanns (oder auch Erving Goffmans) muss sich jeder, der mit und unter anderen lebt, auf irgendeine Weise *geben.* Dies bedeutet aber gerade nicht, dass alle sich jederzeit *inszenieren,* d. h. einer *momentan auffälligen* Stilisierung unterziehen müssten (oder ihr ausgesetzt wären).

nur ereignen, wo sie Prozesse zur Erscheinung bringt, die nicht ohnehin schon – oder *so* noch nicht – gegeben sind.

Das Geschehen einer Inszenierung ist nicht notwendigerweise *einmalig*. Viele Inszenierungen für das Theater sind ja gerade auf Wiederholbarkeit angelegt. Auch hier aber bleibt stets die *Momentaneität* der Ereignisfolge wichtig, ebenso wie der Umstand, dass es sich um eine *vorübergehende* Darbietung handelt. Auch eine »permanente« Inszenierung, wie sie etwa in manchen Museumsräumen angetroffen werden kann, stellt eine Ereignisfolge dar, die sich *immer wieder* in ihren unverwechselbaren Verläufen zeigt.

Unverwechselbar aber heißt hier, im ästhetischen Kontext, dass alles auch hätte anders sein können. Jede Inszenierung ist ein grundsätzlich arbiträres Arrangement, das gerade dadurch bedeutsam wird, dass sich aus vielen, oft unübersehbaren Möglichkeiten gerade diese Folge von Konstellationen ergibt. Alles hätte *anders* präsentiert werden können, alles hätte *sich* anders präsentieren können, aber es kommt hier und jetzt gerade *so* daher: Der Sinn von Inszenierungen, über den ich bis jetzt noch kein Wort verloren habe, verdankt sich wesentlich diesem Effekt. Inszenierungen sind Ereignisse eines vorübergehenden, grundsätzlich arbiträren, für die Augen und Ohren eines Publikums dargebotenen Arrangements.

Dieses Arrangement ist *komplex*, weil es sich in einer Vielfalt simultaner – und simultan relevanter – Vorgänge und Nuancen vollzieht. Dieses Arrangement ist *auffällig*, weil es sich mehr oder weniger deutlich von nichtinszenierten Handlungen und Ereignissen *abhebt*. Jede Inszenierung weicht vom natürlichen Gang der Dinge ab – sowohl im Hinblick auf die erste wie erst recht auf die zweite, die kulturelle Natur. Inszenierungen sind ein künstliches, ein artifizielles Verhalten und Geschehen, das sich als ein solches, von bloß kontingenten, bloß konventionellen oder bloß funktionalen Vollzügen unterscheidet.

Ich kann meinen Nachbarn grüßen oder diesen Gruß inszenieren, indem ich einen imaginären Hut vor ihm ziehe. Jemand kann mit dem Auto bei seiner Schwiegermutter vorfahren oder dort mit einer Vollbremsung zum Halten kommen. Ein Klempner kann ein Urinoir in einem Raum abstellen, ein Duchamp kann es – in einer Galerie – als ein (oder auch nur: wie ein) Kunstwerk inszenieren. Wie auch immer, damit etwas als Inszenierung aufgefasst werden kann, muss es auf die eine oder andere Weise als ein absichtsvoll und artifiziell hervorgebrachtes Ereignis auffällig sein, das sich einer (wie immer begrenzten oder unbegrenzten) Öffentlichkeit als bedeutsam präsentiert.

Diese Auffälligkeit kann sich einem spektakulären, originellen oder in normativem Sinn einmaligen Arrangement verdanken, das sich überdies ostentativ und reflexiv auf sich selbst bezieht. So ist es oft bei der Kunst, aber so ist es keineswegs immer. Für Inszenierungen im Allgemeinen reicht es aus, dass ihre Ausführung an ihrem Ort und auf ihre Weise *auffällig genug* ist, um sich von anderen Vorgängen als eine artifizielle Präsentation zu unterscheiden.

In den heutigen Talkshows am Nachmittag beispielsweise wird ein liberales Verständnis menschlicher Normalität inszeniert, ohne den meisten Betrachtern *als* Inszenierung groß aufzufallen. Trotzdem handelt es sich um eine *inszenierte* Normalität, die einen gehörigen und jedermann deutlichen Unterschied zu allen Einblicken in private Lebensverhältnisse uns fernstehender Menschen aufweist, die wir im Alltag erhalten können.

2. Eine Funktion der Inszenierung

Was aber, um zu meiner soeben aufgeschobenen Frage zurückzukommen, ist der Sinn dieser Vorgänge? Warum bedürfen wir der Inszenierung in vielen Bereichen unseres Lebens – und zwar sowohl in der aktiven Rolle derer, die sich oder etwas inszenieren, als auch in der eher passiven Rolle derer, die einer Inszenierung beiwohnen oder ihr ausgesetzt sind? Einfach gesagt – weil es uns nach einem Sinn für die *Gegenwart* unseres Lebens verlangt; weil wir die Gegenwarten, in denen wir sind, auch als spürbare Gegenwarten erleben wollen.

Jede Inszenierung, das ist meine erste inhaltliche These, ist eine Inszenierung von Gegenwart. Sie ist ein auffälliges Herstellen und Herausstellen einer Gegenwart von etwas, das hier und jetzt geschieht, und das sich darum, weil es Gegenwart ist, jeder auch nur annähernd vollständigen Erfassung entzieht.

Jede Inszenierung, so kann man auch sagen, will etwas in seiner augenblicklichen *Besonderheit* hervortreten lassen. Hier sind viele Varianten möglich. *Ich* kann versuchen, *mich* in auffälliger Weise zur Erscheinung zu bringen – nicht allein als bemerkenswerter Redner oder Kartenspieler, sondern als Individuum mit vielen (auch vielen »ungeahnten«) Facetten. *Wir* können versuchen, *uns* in einer bestimmten Situation erscheinen zu lassen – als Fußballfans in der Westkurve, als Gruppierung bei Demonstrationen oder Umzügen. *Alle* können versuchen, *sich* in ihrer Individualität zu präsentieren, sei es für ein Familienfoto oder bei Festen. Einer oder einige können versuchen, *etwas* in seiner phänomenalen oder artistischen Besonderheit zur Wahrnehmung zu bringen, sei es durch die Präsentation der neuesten Wagen im Autosalon oder durch die Erarbeitung einer Aufführung im Theater.

Ob kollektiv oder nicht, ob einseitig oder mehrseitig, Inszenierungen bieten sich – mitsamt dem in und mit ihnen Inszenierten – auf eine Weise dar, die sich jeder distinkten begrifflichen Bestimmung entzieht. Sie stellen etwas in einer Fülle von Möglichkeiten des Wahrnehmens und Verstehens heraus. Sie machen das in und mit ihnen Geschehende für eine Weile auf eine Weise auffällig, in der es hier und jetzt *unübersehbar als gegenwärtig* erfahren werden kann.

Die »Gegenwart«, von der ich hier spreche, ist natürlich nicht die Welt der raumzeitlich vorhandenen Objekte. Denn das sind Positionen und Beschaffenheiten, die wir durchaus *angeben* können. Der hier einschlägige Begriff von Gegenwart ist vielmehr der eines Zustands, in dem uns die Dinge der Welt und des Lebens auf verschiedene Weise etwas *angehen*. Sie ist geprägt von einer Koexistenz vielfach unrealisierbarer und erst recht unüberschaubarer Möglichkeiten des Verstehens und Handelns, des Wahrnehmens und Bestimmens. Gegenwart in diesem (mit Heidegger könnte man sagen: in diesem ekstatischen) Sinn ist ein offener – und darin unübersehbarer, unfasslicher und unbeherrschbarer – Horizont der spürenden, handelnden und erkennenden *Begegnung* mit Vorhandenem.

Diese Begegnung ist als solche weder ästhetisch noch ästhetisch inszeniert. Ästhetische Inszenierungen vielmehr erzeugen eine Gegenwart, die als solche auffällig wird. Sie machen Gegenwart *bemerkbar*. Das ist ihre primäre Leistung. Inszenierung, so kann ich daher jetzt weniger formal sagen, *ist die öffentliche Herstellung eines vorübergehenden räumlichen Arrangements von Ereignissen, die in ihrer besonderen Gegenwärtigkeit auffällig werden.*[2] Natürlich kommen

---

2 Ähnlich charakterisiert Wolfgang Iser die Leistung der Inszenierung als eine, »die das zur Erscheinung bringt, was seiner Natur nach nicht gegenständlich zu wer-

Inszenierungen – je nach Kultur und Kontext – außerdem viele andere Funktionen zu, aber sie haben, so meine ich, mindestens diese.

Das Zurschaustellen von Gegenwart, von dem so weit die Rede war, darf nicht mit einer symbolischen Vergegenwärtigung, also einer Darstellung oder auch Darbietung von Gegenwart gleichgesetzt werden; viele Inszenierungen im Sport oder in der Musik beispielsweise haben gerade keinen solchen Gehalt. Sie stellen spürbare Gegenwarten her, ohne dabei eine Darstellung naher oder ferner Gegenwarten zu sein. Außerdem läuft nicht jedes Herausstellen von Gegenwart auf eine Inszenierung dieser Gegenwart hinaus. Niklas Luhmann hat die Funktion der Massenmedien einleuchtend als Bereitstellung einer gemeinsamen Gegenwart von Objekten und Ereignissen beschrieben, auf die sich die Angehörigen komplexer Gesellschaften gleichermaßen beziehen können.[3] So sehr sich jedoch Medien wie Zeitung, Radio und Fernsehen gerade in der Gestaltung ihres Informationsangebots ästhetischer Strategien bedienen, um eine für alle ansprechbare gemeinsame Welt zu konstruieren, die so konzipierte Welt stellt primär eine faktische, nicht eine ekstatische Gegenwart dar. Die hierbei – vor allem im Fernsehen – eingesetzten Elemente von Inszenierung verleihen den medialen *Produkten* einen Eventcharakter, nicht hingegen all den Zuständen und Ereignissen, von denen sie berichten. Die jeweilige Sendung entfaltet so ihre eigene, von allen anderen medialen Ereignissen abgehobene Zeit, ganz unabhängig davon, auf welche Räume und Zeiten in diesem Rahmen inhaltlich Bezug genommen wird.

---

den vermag.« W. Iser, Das Fiktive und das Imaginäre. Perspektiven literarischer Anthropologie, Frankfurt/M. 1991, 504. Diese Bestimmung wird jedoch verschenkt, wenn es auf der nächsten Seite heißt: »Inszenierung gilt der Erscheinung dessen, was nicht gegenwärtig zu werden vermag.« Wird das Gegenwärtige mit dem Gegenständlichen gleichgesetzt, muss unverständlich werden, wie etwas, das nicht gegenständlich fassbar ist, gleichwohl erfahrbar werden kann – wie es im Rahmen der Inszenierung geschieht.

3 N. Luhmann, Die Realität der Massenmedien, Opladen 1996, Kap. 13; vgl. hierzu A. Keppler, Verschränkte Gegenwarten. Medien- und Kommunikationssoziologie als Untersuchung kultureller Transformationen, in: Soziologische Revue, Sonderheft 5, München 2000, 140-153.

3. Das Medium der Inszenierung

Wie aber kommt die ästhetische Auffälligkeit von Gegenwart zustande? Wie *machen* Inszenierungen das – ihr Publikum für die Gegenwart ihres Geschehens aufmerksam zu machen oder es in sie zu verstricken?

Sie tun dies, das ist meine zweite inhaltliche These, *im Medium des Erscheinens*. Sie lassen etwas in einer phänomenalen Fülle erscheinen, so dass es in dem Raum und für die Dauer der Inszenierung in einer sinnlich prägnanten, aber begrifflich inkommensurablen Besonderheit gegenwärtig wird. Das begrenzte räumliche und zeitliche Arrangement, das eine Inszenierung ausmacht, lässt die Elemente, mit denen es operiert, in ihrem Erscheinen hervortreten; darin macht es Aspekte und Bezüge einer andauernden Gegenwart spürbar.

Inszenierung oder Inszenieren, so lassen sich daher die vorangegangenen Bestimmungen abkürzend zusammenfassen, *ist ein öffentliches Erscheinenlassen von Gegenwart.*

Unter »Erscheinen« verstehe ich ein *Spiel von Erscheinungen,* das sich einer eindeutigen begrifflichen oder funktionalen Auffassung und Zuordnung entzieht.[4] Alles und jedes, das überhaupt wahrnehmbar ist, kann in seinem Erscheinen wahrgenommen werden. Wir müssen nur auf die *Simultaneität* und *Momentaneität* seines je gegenwärtigen, jeweils hier und jeweils jetzt erfahrbaren, sinnlichen Gegebenseins achten. Dann tritt es uns in einer phänomenalen Fülle entgegen, mit deren Wahrnehmung wir uns *Zeit für den Augenblick* nehmen.

Ich meine, dass hierin ein Grundverhältnis aller ästhetischen Wahrnehmung liegt: ein Verhältnis, das in allen Zuständen ästhetischer Wahrnehmung wirksam ist, wie unterschiedlich sie auch sonst entwickelt sein mögen.

Der Begriff des Erscheinens, wie ich ihn hier verwende, darf dabei mit den Begriffen des *Seins* und des *Scheins* weder gleichgesetzt noch ihnen vorschnell entgegengesetzt werden. Er ist ein Gegenbegriff nicht zu dem Begriff des Seins, sondern lediglich zu dem des begrifflich fixierbaren *Soseins* phänomenaler Objekte. Im Unterschied zu dieser phänomenalen Beschaffenheit von Dingen und

---

4 Zum Folgenden s. ausführlich M. Seel, Ästhetik des Erscheinens, München 2000, bes. Teil II.

Ereignissen kann das komplexe Zugleichsein ihres Erscheinens zwar wahrnehmend verfolgt, nicht aber erkennend festgehalten werden. Dieses Erscheinen kann Elemente eines sinnlichen Scheins vielfach enthalten, aber es kann auch ganz ohne sie auskommen. Was die Tradition ästhetischen Schein genannt hat, ist primär ein Verhältnis des simultanen und momentanen und in diesem Sinn *wirklichen* Erscheinens, nicht hingegen eines unwirklichen, sei es vorspiegelnden, sei es fiktiven, sei es imaginativen Als-ob. Dieses Erscheinen darf auch nicht generell als eine Relation der *Darstellung* aufgefasst werden. Es ist nicht primär ein Erscheinen von etwas anderem, es ist ein Erscheinen seiner selbst: etwas, das sich hier und jetzt dem unreduzierten sinnlichen Vernehmen darbietet.

Inszenierungen freilich *sind* nicht einfach Phänomene des Erscheinens, sie *stellen* etwas in seinem Erscheinen *heraus*, markieren es, um es für eine gewisse Dauer in einem öffentlichen Raum spürbar zu machen. Sie zielen darauf, das Geschehen, das sie ausmacht, in seinen simultanen und momentanen Bezügen zum Vorschein und damit zu einer vorübergehenden auffälligen Gegenwart kommen zu lassen.

4. Inszenierung in der Kunst

Dies kann in äußerst verschiedenartigen Formen geschehen. An den Beispielen, die ich erwähnt habe, ist deutlich geworden, dass wir nicht allein mit vielen künstlerischen, sondern ebenso mit vielen außerkünstlerischen Spielarten der Inszenierung zu rechnen haben. Die Spannweite ästhetischer Inszenierung diesseits der Kunst reicht von der Selbstdarstellung im öffentlichen Auftreten und in der Mode über die artifizielle Gestaltung von Gärten und Kongressen bis zu den Schauspielen des Sports und der Politik mitsamt ihrer aufwendigen, für ihren Ablauf häufig integralen medialen Zurüstung.

Obwohl zwischen diesen und den künstlerischen Inszenierungen viele Überschneidungen und oft produktive Interferenzen bestehen, gibt es doch eine grundlegende Differenz, an der sich zeigt, wann wir etwas als künstlerische oder als sonstige Inszenierung verstehen. Ich sage bewusst nicht: eine Differenz, an der sich entscheidet, ob etwas künstlerische oder außerkünstlerische Inszenierung *ist* – denn dies hängt ja immer von der Entscheidung ab, *wie* wir etwas wahrnehmen und auffassen wollen. Dies gilt übrigens nicht allein für künstlerische Inszenierungen, sondern für Inszenierungen ganz allgemein. Ob etwas als Inszenierung zählt, hängt immer mit davon ab, *wann* es und *für wen* es als Inszenierung zählt: in welchem Kontext eine Konstellation von Ereignissen als Inszenierung *auffällig* wird.

Diese kulturelle Relativität aller Inszenierung sollte uns aber nicht davon abhalten, nach besonderen Merkmalen künstlerischer Handlungen und Prozesse der Inszenierung zu fragen. Was kann die Kunst, das andere Formen der alltäglichen und außeralltäglichen Inszenierung weder leisten wollen noch leisten können?

Künstlerische Inszenierungen, so lautet meine dritte These, sind Präsentationen in einem besonderen Sinn. Sie stellen nicht allein eine besondere Gegenwart her und stellen nicht allein eine besondere Gegenwart heraus – sie bieten Gegenwarten dar. Sie sind Imaginationen menschlicher Gegenwarten – ob dies nun vertraute oder unvertraute, vergangene oder künftige, wahrscheinliche oder unwahrscheinliche Weltverhältnisse sind. Sie *produzieren* Präsenz nicht allein, sie *präsentieren* Präsenz.[5]

Ein öffentliches Erscheinenlassen von Gegenwart, das für Inszenierungen generell charakteristisch ist, ist das interne Telos auch der künstlerischen Inszenierung. Aber hier steht die Akzentuierung oder *Herstellung* von Gegenwart in der Funktion einer *Darbietung* von Gegenwart. Diese imaginiert Situationen, die von der Situation der Inszenierung selbst mehr oder weniger stark differieren können. Die Prozesse, die sie zur Entfaltung kommen lässt, sind komplexe *Zeichen* menschlicher Gegenwarten.[6]

Dabei tun sich erneut sehr unterschiedliche Möglichkeiten auf. Künstlerische Inszenierungen können Präsentationen der Gegenwart sein, die sie selbst sind – wie etwa in dem Musiktheater von Heiner Goebbels, das auf die Entfaltung einer narrativen Handlungsfiktion verzichtet. Ebenso können sie Darbietungen von Situationen sein, die dem Theaterbesucher augenblicklich fernstehen, wie beispielsweise in den rastlosen Entspannungsübungen, die in

---

5 Das Copyright für den glücklichen Ausdruck »Produktion von Präsenz« liegt bei Hans Ulrich Gumbrecht, Diesseits der Hermeneutik. Die Produktion von Präsenz, Frankfurt/M. 2004.

6 Oder aber der erlebten Gegenwart von Aliens oder Fledermäusen; der Einfachheit halber konzentriere ich mich auf den populäreren Fall.

Frank Casdorfs Hamburger Inszenierung der »Raststätte« von Elfriede Jelinek zu sehen waren. Wie nah oder fern die künstlerisch präsentierten Situationen dem Publikum aber auch stehen mögen, sie sind artifiziell präsentierte *Situationen*, die sich eben hierin von den oft nicht minder artifiziell präsentierten *Ereignissen* im Rahmen sonstiger Inszenierung grundsätzlich unterscheiden.

Das aber reicht noch nicht aus. Denn um das Besondere der inszenierenden Künste zu verstehen, müssen wir ihre Differenz nicht allein zu anderen Formen der *Inszenierung*, sondern auch zu anderen Formen der *Kunst* verstehen. Schließlich lässt sich auch von vielen anderen Kunstwerken, die keine Inszenierungen sind oder keiner Inszenierung bedürfen, sagen, dass sie Imaginationen unwägbarer, unverfügbarer und unauslotbarer menschlicher Gegenwarten sind. Man denke nur an *Short Cuts* von Robert Altman oder das *American Pastorale* von Philip Roth, um erneut bei der gegenwärtigen Kunst zu bleiben. Wenn es zutrifft, dass künstlerische Inszenierungen nicht allein eine Intensivierung und Dramatisierung, sondern eine Darbietung von Gegenwart sind – was unterscheidet sie dann von der Präsentation erlebter Gegenwarten, die wir auch bei ganz andersartigen Kunstformen finden?

Zur Beantwortung dieser Frage müssen wir uns nochmals daran erinnern, dass Inszenierungen ein räumliches Geschehen von Objekten und Körpern, Bewegungen und Berührungen, Gesten und Stimmen, Lauten und Klängen sind. So richtig es ist, allen Kunstwerken einen Prozess- und Ereignischarakter zuzusprechen, inszenierte Kunst hat diesen Charakter in einem ganz besonderen, nämlich ganz buchstäblichen Sinn. (Diesen Charakter teilt sie mit der Musik, deren Aufführung nicht notwendigerweise zugleich eine Inszenierung ist.) Die Präsentationen einer inszenierenden oder inszenierten Kunst, heißt das, bieten nicht allein vergängliche Gegenwarten dar, sie *sind* vergängliche Gegenwarten des menschlichen Lebens. Sie sind das, was sie zeigen – wie klein oder groß die Differenz zwischen der künstlerisch dargebotenen Situation und der Situation der künstlerischen Darbietung jeweils auch sein mag.

Inszenierungen, so habe ich meine allgemeinen Betrachtungen am Ende des vorigen Abschnitts resümiert, »zielen darauf, das Geschehen, das sie ausmacht, in ihren momentanen und simultanen Bezügen zum Vorschein und damit zu einer vorübergehenden auffälligen Gegenwart kommen zu lassen.« *Künstlerische* Inszenierungen, so habe ich jetzt ausgeführt, leisten dies, indem sie eine Präsenz erzeugen, die zugleich als Darbietung von Präsenz verstanden werden kann. Gegenüber anderen Formen der Kunst jedoch, die dies ebenfalls vermögen, gelingt ihnen eine unvergleichliche Dramatisierung des Verhältnisses von erzeugter und präsentierter Präsenz.

Denn künstlerische Inszenierungen lassen es nicht allein zu einer *vorübergehenden auffälligen* Gegenwart kommen; sie bieten nicht allein eine vergängliche Gegenwart in auffälliger Weise dar; sie leisten dies beides, und beides zugleich, indem sie sich ihrerseits als eine *auffällig vorübergehende* Gegenwart präsentieren. Ihr Verlauf *ist* das, was sie in und mit ihrem Verlauf zur Darbietung bringen – nämlich vergehende Gegenwart. Näher kann die Kunst, bei aller notwendigen Unterbrechung und Erschütterung des Lebens, dem Leben nicht kommen.

5. Grenzen der Inszenierung

Ich habe zuletzt mehrmals den Ausdruck »inszenierende Künste« gebraucht, den ich nicht unkommentiert lassen möchte. Zunächst liegt es nahe, von den in einem strikten Sinn *inszenierenden* Kunstformen, die nicht anders als in Sequenzen der Inszenierung bestehen, solche zu unterscheiden, die lediglich auf Inszenierung hin angelegt sind; man könnte hier von *inszenatorischen* Kunstformen sprechen. Eine künstlerische Performance kann vielfältig dokumentiert werden, aber sie besteht allein in ihrer Ausführung vor einem Publikum. Dramen und notierte Werke der Musik dagegen bestehen unabhängig von ihrer jeweiligen Aufführung, wie sehr sie daraufhin auch angelegt sein mögen und wie sehr ihr Charakter als künstlerische Objekte auch an diese Aufführbarkeit gebunden sein mag.

Nicht jedes Abspielen oder Aufführen von Musik aber ist zugleich eine Inszenierung. Zu einer Inszenierung wird eine musikalische Darbietung erst, wenn ihre Aufführung mit einer für ihren Charakter als Musik relevanten szenischen Bewegung verbunden ist – wie es in der populären Musik fast immer, in der Avantgarde-Musik nicht selten der Fall ist.[7] Weiterhin sind keineswegs alle Kunst-

7 Im Grenzfall kann dies eine Bewegung allein von Lauten und Klängen sein, wenn etwa die Klangquellen so über den Raum verteilt sind oder so durch den Raum

werke, die inszeniert werden können, auf ein Inszeniertwerden hin ausgerichtet (also »inszenatorische Objekte«). Es dürfte kaum ein Kunstwerk geben, das nicht inszeniert werden *kann*. Gedichte und Romane können vor einem Publikum gelesen werden oder Anlass einer »szenischen Lesung« sein. Bilder und Skulpturen sind in den heutigen Ausstellungsräumen oft Teil einer aufwendigen Inszenierung, die sie in Bezüge stellt und mit Korrespondenzen versieht, die ihnen alleine nicht zukommen würden (oder die an ihnen alleine so nicht bemerkbar wären). Filme, die zwar das Ergebnis einer aufwendigen Inszenierung, aber in ihrer normalen Präsentationsform im Kino oder Fernsehen keine Inszenierungen sind,[8] können im Rahmen einer Premierenfeier zum Mittelpunkt einer glamourösen sozialen Inszenierung werden. Selbst Bauwerke können Teil einer sportlichen oder politischen Inszenierung werden – wenn sie öffentlichen Ereignissen Raum und Atmosphäre verleihen, die sich *so* nur in *dieser* architektonischen Umgebung entfalten können.

Wenn aber alles in der Kunst (wie im Leben) Gegenstand von Inszenierung werden kann, wie lässt sich dann überhaupt eine Grenze zwischen inszenierten und nicht inszenierten Vorgängen ziehen? Lässt sie sich überhaupt ziehen? Im Alltag scheint dies nicht allzu schwer zu sein. Einen Stecker in eine Steckdose zu stecken, ein Zimmer aufzuräumen, einen Laden zu renovieren, mit dem Nachbarn zu reden, im Büro zu arbeiten usw. – all das zählt im Alltag nicht als Inszenierung. Bei dem Sichzurechtmachen für den Gang ins Büro, bei der Gestaltung des Vorgartens, bei dem Arrangement von Waren in einem Schaufenster und dergleichen fängt das Inszenierungshandeln vergleichsweise unauffällig an. Es fängt überall da an, wo etwas für ein wenigstens potentielles Publikum so herausgestellt wird, dass es für sie eine Zeit lang zu einem sinnlich bedeutsamen, aber sachlich ungreifbaren Ereignis werden kann. Wo die Grenze aber jeweils liegt, hängt immer von denen ab, denen an dieser Grenze etwas liegt – von den Menschen, die sich öffentlich unterschiedlich präsentieren und es mit unterschiedlichen öffentlichen Präsentationen zu tun haben. Es hängt davon ab, wann sie

bewegt werden, dass die Musik nicht allein im Raum erklingt, sondern sich in diesem Raum bewegt.
8 Weil die übliche Aufführung eines Films anders als die eines Theaterstücks durch das jeweilige Speichermedium determiniert ist, also gar nicht anders ausfallen *könnte*.

eine öffentlich ausgestellte Gegenwart willkürlich oder unwillkürlich erzeugen oder ihr begegnen.

Auch die Grenzen zwischen inszenierender und nichtinszenierender Kunst bilden und verändern sich in dem pragmatischen Rahmen eines kulturell geprägten Umgangs mit ihr. Dass Dramen und Epen im Stillen – außerhalb der Reichweite jeder Inszenierung – gelesen werden, ist eine schriftkulturelle Praxis, die sich auch wieder ändern kann. Entscheidend für die Stellung von Kunstobjekten diesseits oder jenseits der inszenierenden Künste ist dabei jeweils der Umstand, in welchem Maß sie – nach dem Urteil derer, die sich für diese Objekte interessieren – als *Kunstwerke* zur Geltung kommen, wenn sie im Kontext einer Inszenierung zur Erscheinung kommen. Die *Unterscheidung* aber zwischen Kunstwerken, die Inszenierungen sind oder der Inszenierung bedürfen, die eine Inszenierung zulassen oder sich gegen eine Inszenierung sperren, bleibt von diesen Entscheidungen der Beteiligung unberührt. Es gehört zum Charakter der Kunst, Objekte hervorzubringen, die der Inszenierung eher zugewandt oder abgewandt sind.

Wie daher nicht alles im Leben eine Inszenierung ist (schon gar nicht das Leben selber), so sind auch nicht alle Phänomene und Prozesse der Kunst zugleich Vorgänge der Inszenierung oder verweisen auf solche. Aber wie im übrigen Leben, so ist es auch im Leben (mit) der Kunst nie ganz sicher, ob und wann wir es mit einer inszenierten oder einer gegenüber Augenblick und Publikum gleichgültigen Wirklichkeit zu tun haben. Dies dürfte ein weiteres grundlegendes Merkmal von Inszenierungen sein. Weder die, die inszenieren, noch die, für die inszeniert wird, können sich jemals ganz sicher sein, wann eine Inszenierung anfängt und wann sie zu Ende ist.

6. Über den kulturellen Sinn ästhetischer Gegenwart – mit Seitenblicken auf Descartes

In der Ästhetik und Kunsttheorie erfährt der Begriff der »Präsenz« in diesen Tagen eine auffällige Renaissance. Galt Präsenz – die Sache wie ihr Begriff – im dekonstruktiven Milieu am Ende des vorigen Jahrhunderts als ein Inbegriff der Illusionen abendländischer Metaphysik, so wächst heute das Bewusstsein, dass es ohne eine Rehabilitierung dieses Phänomens vor allem im Bereich der Ästhetik nicht geht. Mehr noch: Präsenz erscheint in den jüngsten Theorien geradezu als die Pointe der ästhetischen Praxis und ihrer Theorie. Damit verbunden freilich ist eine Neuformulierung des Begriffs, die es nicht bei den Klischees der seinerzeit modischen Präsenzkritik belässt. Dort war Präsenz eine Fanfare der kognitiven wie technischen Beherrschung und Bemächtigung der Welt einschließlich der Rede über sie, die im Fahrwasser Heideggers, Adornos und Derridas auf ihre Dissonanzen hin abgehört wurde. Heute dagegen steht »Präsenz« für Kontingenz, Augenblicklichkeit und Unverfügbarkeit – für eine Ereignishaftigkeit des Erscheinenden, das begrifflich weder gesichert werden kann noch gesichert werden soll. Einen entscheidenden Anstoß für diese Umbesetzung lieferte ein Buch von Hans Ulrich Gumbrecht, das im Obertitel des englischen Originals aus dem Jahr 2004 Aufklärung über *The Production of Presence* verspricht und im Untertitel die programmatische Formel enthält: *What meaning cannot convey*.[1] Im Eifer des Gefechts ist es jedoch hier und in der nachfolgenden Diskussion gelegentlich bei einer bloßen Umkehr der Vorzeichen geblieben, die ein Festschreiben unglücklicher Polaritäten zur Folge hatte, bei der man es nicht belassen sollte. Philosophie ist nun einmal im Kern eine Kritik falscher Alternativen des Denkens, die sich auch im Feld der Ästhetik nicht mit dem schönen Schein zufriedengeben sollte. Bei aller Liebe für das neue Präsenzdenken muss die Frage erlaubt sein, ob die Opposition zwischen einer Cartesischen »Sinnkultur« und einer Heideggerianischen »Präsenzkultur«, die

---

[1] H. U. Gumbrecht, Diesseits der Hermeneutik. Die Produktion von Präsenz, Frankfurt/M. 2004.

Gumbrechts Betrachtungen beherrscht, bereits der Weisheit letzter Schluss sein kann.

»Bei aller Liebe«: diese Floskel ist hier ausnahmsweise ernst gemeint. Ästhetisches Bewusstsein ist ein Bewusstsein von Gegenwart – eine gegenüber der sonstigen Kenntnis des Hier und Jetzt gesteigerte oder radikalisierte Aufmerksamkeit für das Involviertsein in biografische und historische Zeit. Dieses komplexe Präsenzbewusstsein ist ein Wahrzeichen des menschlichen Geistes nicht weniger als das propositionale Bewusstsein und die Fähigkeit zur überlegten Selbstlenkung (und es ist intern mit diesen verbunden). Von solcher Präsenzerfahrung, Präsenzgewinnung und Präsenzerzeugung handelt die philosophische Ästhetik. Ihr primäres Thema ist die Anschauung gelebter Gegenwart – die Besonderheit des in ihr Erscheinenden, ihre Unfassbarkeit und Unverfügbarkeit, ihr bleibendes Vergehen. Entsprechend können die Formen ästhetischer Wahrnehmung als Varianten eines »Spiels um Gegenwart« verstanden werden, das durch die Produktionen der Kunst noch einmal verändert wird. Ästhetische Wahrnehmung nimmt sich Zeit für den Augenblick – für das Erscheinen des jeweils Erscheinenden; dies gilt auch für die Wahrnehmung von Objekten der Kunst. Diese aber sind zugleich *Darbietungen* von Präsenz – indem sie *ihre* Gegenwart präsentieren, präsentieren sie *eine*. – Dies sind nur ein paar Thesen aus meiner *Ästhetik des Erscheinens*,[2] die ich hier rezitiere, um zu verdeutlichen, in welchem – vielleicht extremen – Maß ich mich mit Hans Ulrich Gumbrecht und anderen als Vertreter einer »Präsenzästhetik« fühle. Die Kritik, die ich im Folgenden an dem Begriff einer »Präsenzkultur« formuliere, ist eine Kritik auf dieser Basis. Es ist also ein Familienstreit, den ich hier austragen möchte.

I.

Meine Zweifel betreffen die Unterscheidung von »Präsenzkultur« und »Sinnkultur«, wie sie von Gumbrecht in *Diesseits der Hermeneutik* entworfen wird – einer Präsenzkultur, die ihr Zentrum primär in einem Körperbewusstsein hat, einer Sinnkultur, die ihr Selbstverständnis primär durch Akte der Auslegung gewinnt.[3] Bei

2 M. Seel, Ästhetik des Erscheinens, München 2000.
3 Gumbrecht, Diesseits der Hermeneutik, a.a.O., 98 ff.

aller Berechtigung idealtypischer Konstruktionen vermag ich nicht zu sehen, wie diese Unterscheidung als Distinktionsmerkmal historischer Kulturen und Gesellschaften tatsächlich greifen könnte. Präsenzkulturen im Unterschied zu Sinnkulturen, so möchte ich dagegenhalten, gibt es nicht und kann es nicht geben. Jede Kultur ist immer auch Präsenzkultur, denn Kultur zu sein *bedeutet* immer auch, Präsenzkultur zu sein. Entsprechendes gilt für den vermeintlichen Gegenbegriff: Jede Kultur ist Sinnkultur, und wiederum stärker noch: Sinn ist der Sinn jeder Kultur. Wenn das richtig ist, wäre eine Gegenüberstellung von Sinn gegenüber Präsenz auf der Ebene von Kulturen und Epochen im Ganzen verfehlt.

Der Anschein eines echten Kontrasts zwischen Präsenzkultur und Sinnkultur ergibt sich unter anderem dann, wenn man, wie es bei Gumbrecht geschieht, mit einem stark reduzierten Begriff des Sinns und Sinnverstehens operiert. Sinn und die Hermeneutik des Sinns gehen aber nicht in einem Verstehen und Auslegen sinnhafter Objekte auf. Wenn von der Signatur historischer Kulturen die Rede ist, geht es weit darüber hinaus um den kulturellen *Sinn von Praktiken*, seien diese im engeren Sinn verstehend-auslegend oder nicht. Philosophische und ästhetische Hermeneutik, richtig verstanden, sind keine Angelegenheit wildgewordener Deutebolde, die aus allem auf Teufel komm raus einen Sinn herausholen und heraustragen wollen, sondern vielmehr die reflexive Bemühung, den Sinn auch und gerade *solcher* Praktiken zu erkunden, bei denen es nicht (oder nicht primär) um die Teilhabe an einem Sinngeschehen geht – man denke an den Genuss ästhetischer Natur oder dessen, was sich in den Sportarenen dieser Welt abspielt. Deswegen sind alle Kulturen Sinnkulturen: Sie eröffnen diverse und differente Möglichkeiten sinnhaften Handelns, ganz gleichgültig, ob und in welchem Ausmaß diese ihren Schwerpunkt in Formen des Sinnverstehens haben mögen. Gerade das Vergnügen an Präsenzspektakeln älterer oder neuerer Provenienz ist – in soziologischer wie philosophischer Bedeutung – eine Form sinnhaften Handelns. So gesehen, hat die Ästhetik keinerlei Grund, sich von der Sache der Hermeneutik zu verabschieden, wenn auch gewiss von manchen Gedanken mancher Hermeneutiker; so gesehen, ist das von Gumbrecht beschworene »Diesseits der Hermeneutik« ein Niemandsland, in dem Handelnde ohne irgendein Verständnis ihres Erlebens und Handelns agieren müssten und also gar nicht handeln könnten.

Ästhetische Erlebnisse, Einstellungen und Stimmungen, die nicht »durch Bedeutung vermittelt« sind, weil sie nicht durch die Lektüre von Texten und verwandten Darbietungsformen hervorgerufen und modelliert wurden, enthalten gleichwohl ein Verständnis der jeweils erfahrenen Situationen, das von Ästhetikern, Soziologen und anderen Interpreten seinerseits verstanden und ausgelegt werden kann. So viel jedenfalls lässt sich mit Heidegger sagen: Wo es überhaupt Phänomene der Befindlichkeit und Bedeutsamkeit, des Gestimmtseins und der Bewandtnis gibt, sind Explikationen des Sinns von Weltbegegnung jederzeit *möglich*.

2.

Da ich für die Wiederherstellung eines Bündnisses zwischen Ästhetik und Hermeneutik schon an anderer Stelle geworben habe,[4] möchte ich hier etwas Abstand nehmen und ein indirektes Argument gegen die Tragfähigkeit einer starken Differenz von Präsenz- und Sinnkultur vorbringen – ein Argument, das ich in Descartes' zweiter Meditation vorbereitet finde. Descartes spielt die Rolle des führenden Bösewichts oder doch Buhmanns in Gumbrechts Erzählung von dem Verlust und der Wiederkehr ungetrübter Präsenzerfahrung. Wenn wir nun selbst bei Descartes einen Anhaltspunkt für die Sprengung der genannten Gegenüberstellung finden, wird vielleicht deutlich, dass die Geschichte vom vorübergehenden Verlust der Präsenzerfahrung – und mit ihr die eines Wechselspiels von »Präsenzkulturen« und »Sinnkulturen« – auch historisch nicht plausibel ist.

Das erkenntnistheoretische Argument, das Descartes in der zweiten seiner *Meditationen* entwickelt, beruht auf einem klassischen Zweifel an dem Zeugnis der Sinne. Das bloße sinnliche Vernehmen eines Gegenstands, so führt Descartes aus, hat mit einer Erkenntnis seiner Beschaffenheit noch nichts zu tun. »Die Sinne« allein liefern vielmehr überhaupt keine Erkenntnis, solange wir unter einer Erkenntnis eine »klare und deutliche« Auffassung von etwas als etwas verstehen. Der entscheidende Schritt von der bloßen Wahrnehmung zur Erkenntnis geschieht im begrifflichen Urteilen: im Festhalten bestimmter, über den Augenblick hinaus charakteristischer

4 Text 2 in diesem Band.

Merkmale eines Gegenstands oder Gegenstandstyps, auf die wir uns daher auch über den Augenblick hinaus beziehen können. »So erfasse ich also das, was ich mit den Augen zu sehen meinte, in Wahrheit nur durch das Urteilsvermögen, welches meinem Geiste innewohnt.«[5] Es sind nicht die Sinne, es ist der Geist, durch den wir Erkenntnis gewinnen.

Cum grano salis ist dies eine These, die sich ähnlich auch in Platons *Theaitet* oder am Beginn von Hegels *Phänomenologie des Geistes* findet und die eine große Wirkung auch auf die Kritik empiristischer Vorurteile bei Wilfrid Sellars, Donald Davidson, John McDowell und Robert Brandom hatte. In Sachen Ästhetik freilich, so könnte man denken, ist das Argument fatal. Denn es scheint zu besagen, dass wir mit den Sinnen nichts, mit dem Geist aber alles gewärtigen können: Präsenz zählt nichts, *representation takes it all*.

Aber sehen wir zu. »Unter Körper (per corpus)«, schreibt Descartes in Vorbereitung seiner Überlegung, »verstehe ich alles, was durch eine Gestalt begrenzt und durch seinen Ort umschrieben werden kann; was seinen Raum so erfüllt, daß es von ihm jeden andern Körper ausschließt; was durch Gefühl, Gesicht, Gehör, Geschmack, Geruch (tactu, visu, auditu, gustu, vel odoratu) wahrgenommen werden und in verschiedener Weise bewegt werden kann.« (Med. II.5) Nach Descartes *definiert* es also einen Körper, dass er synästhetisch präsent sein kann. Er *ist* unseren Sinnen auf eine bestimmte, charakteristische Weise gegeben – eine Weise freilich, die zu einer sicheren Erkenntnis noch nicht befähigt. Dies kündigt sich in der Passage an, in der Descartes das erkenntnistheoretische Argument entfaltet: »Wir wollen jene Dinge betrachten, die man gemeinhin am deutlichsten zu erkennen meint, nämlich die Körper, die wir betasten und sehen; und zwar nicht die Körper im allgemeinen, denn solche Allgemeinvorstellungen pflegen etwas verworrener zu sein, sondern einen Körper im besonderen.« (Med. II.11)

Die Auffassung, die Descartes anschließend durch sein berühmtes Wachsbeispiel kritisiert, besagt, dass es das unmittelbare sinnliche Vernehmen ist, das uns einen Körper »am deutlichsten

---

5 »Atque ita id quod putabam me videre oculis, sola judicandi facultate, quae in mente mea est, comprehendo.« (Med. II.13) – Auch im Folgenden zitiert nach: R. Descartes, Meditationen über die Erste Philosophie, lat./dt., übers. u. hg. v. G. Schmidt, Stuttgart 1986.

zu erkennen« gibt. Dies bestreitet er: Das sinnliche Vernehmen allein gibt gar nichts zu erkennen. Das heißt aber nun für Descartes beileibe nicht, dass die Sinne zu nichts in der Lage wären – wie der Wortlaut des Beispiels mit aller Deutlichkeit zeigt. »Nehmen wir z.B. dieses Stück Bienenwachs. Es ist ganz frisch aus Honigscheiben gewonnen worden. Noch hat es nicht allen Honiggeschmack verloren. Ein wenig bewahrt es von dem Duft der Blumen, aus denen es gesammelt wurde. Seine Farbe, seine Gestalt, seine Größe liegen offen zutage. Es ist hart, kalt, man kann es leicht anfassen, und wenn man mit dem Knöchel darauf klopft, gibt es einen Ton von sich. Kurz, alles ist ihm eigen, was zur ganz deutlichen Erkenntnis eines Körpers erforderlich erscheint (distinctissime cognisci).« (Med. II.11) Das Wachs hat eine bestimmte Farbe und Gestalt, es riecht und schmeckt und klingt auf eine bestimmte Weise, es fühlt sich auf eine bestimmte Weise an: Sinnliche Präsenz! Phänomenale Fülle! »Doch sieh da, während ich rede, kommt es dem Feuer nahe; der Rest des Geschmacks vergeht; sein Duft verflüchtigt sich; seine Farbe ändert sich; seine Form verschwindet. Es nimmt zu an Größe, wird flüssig, wird heiß, kaum kann man es noch anfassen, und schlägt man darauf, so gibt es keinen Ton mehr.« (Ebd.) Das sinnliche Dasein eines Körpers erweist sich als wesentlich instabil; mit den Veränderungen von Zeit und Ort kann sich sein Erscheinen gravierend wandeln. Der veränderte Zustand aber ist sinnlich (wenn auch nun nicht mehr in demselben Maß synästhetisch) vernehmbar wie derjenige zuvor: Erneute Präsenz! Wieder ein besonderer phänomenaler Zustand! Wieder ein bestimmtes Erscheinen! All dies kann mit den Sinnen und nur mit ihnen erfahren werden. Sinnlich *spüren* wir, wie etwas sich jeweils hier und jetzt darbietet; jedoch können wir kraft unserer Sinne nicht *sagen*, wie es tatsächlich um es steht. Wir vernehmen eine bestimmte *Gegenwart* des Körpers, vermögen jedoch nicht zu *bestimmen*, was und wie dieser Körper ist. Dafür bedarf es allgemeiner Begriffe und ihrer Verbindung zu beschreibenden Urteilen. »So muß ich schließlich gestehen, daß ich mir nicht einmal bildhaft vorstellen kann (imaginari), was dieses Stück Wachs hier ist, sondern es allein durch den Geist (mente) auffasse. Ich rede von dem Wachs im besonderen; beim Wachs im allgemeinen ist dies noch viel klarer.« (Med. II.12)

Schon um zu erkennen, dass es sich bei einem besonderen Gegenstand um Wachs handelt, und erst recht um zu erkennen, was

Wachs für ein Stoff ist und wie er sich von anderen Stoffen unterscheidet, bedarf es einer geistigen Handlung. Wir benötigen *allgemeine Begriffe*, um ein einzelnes Ding (*dieses* Wachs) oder eine besondere Sache (*Wachs*) als etwas *Bestimmtes* auffassen zu können. Klare und deutliche Erkenntnis gibt es nur in der Reichweite eines propositionalen Bewusstseins. Nur so können wir erkennen, wie etwas nicht allein *erscheint*, sondern in einem begrenzten zeitlichen Zustand oder in seiner allgemeinen Verfassung *ist*. Jedoch belässt es Descartes nicht bei einer schlichten Kluft zwischen begrifflicher Erkenntnis und vorbegrifflichem sinnlichem Kontakt. Denn es muss noch geklärt werden, inwiefern es *derselbe* Gegenstand war, der einmal fühlend und anschließend urteilend erkundet wurde. »Was ist denn nun dieses Wachs, das man *nur im Geiste auffassen* kann (quae non nisi mente percipitur – meine Hervorhebung, M.S.)? Offenbar eben das, was ich sehe, berühre, bildhaft vorstelle; überhaupt dasselbe, das ich von Anfang an für seiend gehalten habe.« (Med. II.12) In der ersten erkenntnistheoretischen Reflexion hat das Subjekt der Meditationen die flüchtigen Zustände des komplexen sinnlichen Eindrucks für ein unmittelbares Wissen davon gehalten, wie der Gegenstand verfasst ist. Nach der zweiten Reflexion vermag es einzusehen, dass die Fähigkeit, einen Körper in Aspekten seiner *Bestimmtheit* zu erkennen, abhängig ist von derjenigen, ihn urteilend zu *bestimmen*.[6] Die Erkenntnis der Verfassung auch eines sinnlich gegebenen Objekts ist Sache des urteilenden Verstandes.

Der anschließende Kommentar hält jedoch fest, dass das Wissen um einen Gegenstand durch eine unvermeidliche *Polarität* divergierender Auffassungsarten gekennzeichnet ist. »Aber, wohlgemerkt, die Auffassung (perceptio) desselben besteht nicht in einem Sehen, Berühren, sinnlichen Vorstellen, und bestand überhaupt nie darin, wenn es mir auch früher so vorkam; sie besteht vielmehr in einem bloßen geistigen Einblick (mentis inspectio), der unvollkommen und verworren (imperfecta & confusa) sein kann wie vordem, oder klar und deutlich (clara & distincta) wie jetzt, je nachdem, ob ich mehr oder weniger auf seine Bestandteile achte.« (Med. II.12) Auf

---

6 Zu dieser Dialektik von Bestimmtheit und Bestimmen s. M. Seel, Kenntnis und Erkenntnis. Zur Bestimmtheit in Sprache, Welt und Wahrnehmung, in: G. W. Bertram/D. Lauer/J. Liptow/M. Seel, Die Artikulation von Welt. Über die Rolle der Sprache für das menschliche Denken, Wahrnehmen und Erkennen, Frankfurt/M. 2006, 209-230.

den ersten Blick liest sich das so, als ob das sinnliche Vernehmen bei der Gewärtigung von Gegenständen nun gar nicht mehr von Belang wäre, als ob diese Gewärtigung nur mehr oder weniger *begrifflich* klar und deutlich sein könnte. Gemeint ist aber zum einen, dass wir in der Wahrnehmung der Welt mehr oder weniger stark auf die allein begrifflich fixierbare Bestimmtheit ihrer Erscheinungen *achten* können – und, wenn es um den Gewinn möglichst sicherer Erkenntnis geht, möglichst genau darauf achten sollen. Gemeint ist zum anderen, dass auch die »unvollkommene« und »verworrene« Auffassung eines Gegenstands immer an unseren begrifflichen Fähigkeiten partizipiert; wer das Wachs als gelb, süß, kalt, hart usw. wahrnimmt, setzt auch dann begriffliche Fähigkeiten ein, wenn er es nicht auf eine beschreibende Beurteilung anlegt (wie es gegenüber der bloßen *Kenntnis* für die Sicherung von *Erkenntnis* verlangt ist). Dies bedeutet keineswegs, dass es die in dem Wachsbeispiel anfangs beschriebene Präsenz sinnlich vernehmbarer Objekte nicht gäbe. In einer unmittelbaren (mehr oder weniger stark synästhetischen) Begegnung stehen wir mit dem jeweiligen Gegenstand in einem komplexen (wenn auch unter kognitiven Gesichtspunkten »konfusen«) leiblichen Kontakt, durch den er in einer phänomenalen Individualität erscheint, der das Interesse an einer klaren und distinkten Bestimmung des Gegenstands keine Beachtung schenken darf. Da Descartes in seinen Meditationen auf der Suche nach sicheren Fundamenten des Wissens ist, treten die Momente sinnlicher Präsenz in seinem Text vorwiegend als potentielles Störfeuer auf. Die nachdrückliche Erinnerung an die vergängliche Gegenwart der kleinen Wachsscheibe aber lässt deutlich werden, dass dies nicht die ganze Wahrheit über das sinnliche Vernehmen ist. Der verworrenen, nicht an begrifflicher Distinktion und Deskription orientierten Auffassung eignet eine Intensität eigener Art. In ihr sind wir dem Hier und Jetzt der Dinge in einer Weise nahe, wie wir es in der Berufung auf wahre Repräsentationen nicht sein können.

3.

Die Folgen sind bekannt. Baumgarten hat die cognitio sensitiva et confusa in einem ersten Schritt erkenntnistheoretisch als Aufmerksamkeit für die phänomenale Besonderheit der Welt habilitiert. Kant hat den entscheidenden zweiten Schritt getan, indem er die ästhetische Wahrnehmung von dem Anspruch auf Gewinnung fixierter gegenständlicher Erkenntnis zugunsten eines bloßen Spiels der Erkenntnis*kräfte* freigestellt hat, das sich in einem Verweilen bei einem Spiel der sinnlichen Erscheinungen »stärkt und reproduziert« (KdU, §12). Seit Hegel und Nietzsche hat das ästhetische Scheinen große Bedeutung gewonnen, gefolgt von der Karriere der »apparition« auf der Strecke von Valéry bis Adorno, einschließlich der These, dass ästhetisches Bewusstsein Aufmerksamkeit für das begrifflich Unbestimmte und Unbestimmbare und also dafür ist, was außerhalb der Gegenwart seines Erscheinens keine Bedeutung hat. Präsenzästhetik ist keine Erfindung des späten 20. Jahrhunderts, sondern – von einem Dissidenten wie Schopenhauer einmal abgesehen – das Herzstück der neueren Ästhetik.[7] Sie hat ihre Laufbahn innerhalb der Hochzeiten der von Gumbrecht stigmatisierten »Sinnkultur« begonnen und viele ihrer Höhepunkte gerade in dieser Zeit erreicht – wie es kein Wunder ist, wenn selbst einer wie Descartes dem empfindenden Sinnenbewusstsein eine markante Stellung einräumt. »Also was bin ich nun?«, heißt es in einem zentralen Moment der Erzählung der zweiten Meditation, bevor das Wachsbeispiel zu der erkenntnistheoretischen These führt: »Ein denkendes Ding (res cogitans). Was ist das? – Ein Ding, das zweifelt, einsieht, bejaht, verneint, will, nicht will, das auch bildlich vorstellt und empfindet (sentiens).« (Med. II.8) Wie dieses Empfinden in einer cartesischen Philosophie des Geistes konsistent unterzubringen ist, mag rätselhaft sein, aber es *hat* dort eine bemerkenswerte Stellung: als eine konstitutive Dimension im Leben rationaler Wesen, die nun einmal nicht nur auf erkennende Repräsentation, sondern ebenso auf sinnliche Vergegenwärtigung aus sind. Und einzig *als* rationale Lebewesen sind sie befähigt, sich einem Ding, einer Person, einer Situation in ihrer Besonderheit zu widmen

---

7 So jedenfalls lautet die Botschaft meiner »rabiaten« Geschichte der neueren Ästhetik in: Seel, Ästhetik des Erscheinens, a. a. O., 15-42.

und es dabei im Fluss der Zeit zur Unterbrechung des Augenblicks kommen zu lassen.

An dieser Stelle muss freilich erneut eine falsche Alternative vermieden werden. Diese tut sich auf, wenn das Sein der wahrnehmbaren Dinge entweder in ihrer begrifflich bestimmbaren Verfassung oder aber in der Fülle ihrer phänomenalen Präsenz gesehen wird – so als wären sie in letzter Instanz entweder das eine oder das andere. Ihr Dasein ist jedoch gerade durch eine *Polarität* von Sosein und Erscheinen gekennzeichnet, die sich begrifflich nicht nach einer der beiden Seiten hin auflösen lässt.[8] (Was immer unter Heideggers Lehre vom »Sein« zu verstehen ist, sie enthält eine berechtigte Warnung vor einer Reduktion der dinglichen Welt auf reine Präsenz oder reine Repräsentation.) Wie sehr die genannte Alternative in die Irre führt, zeigt sich insbesondere am Beispiel der Kunst. Zwar sind ästhetische Objekte nicht generell hermeneutische Objekte, aber manche unter ihnen sind es wesentlich auch. Kunstwerke sind Objekte, die ihre Präsenz ausspielen, um als *Präsentationen* von Präsenz erfahrbar zu werden. Das ist der *Sinn* von Kunstwerken, ein Sinn, der am jeweiligen Objekt *verstanden* werden muss, um der jeweiligen künstlerischen Geste teilhaftig zu werden. Eine strikte Opposition zwischen »Sinn« und »Präsenz« geht daher am Darbietungscharakter von Kunstwerken im Ansatz vorbei. In allen herausragenden Fällen ist diese Darbietung ein eminenter Fall ästhetischer Gegenwart. Es scheint mir daher verkehrt, wenn Gumbrecht behauptet, es gebe »kein Aufscheinen von Sinn, das nicht zu einer Verminderung des Gewichts der Präsenz führte«.[9] Bedeutende Kunstwerke bewirken gerade durch das Aufscheinen von Sinn eine *Potenzierung* »des Gewichts der Präsenz«: Das Werk macht *sich* in *seiner* individuellen Konfiguration mit einer Intensität gegenwärtig, die es als Präsentation *einer* Gegenwart erfahrbar werden lässt. Heidegger hat dies als einen Widerstreit zwischen der gedeuteten »Welt« und der gegenüber Deutungen widerständigen

8 Vgl. ebd., 70 ff.
9 Gumbrecht, Diesseits der Hermeneutik, a.a.O, 110. – Einen analogen Einwand gegen eine analoge These Karl Heinz Bohrers erhebt Gert Mattenklott. Vgl. K. H. Bohrer, Erscheinung und Bedeutung. Homers *Ilias* und Claude Simons *La Route des Flandres*, 20 ff.; G. Mattenklott, Antwort auf Karl Heinz Bohrers Beitrag über Erscheinung und Bedeutung, 34 ff. – beide in: G. Koch / Ch. Voss (Hg.), Zwischen Ding und Zeichen. Zur ästhetischen Erfahrung in der Kunst, München 2005.

»Erde« beschrieben. Christoph Menke sagt es so: »Zeichen des Dings, Ding des Zeichens: Das ist das janusköpfige Erscheinen des künstlerischen Gegenstands in der ästhetischen Erfahrung. Was er ist, kann nicht erfasst werden denn als was er zeigt. Aber auch was er zeigt, was der künstlerische Gegenstand sagt und zu verstehen gibt, kann nur dadurch bestimmt werden, wie er selbst ist: Die Weise, wie der künstlerische Gegenstand erscheint, bestimmt, was er erscheinen lässt.«[10]

4.

Kehren wir noch einmal zu jenem Stück Bienenwachs zurück. »Es ist ganz frisch aus Honigscheiben gewonnen worden. Noch hat es nicht allen Honiggeschmack verloren. Ein wenig bewahrt es von dem Duft der Blumen, aus denen es gesammelt wurde. Seine Farbe, seine Gestalt, seine Größe liegen offen zutage. Es ist hart, kalt, man kann es leicht anfassen, und wenn man mit dem Knöchel darauf klopft, gibt es einen Ton von sich. Kurz, es ist ihm alles eigen, was zur ganz deutlichen Erkenntnis eines Körpers erforderlich erscheint.« Doch dies, wie Descartes zu Recht einwendet, scheint nur so. Den Sinnen erscheint das Stück Wachs auf eine bestimmte Weise, doch sie können weder bestimmen, wie es ihnen erscheint, noch was es ist, das sich ihnen mal so, mal so darbietet. Die Sinne (allein) können nun einmal nicht bestimmen und daher nicht erkennen. Als Subjekte aber, die sich und die Welt durch ihre Gedanken ein gutes Stück weit bestimmen können, können wir eben dieses Bestimmen angesichts bestimmter Gelegenheiten der Welt auch sein lassen und uns etwa der Vergegenwärtigung eines Stückes Wachs überlassen. Auch dabei verlassen wir unsere Fähigkeit zum Bestimmen nicht, denn wie wollte das gehen. Aber wir lassen die *Fixierung* auf die kognitive und instrumentelle Verfügung über die Welt sein. Worauf lassen wir uns ein, wenn wir dies angesichts eines Stückes Wachs oder erhabenerer Objekte und Situationen außerhalb und innerhalb der Kunst tun? Wir vollziehen einen Rückgang vom Wie zum Irgendwie: vom Sosein zum Erscheinen der Welt, von einer bestimmten und bestimmbaren Verfassung zu der unbestimmten

10 Ch. Menke, Einführung, in: G. Koch / Ch. Voss (Hg.), Zwischen Ding und Zeichen, a.a.O., 16-19.

und unbestimmbaren Präsenz ihrer Gegenstände, von unserer Regie über sie zu einer Offenheit gegenüber ihrem Flimmern und Rauschen, von einem geregelten zu einem ungeregelten Kontakt mit unserer leiblichen wie geistigen Umgebung. Warum verlangt es uns danach? Weil wir der Gegenwart unseres Lebens auf eine gesteigerte Weise inne sein wollen, die ihrerseits ein unüberschaubares Gefüge bestimmter und unbestimmter Möglichkeiten des Denkens, Handelns und Erlebens ist. Der deutsche Ausdruck »Gegenwart« hat hier den großen Vorzug gegenüber dem englischen »presence«, dass er es erlaubt, Gegenwart als eine Konstellation von Nahe- und Fernliegendem, Vertrautem und Fremdem, Verfügbarem und Unverfügbarem, mit einem Wort: von Präsenz *und Absenz* zu denken. Jede erlebte Gegenwart ist – in Gumbrechts Worten – »Präsenz, durchsetzt mit Absenz«.[11] Weil das so ist, versorgt uns ästhetische Anschauung mit der Gewissheit des Ungewissen – mit dem teils beruhigenden, teils beunruhigenden Bewusstsein, dass im Hier und Jetzt unbestimmte – sowohl unbegriffene wie unbegreifliche – Möglichkeiten der Erfahrung und des Denkens liegen: und dass dies die Signatur historischer wie biografischer Gegenwarten ist. Das, so meine ich, ist der kulturelle Sinn ästhetischer Präsenz: einen Sinn, ein Gefühl, ein Bewusstsein für die Grenzen und Transformationen des Sinns zu gewinnen.

Nachdem dies gesagt ist, lässt sich am Ende auch zugestehen, dass »Präsenzorientierung« im Unterschied zu »Sinnorientierung« unterschiedliche *Gewichte* in der menschlichen Praxis markieren können. Unterschiedliche Kulturen geben dem Verlangen nach Gegenwart unterschiedliche Orte und Akzente; wie sie es tun, hat einen bedeutsamen Einfluss auf ihre Identität als Kulturen. Aber meine Vermutung ist zum einen, dass sie *alle* der Präsenzerfahrung eine charakteristische, wenn auch historisch stets wandelbare Stelle geben. Zum andern sollte nicht vergessen werden, dass dies notwendigerweise eine Stellung *innerhalb* kultureller Sinnorientierung ist, ganz gleich, in welchem Maß diese Erfahrung Vollzüge des Verstehens und Deutens ein- oder ausschließen mag. Denn es gehört zur Leistung menschlicher Kulturen, Praktiken auszubilden, die

---

11 H. U. Gumbrecht, Produktion von Präsenz, durchsetzt mit Absenz. Über Musik, Libretto und Inszenierung, in: J. Früchtl / J. Zimmermann (Hg.), Ästhetik der Inszenierung. Dimensionen eines künstlerischen, kulturellen und gesellschaftlichen Phänomens, Frankfurt/M. 2001, 63-76.

ihren Angehörigen die Turbulenzen der Gegenwart ihres Lebens erfahrbar werden lassen.

7. Die Macht des Erscheinens.
Friedrich Nietzsches ästhetische Marginalisierung des Seins

Jede wirklich radikale Philosophie ist an der entscheidenden Stelle moderat. Sie lässt sich von ihren Einsichten weit, manchmal zu weit tragen, aber nicht so weit, dass nicht eine einzige Drehung des Blicks die ganze Landschaft verändern könnte. Ohne etwas zurückzunehmen, nimmt sie sich zurück. Erst in diesem Moment gibt sie alles. Sie übt ihre Destruktionen nicht um der Destruktion willen aus, oder nicht nur; sie ist nicht nur Reaktion auf andere Worte und Werke; mit der eigenen Sprache findet sie ihren eigenen Gang und das eigene Wort. So auch bei Nietzsche. Der Kraft seiner Zerstörungen entspricht die Kraft der Sätze, in denen er eine eigene Antwort versucht.

I.

Der Schlüssel zur Radikalität Nietzsches ist weniger seine Ethik, auch nicht die Ästhetik, vielmehr seine theoretische Philosophie. Nietzsche nimmt an, dass die Welt keinen erkennbaren Sinn und keine erkennbare Ordnung hat; er nimmt an, dass wir bei allem, woran wir uns orientieren, in selbstgeschaffenen Zusammenhängen leben. Sicher, vieles davon lässt sich auf Kant oder schon Pascal zurückdatieren; nicht aber die Direktheit, Klarheit, die ungepolsterte Form, in der Nietzsche es sagt. Kant beruhigt seine Leser, wo Nietzsche alle Beruhigungen streicht. Kant bedauert, dem Leser nicht mehr Komfort bieten zu können; Nietzsche begrüßt, dass es auch ohne metaphysische Ausrüstung geht. In der Ausstattung des transzendentalen Subjekts bietet Kant einen Ersatz für die verlorene Ordnung der Natur; auch Nietzsche bietet etwas an, aber keinen Ersatz. Er erinnert an die kreative Potenz und ekstatische Affinität des Menschen, die es ihm erlauben, sich auf keine kosmische oder menschliche Ordnung festlegen zu lassen.

Die Abwesenheit jedes der menschlichen Kultur vorgegebenen Sinns ist das Leitmotiv der frühen Schrift *Über Wahrheit und Lüge im außermoralischen Sinn* von 1871, die durch das gesamte spätere Werk hindurch weiterwirkt. Nietzsche kritisiert den Glauben an die Erkennbarkeit eines Wesens der Dinge. Sollte es ein solches Wesen überhaupt geben, so führt er aus, es wäre dem menschlichen Erkennen unzugänglich. Sein Argument ist ein sprachtheoretisches. Unser Erkennen vollzieht sich im Gebrauch sprachlicher Begriffe. Diese Begriffe aber sind willkürliche Festlegungen des Menschen, mit denen Unterscheidungen und Klassen von Unterscheidungen getroffen werden, die den Dingen nicht abgelesen, sondern ihnen aus vitalem Interesse zugeschrieben werden. Sie sind ferne Resultate der sinnlichen Reizbarkeit und geistigen Erregbarkeit des Menschen, Erzeugnisse seines »Baugenies«, das unaufhörlich Konstruktionen anfertigt, mit deren Hilfe es sich eine erträgliche Lebenswirklichkeit zurechtzumachen sucht. »Jeder Begriff entsteht durch ein Gleichsetzen des Nicht-Gleichen.« Jede Begriffsbildung und jeder Begriffsgebrauch entsteht durch ein Herausgreifen von Aspekten, die *für uns* eine Bedeutung haben, ganz gleichgültig, wie es sich *an sich* mit den Dingen verhält. Jedes begriffliche Erkennen muss die Individualität seiner Erkenntnisgegenstände übergehen, um zu einer brauchbaren Erkenntnis gelangen zu können. Sprachliche Darstellung, mit einem Wort, kann das Wesen der Dinge nicht erfassen, eben weil sie sprachliche Darstellung ist – eine Verwendung arbiträrer Zeichen, mit denen wir nach unseren Vorgaben entscheiden, was als wahr und wirklich gelten soll.

Hier ist die Verlockung groß und für Nietzsche unwiderstehlich, mit starken Sätzen über das Argument hinauszugehen und zu sagen: Weil wir arbiträre Zeichen gebrauchen, ist arbiträr auch alles, was wir im Gebrauch dieser Zeichen sagen; weil unser Erkennen immer ein Herausgreifen von Aspekten ist, ist es im Grund immer ein Verkennen; die Wahrheiten, die wir gewonnen zu haben glauben, sind »Illusionen, von denen man vergessen hat, dass sie welche sind«; die reine Wahrheit, der angeblich unser höchstes selbstloses Streben gilt, ist eine Lüge, geboren aus dem Drang, uns selbst zu imponieren. Nietzsche überlässt sich dieser Verlockung, aber nicht ohne, an der entscheidenden Stelle, ausdrücklich, die Übertreibung festzuhalten, der er, wie ihm für einen rasch vorübergehenden Augenblick bewusst wird, auch künftig nicht widerstehen wollen wird:

»Das Uebersehen des Individuellen und Wirklichen giebt uns den Begriff, wie es uns auch die Form giebt, wohingegen die Natur keine Formen und Begriffe, also auch keine Gattungen kennt, sondern nur ein für uns unzugängliches und undefinirbares X. Denn auch unser Gegensatz zwischen Individuum und Gattung ist anthropomorphisch und entstammt nicht dem Wesen der Dinge, *wenn wir auch nicht zu sagen wagen*, dass er ihm nicht entspricht: das wäre nämlich eine dogmatische Behauptung und als solche ebenso unerweislich wie ihr Gegenteil.«

Das von mir kursiv gesetzte Stück indiziert kein Zurückschrecken vor der stärkeren These – eine Reaktion, die Nietzsche ganz fremd wäre. Es markiert vielmehr den hellsichtigen Moment, in dem Nietzsche seine Theorie auf sich selbst, auf seine eigene Rede anwendet. Er macht sich klar, wie sich sein eigener Diskurs zu dem vehement kritisierten fundamentalistischen Diskurs der Philosophie verhält. Er macht sich klar, dass er selbst in ein fundamentalistisches Sprechen zurückfallen würde, würde er geradewegs behaupten, dass das menschliche Erkennen das Wesen der Dinge verfehlt. Denn um dies zu sagen, müsste er eben jenes Wissen über das Wesen beanspruchen, von dem er zeigen will, dass es für erkennende Wesen nicht zu haben ist. Der negative Fundamentalismus, der den Dingen ein unerkennbares Wesen zuspricht, wäre selber eine Spielart jener Wesenserkenntnis, deren Ansprüche Nietzsche mit einer pragmatisch ansetzenden Sprachtheorie ad absurdum führen will.

In der Konsequenz dieser reflexiven Einsicht dürfen wir die rhetorisch effektvollsten Sätze dieses Texts nicht für bare Münze nehmen. (Man kann sie anders erklären: Mit ihnen führt der Text vor, was er sagt, wenn er sagt, dass die Rede des Menschen nicht eine mimetische, sondern eine konstruktive Basis hat.) Denn nur dann ist »Wahrheit eine Illusion«, wenn wir unter Wahrheit stillschweigend das Erfassen des Wesens oder der Idee eines Gegenstands verstehen; nur dann ist alles Erkennen notwendigerweise ein Verkennen, wenn mit ihm der Anspruch verbunden ist, eine Sache vollständig zu erfassen. Trotz seines rhetorischen Nihilismus vertritt der Text als ganzer, wenn wir jenen moderierenden Einspruch ernst nehmen, keine nihilistische, nicht einmal eine erkenntnisskeptische Position.

Das macht den Text aber alles andere als harmlos. Er zeigt, dass die Suche nach dem Wesen der Dinge illusionär ist. Jede Erkenntnisbemühung oder Wahrheitssuche ist immer eine Suche nach Aspekten einer Sache, die für die Erkennenden aus diesen oder jenen Gründen von Wichtigkeit ist. Erkennbar ist allein die Welt, die uns etwas angeht oder angehen könnte. Zusammen mit der Sprachlichkeit betont Nietzsche – wie übrigens auch sein Zeitgenosse Frege – die Zugänglichkeit des Erkennens: Alles, was wir erkennen oder zu erkennen versuchen, ist uns in einem bestimmten Sinn gegeben, ohne dass es eine schlechthin privilegierte Perspektive auf die Gegenstände des Erkennens gäbe. Diese Zugänge sind immer auch Einschränkungen dessen, was jeweils zur Sprache kommen kann; Einschränkungen, die gewiss aufgehoben werden können, aber nur um den Preis, neue Einschränkungen vornehmen zu müssen. Das bedeutet, dass dem Bestreben nach erkennender Bestimmung von vornherein deutliche Grenzen gezogen sind. Jedes Bestimmen spielt sich in einem Horizont des Nicht-Bestimmten ab. Es fasst etwas als etwas auf, ohne seiner Individualität gerecht werden zu können. Mehr noch, jedes erkennende Bestimmen *schafft* weite Horizonte der Unbestimmtheit, da es sich direkt oder indirekt auf Individuelles bezieht, das sich in seiner Besonderheit jedem erkennenden Erfassen entzieht. Darum sind die Konstruktionen unseres Erkennens nicht erschöpfend und können es nicht sein. Sie sind, wenn sie gut sind, tragfähig, und das genügt. Sie gewähren Sicherheit – soweit es denn Sicherheit ist, worum es uns geht.

2.

Es ist Sicherheit, worum es den meisten Menschen geht, aber Sicherheit ist für ein gutes Leben nicht gut genug. Wie fast jede andere Philosophie ist auch diejenige Nietzsches im Ganzen eine Ethik, und dies in einem besonderen Maß. Bei keinem Philosophen seit Platon ist die sokratische Frage nach dem guten Leben so durchgehend präsent wie in seinen Texten. Sogar in den erkenntnistheoretischen Passagen ist sein Werk von der Obsession getragen, den Einzelnen für eine Lebensführung zu befreien, die den Namen einer *individuellen* Lebensführung tatsächlich verdiente. Dabei nimmt Nietzsche den Terminus »Ethik« wieder in seiner antiken Grundbedeutung: als Kunst, als Lehre von der Kunst und als Reflexion über die Kunst, das eigene Leben in einer für einen selbst günstigen Form zu vollziehen.

Auch seine Kritik der Moral geht von diesem ethischen Gesichtspunkt aus. Für Nietzsche ist die traditionelle Moral in ihren autoritären wie in ihren egalitären Zügen eine große Verhinderin eines gelingenden individuellen Lebens. Auch hier aber zielt sein Argument bei aller Freude an der Demaskierung nicht auf Destruktion, sondern auf Revision. »Wir müssen uns von der Moral befreien, um moralisch leben zu können«, heißt es in einer Notiz aus dem Jahr 1882, und weiter: »Meine freie Willkür, mein selbstgeschaffenes Ideal will diese oder jene Tugend von mir.« Am Anfang einer unverdorbenen Moral, meint Nietzsche, muss das subjektive Bestreben der Individuen stehen, deren Moral es ist. Wieder ist das Individuelle sein Ausgangspunkt, dieses Mal das Belieben individueller Handlungssubjekte. Eine wahrhafte Moral, überlegt Nietzsche, müsste ihrem Belieben entsprechen, müsste Ausdruck ihres Beliebens sein können. In seiner Schrift *Morgenröthe* bringt er diesen Ausgangspunkt gegen die Tradition ins Spiel:

»Nur wenn die Menschheit ein allgemein anerkanntes Ziel hätte, könnte man vorschlagen: ›so und so soll gehandelt werden‹: einstweilen aber giebt es kein solches Ziel. […] Der Menschheit ein Ziel *anempfehlen* ist etwas ganz anderes: dann ist das Ziel als Etwas gedacht, das in unserem Belieben ist; gesetzt, es beliebte der Menschheit so wie vorgeschlagen wird, so könnte sie sich daraufhin auch ein Moralgesetz geben, ebenfalls aus ihrem Belieben heraus. Aber bisher sollte das Moralgesetz über dem Belieben stehen: man wollte dieses Gesetz nicht eigentlich geben, sondern es irgendwoher nehmen oder es irgendwo auffinden oder irgendwoher es sich befehlen lassen.«

Eine Moral freilich, die dem freien Belieben der unterschiedlichen Individuen Raum ließe, müsste dennoch einen egalitären Kern haben – sie dürfte nicht den Spielraum eines Menschen über den eines anderen stellen; sie müsste den Grundsatz eines *gerechten* Zugangs zu Handlungs- und Lebensmöglichkeiten enthalten. Diese Konsequenz hat Nietzsche bekanntlich nicht gezogen. Die Rückbesinnung auf die äußerste Konsequenz des eigenen Denkens bleibt hier aus. Das schwächt seine Theorie. Hier bleibt sie *bloß* radikal, ohne im entscheidenden Moment noch einmal inne zu halten. Sie bleibt in ethischen Fragen an die Perspektive *eines* Einzelnen gefesselt, eines Einzelnen, der sich nicht darauf besinnt, dass er einer unter anderen ist, die alle füreinander andere sind und die alle darauf angewiesen sind, von jeweils anderen in ihrer Besonderheit wahrgenommen werden zu können.

3.

Das ist umso erstaunlicher, als gerade die Anerkennung des Individuellen die große Grundforderung in Nietzsches Denken ist. Obwohl – genau genommen ist Anerkennung nicht das richtige Wort. Die Wahrnehmung des Individuellen ist ja nach Nietzsche gerade keine Erkenntnishandlung, da jedes Erkennen ein Übersehen des Besonderen darstellt. »Das Uebersehen des Individuellen und Wirklichen giebt uns den Begriff«, hatte es in der Schrift über *Wahrheit und Lüge* geheißen. Aber auch die Berufung auf das Individuelle als des Wirklichen wird mit einem Fragezeichen versehen, da selbst »unser Gegensatz zwischen Individuum und Gattung anthropomorphisch« ist. Und schließlich wird auch der Begriff des Wirklichen selbst fraglich, wenn auch nicht das Individuelle als Wirkliches gefasst werden darf, sondern nurmehr ein ominöses unfassliches X übrig bleibt, das sich auszeichnet durch die Abwesenheit all der relativen Zuverlässigkeit, die das Markenzeichen der Umstände sind, die uns im sprachlichen Erkennen als wirklich erscheinen. Welche Worte aber bleiben dann noch, um das zu kennzeichnen, was verfehlt wird in einem verfehlten Leben, das sich an die Sicherheiten des begrifflich Erkennbaren, des moralisch Regulierbaren klammert? Wie dasjenige bezeichnen, was unter- und unbestimmt bleibt in allen Regelungen, Interpretationen, Aneignungen, Verarbeitungen des Wirklichen, in all den Kunstleistungen des gesellschaftlichen Verkehrs, an die wir uns im Alltag halten? Wie jene nichtschematisierbare Wirklichkeit bezeichnen, die in den Schematisierungen einer vollständig durchrationalisierten Kultur untergegangen wäre, wie sie benennen, ohne das verabschiedete Wesen hinter den Erscheinungen wieder auferstehen zu lassen?

Irgendwie muss sie sich bezeichnen lassen, da die Begegnung mit dieser Sphäre bei Nietzsche das Grundereignis der ästhetischen Wahrnehmung ist, und da dieses ästhetische Grundereignis für ihn dasjenige einer befreiten Lebensführung, folglich zugleich ein ethisches Grundereignis ist. Es ist das Ereignis einer Begegnung mit der Individualität des Wirklichen, wenn der Ausdruck »Individualität« hier erlaubt wäre; es ist die Begegnung mit einer Wirklichkeit hinter den Schematisierungen, mit dem Chaos der Natur, wenn diese Redeweisen nicht ein Rückfall in den von Nietzsche bekämpften Fundamentalismus wären; es ist eine Offenbarung der innersten Gewalten der Natur, wenn das nicht Schopenhauerei wäre, aus der Nietzsche zur Zeit seiner ebenfalls frühen Schrift über *Die Geburt der Tragödie aus dem Geiste der Musik*, wo er sich an mehreren Stellen so ausdrückt, noch nicht herausgefunden hat.

Nietzsche selbst hat hier noch keinen passenden Ausdruck für das, was im ästhetischen Zustand erfahren wird. Er hat keinen passenden Namen für jenes in der Theorie und Praxis der Neuzeit oft vergessene und verdrängte Geschehen, das allein im ästhetischen Zustand Gegenwart wird. Er gebraucht eine ganze Reihe von Hilfsausdrücken, die aber alle den Nachteil haben, dass sie aus dem Fundus jener Theorien gewonnen sind, die Nietzsche eigentlich überwunden haben will. Sein Hauptwort für das, was sich in der ästhetischen Wahrnehmung ereignet, ist der Begriff des Scheins. Diesen aber muss er immerfort abkoppeln von jenem Schein, der das nach Maßstäben der Tradition *bloß* Scheinhafte, Unwesentliche und Irrelevante ist; er muss ihn außerdem abkoppeln von jenem »Scheinen der Idee«, durch das Hegel Sein und Schein miteinander aussöhnen wollte; und er muss ihn beständig abkoppeln von all den »normalen« Leistungen der kognitiven und moralischen und auch ästhetischen Kultur, die Nietzsche ebenfalls – in einer Verfremdung des herkömmlichen Vokabulars, unter Voraussetzung einer fundamentalistischen Terminologie – als Gebilde des Scheins (oder stärker, der »Illusion« und der »Lüge«) bezeichnet. Was im ästhetischen Zustand vernommen wird, stellt sich in Abgrenzung von all diesen Scheinphänomenen als ein potenzierter Schein dar, aber zugleich als etwas, dem eine eigene und höhere Dignität als den übrigen Formen der Weltbewältigung zukommt.

Wir lesen dann in der Tragödien-Abhandlung, dass die Musik »eine Sphäre symbolisiert, die über alle Erscheinungen und vor aller Erscheinung ist«, oder davon, dass wir in der dionysischen Kunst – im Unterschied zur apollinischen – die »ewige Lust des Daseins [...] nicht in den Erscheinungen, sondern hinter den Erscheinungen suchen« sollen. Aber all das sind Verlegenheitsformeln, denn was sollte hinter den Erscheinungen sein, nachdem das Wesen abgeschafft wurde? Was sollte die Welt der Erscheinungen überschreiten, wenn von einer Welt jenseits aller Erscheinungen gar nicht positiv die Rede sein darf? Was soll den Erscheinungen entgegengesetzt werden, wenn nicht länger im Namen eines irgendwie höheren Seins gesprochen werden kann? Wie ist die ästhetische Transzendierung zu verstehen, wenn keine Transzendenzen mehr in Anspruch genommen werden dürfen?

Als eine Begegnung mit dem Erscheinen. Um zu verstehen, worauf Nietzsches Ästhetik mit ihrer ganzen innovativen Anstrengung gerichtet ist, muss die erkennbare Welt der *Erscheinungen* strikt unterschieden werden von einer dem erkennenden Durchdringen entzogenen Wirklichkeit des *Erscheinens*.

»Erscheinungen« in dieser Verwendung sind alle Ergebnisse einer wahrnehmenden oder erkennenden Ordnung des empirisch Gegebenen, von der auch die Bildung abstrakter Begriffe ihren Ausgang nimmt. Sie sind das, woraus Kants »Welt der Erscheinungen« im Unterschied zu einer Welt der »Dinge an sich« besteht – *minus* der Rede von Dingen an sich. Die im Medium der Sinne und des Begriffs erkennbare Welt – das ist der einzige Sinn von *empirischem* Sein, den Kant übrig gelassen hat. Darüber hinaus aber ist es der einzige Sinn von *Sein*, für den Nietzsche in der Konsequenz seiner Kritik der traditionellen Ontologie und Erkenntnistheorie noch Verwendung hat.

Dem Begriff des Seins ist damit der großartige philosophische Nimbus genommen (den Heidegger später wieder aus Nietzsche hervorgezaubert hat). Sein ist das, worauf wir uns erkennend beziehen oder beziehen können, oder genauer, auf das wir uns erkennend beziehen *könnten*, läge es nicht in der Natur unseres Erkennens, das meiste an den Dingen übersehen zu müssen. Es ist die eigentliche Pointe von Nietzsches Erkenntniskritik, die Grenzen nicht allein unserer Erkenntnisfähigkeit, sondern auch unserer Erkenntniswilligkeit hervorzuheben. Für das wenigste dessen, was (erkennbar) ist, haben die Menschen Interesse. Ihnen genügt dasjenige Sein, das ihnen genügend Sicherheit gibt. Im faktischen Gebrauch ihrer Erkenntnismedien wird ihnen das Sein zu dem, was sie – und womit sie sich – erkennend in Sicherheit bringen können. Es fungiert als das Gestell oder Geländer, das sie inmitten eines ebenso unüberschaubaren wie im Ganzen unbestimmbaren Weltgeschehens vor den schlimmsten Abstürzen bewahren soll.

Was in Opposition zu dem erkennbaren Sein »Erscheinen«

genannt werden kann, ist das Hervortreten einer phänomenalen Fülle des Wirklichen, die im erkennenden Begreifen von etwas *als etwas* Bestimmtes und in seiner Bestimmtheit Wirkliches zwangsläufig übergangen, missachtet oder, wie Nietzsche sagt, »übersehen« werden muss. Was im Erkennen unbestimmt bleibt, tritt hier »in Erscheinung«, ohne jedoch auch nur annäherungsweise bestimmt werden zu können. Es wird ekstatisch, als ein Rauschen, als ein Geschehen ohne (identifizierbar) Geschehendes, erfahren. Das ist der Kern jedes radikal ästhetischen Zustands, den Nietzsche in seiner ästhetischen Frühschrift als »dionysisch« gekennzeichnet hat.

Das Erscheinen, das hier erfahrbar wird, ist zunächst einfach das, was ein beliebiger Gegenstand – sei es Tisch oder Baum, Natur oder Stadt – einer nicht auf begriffliche Festlegung fixierten Wahrnehmung bietet, und ebenso das, was in Imaginationen vergegenwärtigt wird, die sich inkompatibel zu jeder Beschreibung verhalten. Dieses Erscheinen ist nicht etwas vor oder hinter dem Sein der pragmatisch beherrschbaren Welt. Es ist nicht das eigentliche Sein oder das wahre Wesen der Dinge. Es ist vielmehr ein im normalen Verhalten übergangener Zug des *inmitten* dieser Welt Gegebenen. Es ereignet sich als eine anschauliche *Differenz* des Wirklichen gegenüber denjenigen ihrer Aspekte, die erkennend festgehalten, begriffen, klassifiziert werden können. Dieser Fülle des Erscheinens kann nur begegnet werden in einer Aufmerksamkeit für das Hier und Jetzt der wahrgenommenen oder vorgestellten Phänomene – so wie sie sich in diesem Augenblick darbieten, und nachher nie wieder.

Der Gipfel dieses Erscheinens aber ist für Nietzsche die Kunst, aus dem einfachen Grund, weil wir es hier mit (»apollinischen«) Konstruktionen eines (»dionysischen«) Erscheinens zu tun haben. Hier stoßen die Welten des empirischen Seins, des ästhetischen Scheins und des ekstatischen Erscheinens so aufeinander, dass der ästhetische Prozess als ein bewusstes Überschreiten der Grenzen der kulturellen Welt erfahren werden kann. Dieses Überschreiten aber hat wiederum nicht eine andere, höhere, wahrere Welt im Sinn, sondern allein die Lockerung der Bindungen an die historisch erschlossene Wirklichkeit, die ein Sichverlieren in der Anschauung jenes bleibenden Vergehens eröffnet, das wir Gegenwart nennen. Die von Nietzsche immer wieder umschriebene Erfahrung des Erscheinens ist eine dramatische Erfahrung der Gegenwart des eigenen Lebens.

4.

Diese Gegenwart kann aber nur im Abstand, ja in der Abwehr der kulturellen Schematisierungen erfahren werden, die das alltägliche Leben leiten. Ein freier Mensch ist daher nur, wer über die im kulturellen Wissen begreifbare Welt hinauszusehen und hinauszugehen wagt. Am Beispiel nicht der rezeptiven, sondern der produktiven – und diesmal nicht der musikalischen, sondern der literarischen – Kunsterfahrung hat Nietzsche dies in dem Manuskript über *Wahrheit und Lüge* so beschrieben:

»Jenes ungeheure Gebälk und Bretterwerk der Begriffe, an das sich klammernd der bedürftige Mensch sich durch das Leben rettet, ist dem freigewordenen Intellekt nur ein Gerüst und ein Spielzeug für seine verwegensten Kunststücke: und wenn er es zerschlägt, durcheinanderwirft, ironisch wieder zusammensetzt, das fremdeste paarend und das Nächste trennend, so offenbart er, dass er jene Notbehelfe der Bedürftigkeit nicht braucht, und dass er nicht von Begriffen sondern von Intuitionen geleitet wird. Von diesen Intuitionen aus führt kein regelmässiger Weg in das Land der gespenstischen Schemata, der Abstraktionen: für sie ist das Wort nicht gemacht, der Mensch verstummt, wenn er sie sieht oder redet in lauter verbotenen Metaphern und unerhörten Begriffsfügungen, um wenigstens durch das Zertrümmern und Verhöhnen der alten Begriffsschranken dem Eindrucke der mächtigen gegenwärtigen Intuition schöpferisch zu entsprechen.«

Wir müssen das Verhältnis von Sein und Erscheinen neu denken, wenn wir Nietzsches philosophischem Anspruch gerecht werden wollen. Wir müssen ihm eine Sprache leihen, die sich nicht immerfort in ein fremdes Reden zurücksacken lässt. So gern Nietzsche mit den in seinen Augen überholten Redeweisen spielt, so gern er seine Texte in einer zertrümmernden Diktion vorträgt, in der er, wie in unserem Zitat, die Erschütterungen nachbildet, die er empfiehlt – die Stärke seines Philosophierens hängt davon ab, ob sie aus solchen Spielen in ein eigenes Sprechen übersetzbar sind.

Machen wir einen Versuch. Das *Individuelle*, von dem ich sagte, dass es im Mittelpunkt von Nietzsches theoretischem, ethischem und ästhetischem Denken steht, ist das Erscheinen, wie es allein in der ästhetischen Wahrnehmung als wirklich zugelassen werden kann. Die »mächtigen *gegenwärtigen* Intuitionen«, von denen Nietzsche in dem Zitat aus *Wahrheit und Lüge* spricht, sind anschauend und imaginierend auf das in allem Bestimmen Unbestimmte gerichtet: auf das, was in Worten, Bildern und Tönen anklingen, aber nicht in Begriffen ausgesagt werden kann. Die ethische *Grundmaxime* Nietzsches lautet, man solle sich im eigenen Leben nicht an das Ewige oder Bleibende, sondern an das Vergängliche und Gegenwärtige halten; man solle nur so weit wie nötig das Sein, aber stets so weit wie möglich das Erscheinen beachten.

»Es handelt sich um eine Umkehrung der metaphysischen Prioritäten«, schreibt Karl Heinz Bohrer in einem Kommentar zu Nietzsches Begriff des Scheins: »nicht das ›Sein‹, sondern der ›Schein‹ rückt an die erste Stelle existentieller Erfahrung.«[1] Es fragt sich aber, ob es überhaupt noch metaphysische Prioritäten sind, die so verändert werden. Vielleicht sind es nur Prioritäten, die aus dem metaphysischen Denken stammen, nun aber aus existentiellen, ethischen und kulturtheoretischen Motiven umgewertet werden. Alle Erfahrung und Erforschung des Seins, will Nietzsche sagen, steht letztlich im Dienst der Erfahrung eines unerforschlichen Erscheinens. Das Sein ist für den Menschen nur von vorläufigem Interesse, da ihm erst in der gesteigerten, auf verwertbare Erträge verzichtenden ästhetischen Anschauung eine freie Wahrnehmung seiner selbst zuteil wird. Die »ewige Wiederkehr des Gleichen«, von der Nietzsche später spricht, ist eine ewige Wiederkehr gerade des fortwährend Nicht-Gleichen, des Individuellen, das in der Präsenz des Erscheinenden stets von neuem und stets neu erfahrbar wird. Nicht zu wissen, wie alles eigentlich ist, sondern zu erleben, wie alles hier und jetzt – und nur hier und nur jetzt – erscheint, ist der äußerste Vollzug eines menschlichen Lebens. Nicht Sein, Erscheinen ist die Pointe des menschlichen Seins.

---

1 K. H. Bohrer, Ästhetik und Historismus: Nietzsches Begriff des »Scheins«, in: ders., Plötzlichkeit. Zum Augenblick des ästhetischen Scheins, Frankfurt/M. 1981, 111-138, bes. 123.

5.

Genau hier jedoch, wir sind am Ende des kurzen Texts über *Wahrheit und Lüge*, hält Nietzsche nochmals inne, wendet den Blick, erinnert sich an die stoische Ethik und sagt: ja, das ist sie, die *eine* Seite, das *eine* Extrem einer unbeengten menschlichen Lebensführung, aber vergessen wir nicht die *andere* Seite, das *andere* Extrem! Dem ekstatischen Präsentismus steht ein rationaler Asketismus gegenüber. Wir hätten nur die halbe, also gar keine Wahrheit über die besten Möglichkeiten menschlicher Lebensführung erkannt, würden wir bei einer radikal ästhetischen Beschreibung stehenbleiben. Und wir hätten nur zwei halbe, also wiederum gar keine Einsichten in das gewonnen, was im menschlichen Leben auf dem Spiel steht, würden wir diese beiden Möglichkeiten als eine strikte Alternative betrachten.

»Es giebt Zeitalter, in denen der vernünftige Mensch und der intuitive Mensch neben einander stehen, der eine in Angst vor der Intuition, der andere in Hohn über die Abstraction; der letztere ebenso unvernünftig, als der erstere unkünstlerisch ist. Beide begehren über das Leben zu herrschen: dieser, indem er durch Vorsorge, Klugheit, Regelmässigkeit den hauptsächlichsten Nöthen zu begegnen weiss, jener indem er als ›überfroher‹ Held jene Nöthe nicht sieht und nur das zum Schein und zur Schönheit verstellte Leben als real nimmt.«

Man kann die Ordnungen des Lebens »zum Schein und zur Schönheit« – zur Feier des Erscheinens – verstellen. Man kann sich aber auch gegen alle Unwägbarkeiten und Einbrüche auf die Basis einer festen Lebensregel stellen. Zu beidem gehört eine gehörige Gleichgültigkeit gegenüber dem Sein, ein Vorbeigehen an vielem, was so und nicht anders ist. Aber dieses Vorbeigehen wäre unmöglich, wenn es nicht in relativer Kenntnis und relativer Schätzung der Gegebenheiten geschähe, die es sein lässt, wie es armselig bliebe, würde es nicht von Zeit zu Zeit die eine *oder* die andere Weise der Abwendung vom Seienden wählen. Jedes wirklich unverstellte Leben verhält sich an den entscheidenden Stellen moderat.

8. Vom Nutzen und Nachteil der evolutionären Ästhetik

In den letzten Jahrzehnten haben sich die Tendenzen eines theoretischen Naturalismus dramatisch verstärkt. »Naturalismus« meint hierbei den Versuch, Phänomene, die traditionellerweise Gegenstand philosophischer und geisteswissenschaftlicher Reflexion sind, mit den begrifflichen und theoretischen Mitteln der Naturwissenschaften zu erklären. Einen besonderen Strang dieser Entwicklung bilden Forschungen, die eine Naturalisierung aus der Perspektive der Evolutionsbiologie vornehmen. Bekannt geworden sind hier insbesondere die evolutionäre Ethik und die evolutionäre Erkenntnistheorie. Neuerdings sind zudem Forschungen im Gang, die das Ziel haben, auch den Bereich der Ästhetik einer naturalistischen Erklärung zuzuführen. Die Fragen der traditionellen Ästhetik sollen so mit den Mitteln einer evolutionsbiologischen Anthropologie empirisch geklärt werden.

Damit begibt sich die evolutionäre Ästhetik in eine deutliche Konkurrenz zur bisherigen philosophischen Ästhetik, die zwar empirisch in der Regel durchaus *informiert* war, aber nicht empirisch *verfahren* ist. Ihr Thema waren nicht die *Regelmäßigkeiten* des geschmacklichen Verhaltens und deren biologische Ursprünge, sondern vielmehr konstitutive *Verständnisse*, die das geschmackliche Verhalten der Menschen leiten oder leiten sollten. Biologisch induzierte Regelmäßigkeiten können *erhoben* werden, Klarheit über die Tragweite von Verständnissen lässt sich hingegen nur *reflexiv* gewinnen. Wenn die Aussichten einer evolutionären Ästhetik beurteilt werden sollen, wie ich es im Folgenden versuchen möchte, muss diese methodische Differenz von Anfang an beachtet werden. Denn es steht immer mit in Frage, wie sich diese beiden Disziplinen zueinander verhalten. Können sie einander ergänzen, können sie einander widerlegen, oder handeln sie am Ende gar von ganz unterschiedlichen Dingen? Um hier zu einer Entscheidung zu kommen, ist es notwendig, die beiden Sparten der Ästhetik zunächst einmal skizzenhaft vorzustellen. Erst dann kann die Frage behandelt werden, in welchem Maß und Sinn eine evolutionäre

Ästhetik die philosophische Ästhetik sei es beerben, sei es befruchten kann.[1]

1. Traditionelle Ästhetik

Die Tradition der Ästhetik reicht zurück bis zur antiken Reflexion über das Schöne und hat sich seither auf so vielfältige Weise entwickelt, dass von einer einheitlichen Theoriebildung nicht die Rede sein kann. Außerdem ist sie in der Neuzeit immer wieder von Kontroversen zwischen »traditionellen« und »modernen« – oder in jüngstvergangenen Tagen »postmodernen« – Strömungen bewegt worden, so dass die Bezeichnung der bisherigen philosophischen Ästhetik als »traditionell« mit großer Vorsicht gelesen werden sollte. Denn sie ist »traditionell« allein in dem pauschalen Sinn, als sie die theoretische Ausrichtung bezeichnet, wie sie sich bis zu dem Auftreten der evolutionären Ästhetik entwickelt hat und in unseren Tagen neben ihr weiter entwickelt.

Diese lange und facettenreiche Tradition werde ich in meinen nachfolgenden Überlegungen nicht kommentieren. Ich werde mich vielmehr mit einer einfachen Operationalisierung des Begriffs der »traditionellen« Ästhetik begnügen – eine Operationalisierung, die allein dem Zweck dient, die unterschiedliche Zugangsweise einer philosophischen im Unterschied zu einer biologischen Ästhetik deutlich zu machen. Diese vorherrschende Zugangsweise der neueren Ästhetik – unter Philosophen heißt das: der Ästhetik seit Baumgarten – lässt sich folgendermaßen bestimmen: Sie ist eine reflexive und normative Erkundung der Begegnung mit Phänomenen, die von den Menschen als schön oder als in anderer Weise ästhetisch wertvoll eingestuft werden. Sie geht den *Erfahrungen* und den *Verständnissen* nach, durch die unterschiedliche Arten von Objekten zu ästhetischen und/oder künstlerischen Gegenständen werden. Sie expliziert die kulturellen Praktiken und Orientierungen, in denen – dieser Deutung zufolge – die Verhältnisse ästhetischer Wahrnehmung bestehen. Zugleich entwickelt diese Ästhetik eine Theorie

---

[1] In meiner Darstellung stütze ich mich auf Material aus einem gemeinsam mit meinem Gießener Kollegen Eckart Voland (unter Mitarbeit von Stefan Deines) bearbeiteten Projekt zur evolutionären Ästhetik, in dem wir die Kontroverse, die ich hier weiterführe, unter anderem ad personam ausgetragen haben.

der evaluativen oder normativen Bedeutung, die unterschiedlichen Formen ästhetischen Verhaltens innerhalb der individuellen und gemeinschaftlichen menschlichen Praxis zukommt und zukommen sollte. Insofern ist die herkömmliche philosophische Ästhetik immer auch eine *Apologie* des ästhetischen Verhaltens und derjenigen Erfahrungs- und Bewusstseinsmöglichkeiten, die ihm jeweils zugeschrieben werden.

Für die Vorbereitung einer erhellenden Konfrontation mit der evolutionären Ästhetik ist es weiterhin sinnvoll, von einer *allgemeinen Ästhetik* auszugehen, die sich nicht allein mit den seit Hegel im Vordergrund stehenden Phänomenen der Kunst befasst, sondern sich auf ästhetische Wahrnehmung in der ganzen Breite ihrer Vollzüge bezieht.[2] Insbesondere eine Ästhetik der Natur wird – im Gegensatz zu einer reinen Kunstphilosophie – in einem solchen Konzept Berücksichtigung finden. Wie die evolutionäre Ästhetik erstrebt sie eine *generelle* Explikation des geschmacklichen Verhaltens, sei dieses nun auf Kunst oder Natur oder auf Objekte und Umgebungen des alltäglichen Lebens bezogen.

Eine Ästhetik dieser Art kann eher phänomenologisch, hermeneutisch oder analytisch orientiert sein. In jedem Fall aber ist sie – prima facie zumindest – *anti-naturalistisch* ausgerichtet, insofern sie die zentrale Bedeutung des Ästhetischen in den Wahrnehmungsepisoden, Erlebnissen, Einstellungen, Interpretationen, mit einem Wort: in jenen *geistigen* Vorgängen fundiert sieht, die nach ihrer Auffassung den Sinn für das Schöne allererst konstituieren. Es sind aber eben diese Vorgänge, die von den naturalistischen Theorien unserer Tage als Epiphänomene demaskiert werden sollen.

2. Evolutionäre Ästhetik

Auch für die evolutionäre Ästhetik gilt, dass der Singular problematisch ist, wenn auch in deutlich geringerem Maße als für die traditionelle Ästhetik. Hier findet sich ebenfalls eine Vielzahl teilweise konkurrierender, teilweise einander ergänzender Theorien. Ihr gemeinsamer Ausgangspunkt lässt sich wie folgt bestimmen: Wie immer man die ästhetische Urteilskraft im Einzelnen definie-

---

2 M. Seel, Eine Ästhetik der Natur, Frankfurt/M. 1991, u. ders., Ästhetik des Erscheinens, München 2000.

ren mag, auf der psychologischen Ebene gründet sie ganz wesentlich auf der Einschätzung von Dingen und Szenarien als »anziehend« bzw. »abstoßend«. Das gilt hier als der Kern der Begriffe des Schönen und des Hässlichen. Das Schöne zieht an, das Hässliche stößt ab, womit sich das ästhetische Urteil als Ausdruck einer psychologischen Präferenz darstellt. Präferenzen werden verstanden als evolvierte psychische Mechanismen, deren adaptive Funktion in der Entscheidungsfindung angesichts von Lebens- und Überlebensproblemen besteht. Indem sie relevante Information verarbeiten, helfen Präferenzen, adaptive Probleme als solche zu erkennen und jeweils vorteilhafte Lösungen zu motivieren.[3]

Die evolutionäre Funktionslogik einiger Präferenzen ist recht ausgiebig erforscht worden. Die Tendenz zur Bevorzugung frischer, aromatischer Speisen, sicherer und ökologisch produktiver Orte, angenehmer Klimate und sexuell attraktiver Partner beispielsweise lässt sich demnach als evolutionär kumuliertes Ergebnis fitnessförderlicher Entscheidungen im Zuge von Nahrungs-, Habitat- bzw. Partnerwahl nachvollziehen und hinsichtlich ihrer Evolution in geradliniger Anwendung darwinistischer Ideen erklären.

Allerdings – und daraus erwächst die eigentliche theoretische Herausforderung an jede evolutionäre Ästhetik – sind es nicht nur die »spontanen« Merkmale der vorfindlichen Lebenswelt, die uns anziehen oder abstoßen, sondern auch die absichtsvoll hergestellten Merkmale einer artifiziellen Kunstwelt. Überall auf der Welt engagieren sich Menschen mit dem, was Dissanayake als *making special* bezeichnet hat.[4] Sie verbrauchen Zeit, Energie und Ressourcen, nur um die Dinge um sich herum anders als gewöhnlich erscheinen zu lassen. Die Ergebnisse des *making special* werden mit den Attributen von schön oder hässlich belegt, weil sie uns anziehen oder abstoßen. Aber welchen biologischen Sinn, so muss die evolutionäre Ästhetik fragen, hat dieses Urteil? Auf den ersten Blick erscheint es wenig plausibel, dass auch in artifiziellen Kontexten ästhetische Präferenzen als Orientierungshilfe in fitnessrelevanten Lebensentscheidungen dienen könnten. Und wenn aber doch, in welchen? Oder hat sich stattdessen die Ästhetik der Kunstwelt von

---

3 D. M. Buss, Evolutionary Psychology. The New Science of the Mind, Boston 1999.
4 Vgl. E. Dissanayake, Homo Aestheticus. Where Art Comes From and Why, New York 1992.

der »Tyrannei der Funktionalität«[5] befreit – und damit zugleich kreative Freiräume für die Tyrannei eigenwilliger »Meme« geschaffen? Auf Fragen wie diese versucht die evolutionäre Ästhetik Antworten zu finden.

Eine erste Differenzierung zwischen verschiedenen Ansätzen evolutionärer Ästhetik ergibt sich, wenn man beachtet, dass sich die Geschichte biologischer Merkmale grundsätzlich auf zwei unterschiedlichen Routen vollzogen haben kann. Entweder ein Merkmal verdankt seine evolutionäre Persistenz einem spezifischen Selektionsvorteil – in diesem Fall handelt es sich um eine Angepasstheit – oder aber das Merkmal wird als nichtfunktionales Nebenprodukt einer anderen funktionalen Angepasstheit mit durch die evolutionären Zeiträume geschleppt. Dass Knochen weiß sind, ist keine Angepasstheit, weil die Farbe der Knochen niemals selektiert wurde. Stattdessen sind Kalziumeinlagerungen ins Knochengewebe biologisch funktional und angepasst, und Kalzium ist nun mal weiß. Die Knochenfarbe ist deshalb ein »zufälliges« Nebenprodukt eines aus anderen Gründen adaptiven Zusammenhangs. Bezogen auf ein evolutionäres Verständnis ästhetischer Präferenzen stellt sich entsprechend die höchst bedeutsame Frage, ob die in der Welt absichtsvoll hergestellter Artefakte nun funktionslose Nebenprodukte oder biologisch funktionale Angepasstheiten sind. Dabei gibt es theoretisch zwei Möglichkeiten, in denen das ästhetische Urteilsvermögen als nichtselektiertes und deshalb funktionsloses Nebenprodukt auftreten könnte. In der »harten« Version ist ein Nebenprodukt in jeder Hinsicht nutzlos. Seine Existenz ist so überflüssig, zugleich aber auch so zwangsläufig wie die des Bauchnabels. Man könnte ohne ihn leben, aber es geht ganz einfach nicht. Entsprechend dieser Sichtweise könnte man beispielsweise vermuten, dass unsere Hirnphysiologie so viel lebenswichtige Betriebsarbeit leistet, dass ästhetische Kognitionen gleichsam als unvermeidbare Nebenprodukte zufällig mit abfallen, zwar zu nichts nutze, aber eben auch nicht schädlich, jedenfalls nicht so schädlich, dass es sich für den Organismus lohnen würde, sie aufwendig zu verhindern. In der »weichen« Version dagegen entstehen Nebenprodukte durch einen Transfer von an sich funktionalen Merkmalen in andere Wirkzusammenhänge; sie treten auf, wenn adaptive Merkmale außerhalb

---

5 C. J. Lumsden, Aesthetics, in: M. Maxwell (Hg.), The Sociobiological Imagination, Albany 1991, 253-268.

ihres funktionalen Entstehungskontexts in Lebensbereichen sichtbar werden, an die sie ursprünglich nicht angepasst sind.

»Weiche« Auffassungen von der Ästhetik als biologisches Nebenprodukt haben explizit oder implizit in der evolutionären Ästhetik bisher die dominierende Rolle gespielt. Eine ihrer Grundannahmen ist vielfach formuliert und untersucht: Ästhetisches Empfinden ist an die Wahrnehmung besonders konfigurierter Reizmuster gebunden, die dem Menschen die Anpassung an die ihn umgebende Natur erleichtert.[6] Die Alternativen, ästhetische Urteilskraft entweder als Adaption oder funktionsloses Nebenprodukt zu begreifen, erschöpfen aber das Feld der theoretischen Möglichkeiten nicht. So lässt sich z. B. der Fall denken, dass an sich funktionslose Nebenprodukte von bereits existierenden psychologischen Mechanismen kooptiert werden und damit in unerwarteten Kontexten eine funktionale Rolle zu spielen beginnen. Im Anschluss an eine Arbeit von Gould und Lewontin werden diese Merkmale, also ursprünglich funktionslose Nebenprodukte, die später einen Funktionsgewinn erfahren haben, als »spandrels« bezeichnet. Spandrels gehören zu den Exaptationen, also zu den Merkmalen, die aus Gründen funktional sind, derentwegen sie aber nicht entstanden sind.[7]

Einen bedenkenswerten »weichen« Vorschlag zu einem adaptiven Verständnis ästhetischer Urteilskraft hat Eckart Voland entwickelt.[8] Er geht der Frage nach, ob nicht die Funktionslogik des

6 Z. B. N. E. Aiken, Power Through Art, in: V. S. E. Falger/P. Meyer/J. M. G. van der Dennen (Hg.), Sociobiology and Politics, Stanford/London 1998, 215-228; P. Baukus, Biologie der ästhetischen Wahrnehmung, in: R. Riedl/M. Delpos (Hg.), Die Evolutionäre Erkenntnistheorie im Spiegel der Wissenschaften, Wien 1996, 239-261; I. Eibl-Eibesfeldt, The Biological Foundation of Aesthetics, in: I. Rentschler/B. Herzberger/D. Epstein (Hg.), Beauty and the Brain. Biological Aspects of Aesthetics, Basel 1988, 29-68; S. Pinker, How the Mind Works, New York 1999.

7 S. J. Gould/R. C. Lewontin, The Spandrels of San Marco and the Panglossian Paradigm. A Critique of the Adaptationist Programme, in: Proceedings of the Royal Society London. Series B, Biological Sciences, 205/1979, 581-598; S. J. Gould, Exaptation. A Crucial Tool for an Evolutionary Psychology, in: Journal of Social Issues, 47/1991, 43-65; D. M. Buss/M. G. Haselton/T. K. Shackelford/A. L. Bleske/J. C. Wakefield, Adaptations, Exaptations, and Spandrels, in: American Psychologist, 53/1998, 533-548.

8 E. Voland, Aesthetic Preferences in the World of Artifacts – Adaptions for the Evaluation of Honest Signals?, in: ders./K. Grammer (Hg.), Evolutionary Aesthetics, Berlin/Heidelberg 2003, 239-260.

sogenannten »Handicap-Prinzips«[9] möglicherweise auch die Evolution artifizieller Ästhetik erklären könnte. Vielleicht sind adaptive Interpretationen der artifiziellen Ästhetik bisher deshalb so unbefriedigend, weil sie nach Nützlichkeit gesucht haben, wo es keine gibt, und dabei zugleich den Signalcharakter des Schönen nicht angemessen beachtet haben. Könnte es sein, so lautet Volands Frage, dass das artifiziell Schöne – genauso wie das sexuell Schöne – nicht der Nützlichkeitsevolution unterliegt, sondern der Signalevolution? Dann läge in dem Schönen nicht selbst ein Überlebensvorteil, es wäre vielmehr die *Anzeige* eines Vorteils, der anders nicht – oder nicht so gut – präsentiert werden kann.

Wieso es biologisch zweckrational sein kann, mit aufwendigen, aber für sich genommen nutzlosen Signalen zu kommunizieren, ist eine der Fragen, wie sie eine von dem erwähnten »Handicap-Prinzip« inspirierte Perspektive der Ästhetik zu beantworten sucht. Das Prinzip besagt in kurzen Worten, dass es evolutionär von Vorteil sein kann, Leistungen zu produzieren, die, was die Kosten für diese Leistungen betrifft, außerordentlich nachteilig sind. Diese Leistungen – wie der Pfauenschwanz oder handgemachte Spitzendecken – haben für den Produzenten ihren Nutzen darin, dass sie von den anderen als sichere Indikatoren einer besonderen Leistungs*fähigkeit* verstanden werden – insbesondere natürlich der Fähigkeit zur Reproduktion. Wenn diese Theorie einigen Erklärungswert haben soll, wenn also das, was wir als schön betrachten, als Ergebnis der Signalevolution und unsere Präferenzen für das Schöne als Ergebnis der Nützlichkeitsevolution verstanden werden sollen, müssen drei Dinge zutreffen: Das Schöne muss als ehrliches Signal teuer sein; das Schöne muss als ehrliches Signal für die Qualität des Signalgebers um die Aufmerksamkeit von bestimmten Adressaten buhlen; und es muss nützlich für diese Adressaten sein, den Signalgeber über das Schöne evaluieren zu können.

---

9 A. Zahavi / A. Zahavi, The Handicap Principle. A Missing Piece of Darwin's Puzzle, New York / Oxford 1997.

3. Die Kontroverse

Ich breche meinen Überblick über den Forschungsstand an dieser Stelle ab und komme zu einem ersten Resümee darüber, wie sich traditionelle und evolutionäre Ästhetik zueinander verhalten. Die leicht erkennbare Provokation, die die Letztere für die Erstere bereithält, liegt in der These, dass alles Schöne nur des Nützlichen Anfang sei. Zwar gibt es einen schwachen Theoriestrang, der den ästhetischen Sinn zu einem reinen Nebenprodukt der Evolution erklärt und ihm insofern gerade keinerlei Nutzen zuspricht; aber das dürfte wohl heißen, dass die Biologie hier wider Willen ihre Unzuständigkeit bekundet. Dort hingegen, wo echte Erklärungen angeboten werden, erweist sich das Schöne aus biologischer Sicht stets als eine Variante des Nützlichen. Dieser Nutzen kann ein *direkter* Nutzen sein, etwa wenn Schönheit als eine Erzeugung von perzeptiver, interaktiver oder symbolischer Ordnung und damit als ein Beitrag zur Steigerung von individueller Fitness verstanden wird. Er kann aber auch als ein *indirekter* Nutzen aufgefasst werden, wie in den Varianten einer Indikator-Theorie des Schönen, in der dieses nicht als ein direkter Beitrag, sondern als ein Anzeichen von biologischer Fitness aufgefasst wird. Im einen Fall *ist* das Schöne eine Form der Fitness, im anderen Fall *zeigt* es Formen der reproduktiven Fitness *an*. Ich halte diese Indikator-Theorie derzeit für die eindeutig stärkste Variante einer biologischen Ästhetik, da es ihr gelingt, etwas von der Eigenart ästhetischer Phänomene verständlich zu machen. Diese Phänomene sind zwar, so lautet die Auskunft, für sich genommen unnütz, aber doch ein sehr nützlicher und vor allem sozial unverzichtbarer Hinweis auf das, was eigentlich nützlich ist.

Bevor ich vor allem diese Spielart kritisiere, möchte ich zwei Aspekte der evolutionären Ästhetik nennen, die ich *nicht* kritisieren werde, da sie eine echte Bereicherung der bisherigen Ästhetik darstellen. Bei diesen letzten Vorbemerkungen geht es mir zugleich darum, den *Sinn* der Kontroverse zwischen hergebrachter und biologischer Ästhetik zu präzisieren.

Von Vorteil ist zunächst der weite Begriff des Ästhetischen, den die evolutionäre Ästhetik zugrunde legt. Ihr Thema sind die Arten der (positiven oder negativen) *Attraktion*, die ein sinnlich Wahrgenommenes (durchschnittlich) für die Wahrnehmenden hat. Insbesondere untersucht sie die genetischen *Voraussetzungen* (die »biologischen Programme«) der Attraktionen, die ein sinnlich Wahrgenommenes (durchschnittlich) für die Wahrnehmenden hat. Auf diese Weise widmet sie sich den *Ursachen* der Attraktion, die ein sinnlich Wahrgenommenes für die Wahrnehmenden (durchschnittlich) hat. Das wiederholte Prädikat »durchschnittlich« in meiner Charakterisierung weist nochmals auf den empirischen Charakter dieser Untersuchungen hin: Ermittelt wird hier, was *generell* (und das bedeutet für die meisten Vertreter: was *universal*) als anziehend oder abstoßend wirkt.

Es dürfte schwer zu bestreiten sein, dass es dergleichen gibt. Jedoch folgt hieraus allein nichts über die Allkompetenz der biologischen Ästhetik. Beispielsweise behandelt sie nicht die Frage nach dem *Grund* der Attraktion, die ein sinnlich Wahrgenommenes (durchschnittlich) für die Wahrnehmenden hat. Auch das wäre eine empirische Frage, aber es wäre die Frage einer empirisch arbeitenden Soziologie des Geschmacks, die das ermittelt, was die Leute meinen und glauben, wenn sie ästhetische Urteile fällen. Die Frage der hergebrachten Ästhetik schließlich ist nochmals eine andere. Sie ergibt sich, wenn wir das Prädikat »durchschnittlich« ganz streichen. Denn sie erkundet die Motive und Gründe, die es für die Attraktion durch Formen des sinnlich Wahrnehmbaren *gibt*; denn sie ist eine im Kern normative Theorie des *kulturellen Sinns* ästhetischer Praktiken. Die Kontroverse zwischen beiden Arten der Ästhetik, mit anderen Worten, betrifft nicht so sehr die *Reichweite* ihrer Bestimmung ästhetischer Phänomene, sondern die *Art* dieser Bestimmung, insbesondere die Frage, wo die *grundlegenden* Antworten auf die Frage nach der Natur des ästhetischen Verhaltens liegen.

Darauf komme ich gleich zurück. Zuvor möchte ich einen weiteren Punkt erwähnen, an dem ein produktives Verhältnis der beiden Ästhetiken möglich ist. In allen ihren Varianten ist die evolutionäre Ästhetik eine Theorie entwicklungsgeschichtlicher *Prägungen*, die im menschlichen ästhetischen Verhalten weiterhin *wirksam* sind. Dass es diese Prägungen und ihr Weiterwirken gibt, dürfte ebenfalls unbestreitbar sein. Das »weiterhin wirksam« wirft aber zugleich die Frage auf, *inwieweit* diese Prägungen in der Gegenwart noch wirksam sind. Es fragt sich erstens, ob sie das gegenwärtige ästhetische Verhalten (etwa bei der Partnerwahl) *durchgehend* bestimmen, und zweitens, ob die stammesgeschichtlichen Prägungen die Perspektive des ästhetischen Verhaltens ausreichend beschreiben (beispielsweise eines abstinenten oder nicht-reproduktiven sexuellen Verhaltens). Der positive Beitrag, den die evolutionäre Ästhetik zu der Erforschung unserer ästhetischen Präferenzen unzweifelhaft leistet, enthält somit zugleich eine Provokation, wo immer der Anspruch einer *umfassenden* Analyse der *Grundlagen* des ästhetischen Verhaltens erhoben wird.

Genau dies aber, und damit kommen wir zu einem echten Konflikt, *ist* der Anspruch der meisten mir bekannten Arbeiten zur evolutionären Ästhetik. Sie möchten die bisherige Ästhetik nicht lediglich ergänzen, sie möchten sie vom Kopf auf die Füße, nämlich erstmals auf eine wissenschaftliche Grundlage stellen. Dabei verfolgen sie weitgehend ein reduktionistisches Programm, das darauf zielt, alle Vorkommnisse ästhetischen Reagierens und Produzierens als Fälle des Strebens nach reproduktiver Fitness deuten zu können. Es hat allerdings wenig Sinn, an dieser Stelle in guter geisteswissenschaftlicher Gepflogenheit die Hände über den Kopf zu schlagen. Eine solche affektive Verdammung wäre selber bloß eine ästhetische Reaktion; was von Interesse sein sollte, sind Argumente. Wenn nämlich die von der evolutionären Ästhetik favorisierte Erklärungsstrategie erfolgreich wäre, so wäre gegen ihren Reduktionismus überhaupt nichts einzuwenden. Wir hätten vielmehr eine sehr einfache Erklärung dafür, warum und wie ästhetische Reaktionen unser Verhalten in so vielen Bereichen steuern oder steuern helfen. Die Frage allerdings ist, ob die evolutionäre Ästhetik *von ihrem Ansatz her* in der Lage ist, eine auch nur annähernd vollständige Explikation der Grundlagen ästhetischer Praktiken zu geben. Hier habe ich Zweifel, die ich im Folgenden in sieben Thesen darlegen möchte.

4. Thesen

I. Die evolutionäre Ästhetik gibt auf ihre Leitfrage stets eine Antwort des folgenden Typus: Die ästhetische Attraktion, sagt sie, ist Ausdruck und Steigerung entgegenkommender Lebensumstände oder aber Symptom, Signal oder Indikator überdurchschnittlicher Lebenskräfte. Das bedeutet, Schönheit steht hier durchweg für *an-*

derweitige Bekömmlichkeit. (Dies erinnert an Pierre Bourdieus Lehre vom symbolischen Kapital: Ästhetische Differenzen bedeuten nicht selbst etwas, sondern nur etwas im Hinblick auf den sozialen Status derer, die sie herstellen oder erkennen.[10]) Dagegen sagt die traditionelle Ästhetik (im Großen und Ganzen jedenfalls): Die ästhetische Attraktion ist eine *genuine* Attraktion, durch die eine genuine Situation *entsteht*. Sie mag *immer auch* ein Indikator für etwas Drittes sein (für soziale, ökonomische, sexuelle oder sonstige Potenzen), aber sie geht in dieser Anzeige nicht auf. Die in der Geschichte der Philosophie gegebenen Antworten darauf, was das ästhetische Verhalten statt eines bloßen Stattdessen ist, sind natürlich Legion; der Einfachheit halber greife ich hier auf meine eigene Antwort zurück. Das ästhetische Verhalten, das wäre meine Antwort, ist von einem Sinn für die vorübergehende Gegenwart des menschlichen Lebens geleitet. Es *eröffnet* Lebensmöglichkeiten, die ansonsten nicht da wären; es gibt uns die Möglichkeit, uns Zeit für den Augenblick zu nehmen.[11] Wo das passiert und wie das passiert, ist aber zugleich stets in vielen weiteren Hinsichten aufschlussreich. Gegen einen biologischen und soziologischen Reduktionismus gilt daher: Das ästhetische Verhalten ist *deshalb* immer auch eine Anzeige weitergehender Befindlichkeiten, weil *es selbst* eine einzigartige Befindlichkeit darstellt. Oder etwas bombastischer: Das ästhetische Verhältnis ist ein Weltverhältnis eigener Art, in dem sich – da es *eine* Welt ist, zu der die Menschen unterschiedliche Stellungen ausbilden – auch die anderen Weltverhältnisse vielfältig spiegeln.

II. Die evolutionäre Ästhetik kann das ästhetische Verhalten nicht ausreichend bestimmen, weil und insofern sie das Schöne als einen Fall des Nützlichen sieht. Dieser Einwand ist gar nicht so leicht vorzubringen. Denn in einem trivialen Sinn *ist* das Schöne eine Spezies des Nützlichen. Wenn das Schöne für das Individuum eine positive Erfahrung darstellt, also für es etwas Lohnendes oder Gutes ist, dann ist es in einem großzügigen Sinn des Wortes »nützlich«; schließlich, wie man so sagt, »bringt ihm« diese Erfahrung etwas. So lax ist es in der biologischen Ästhetik aber nicht gemeint. Denn hier ist es etwas ganz Bestimmtes, was ästhetische Attraktion den Individuen

---

10 P. Bourdieu, Die feinen Unterschiede. Kritik der gesellschaftlichen Urteilskraft, Frankfurt/M. 1987.
11 Vgl. bes. die Texte 1, 3, 4 u. 6 in diesem Band.

bringt: eine Steigerung ihrer reproduktiven Fitness. Schönheit ist ein Wegweiser oder Vehikel auf den »avenues to high fitness«, wie es Randy Thornhill einmal plastisch ausgedrückt hat.[12] Der Wert des Schönen ist demnach wesentlich ein *instrumenteller* Wert. Das ist das genaue Gegenteil dessen, was die Ästhetik von Baumgarten bis Adorno vertreten hat. Man muss nicht Kants Rede von der Interesselosigkeit des Schönen unterschreiben, um der Meinung zu sein, dass sich die Orientierung am Schönen diesseits und jenseits der Kunst wesentlich in *selbstzweckhaften* Tätigkeiten vollzieht. Solche Tätigkeiten aber kann es im Rahmen einer darwinistischen Biologie gar nicht geben. Hierin aber, so möchte ich behaupten, zeigt sich auch die Unzuständigkeit der Biologie in Sachen einer über protoästhetische Erkundungen hinausgehenden Ästhetik, die der *kulturellen* ästhetischen Praxis gerecht zu werden versucht. Denn dies ist eine Praxis, deren Sinn es ist, eine nicht primär zielorientierte, sondern primär vollzugsorientierte Aufmerksamkeit zu gewinnen, die sich in der Anschauung von Gegenwart erfüllt.

III. Ich möchte diesen Einwand am Beispiel der oben erwähnten Indikator-Theorie präzisieren. Ich will damit zugleich verdeutlichen, dass mein Einwand nicht auf die Verkehrtheit, sondern auf die – allerdings notorische – Einseitigkeit der evolutionären Ästhetik zielt. Im Rahmen der Indikator-Theorie stellt es sich so dar, dass etwas schön ist, weil es sinnlich spürbar und zugleich glaubhaft als nützlich angezeigt wird. Etwas ist demnach schön, weil es – und zwar sinnenfällig – gut ist. Das dürfte in der Tat eine wichtige Dimension unserer Orientierung am Schönen sein; aber es ist nur eine *Dimension*. Denn die Ästhetik wird bis zur Unkenntlichkeit halbiert, wenn nicht auch die umgekehrte Beziehungsrichtung in Betracht genommen wird. Etwas kann gut sein, *weil es schön ist*. Für diese Relation hat die biologische Ästhetik überhaupt keinen Sinn. Man denke an Romane, Wüsten, Zwölftonmusik, aparte Frauen, ramponierte Männer oder labyrinthische Städte: Dass sich ein Verweilen bei diesen Gelegenheiten und Gegenübern lohnt und ihnen folglich Qualitäten innewohnen, wird möglicherweise erst durch dieses auf ihr komplexes Erscheinen konzentrierte anschauende *Verweilen* deutlich – und also durch ein ästhetisches Bewusstsein, das hier

12 R. Thornhill, Darwinian Aesthetics Informs Traditional Aesthetics, in: Voland / Grammer (Hg.), Evolutionary Aesthetics, a. a. O., 9.

nicht auf einen objektiven Überlebensvorteil zurückgeführt werden kann. Die ästhetische Orientierung erweist sich hier als ein Sinn für Gegenwarten des Lebens, die nicht deshalb gut sind, weil sie dem ursprünglichen Habitat des Homo sapiens gleichen, sondern weil historisch lebende Individuen und Kulturen hier aussichtsreiche Gelegenheiten entdecken, die ganz anders sein können als die Umgebung, in der die Menschen sich in den Ursprüngen zurechtfinden mussten. Der ästhetische Sinn ist insofern nicht lediglich ein Sinn für das vital Zuträgliche, sondern ebenso ein Sinn für bis dahin *unmögliche* – und vielleicht, man denke nur an die Zwölftonmusik, bis dahin unzuträgliche, wenn nicht gar unerträgliche – Reaktions- und Lebensweisen, die dem genetischen Programm keineswegs eingeschrieben sind.

Es dürfte verkehrt sein, das Gute, für das das Schöne häufig einen Indikator darstellt, generell als etwas zu verstehen, das unabhängig von diesem Schönen identifiziert werden kann. Denn in vielen Bereichen – und erst recht im Bereich der Kunst – ist das Schöne ein konstitutives Gut. Neben all dem, wofür ästhetische Fähigkeit und Fertigkeit funktional sind, schafft die Aufmerksamkeit für ästhetische Vorzüge Situationen, in denen diese Aufmerksamkeit um ihrer selbst willen ausgeübt wird. Neben seinem *extrinsischen* hat Schönheit einen *intrinsischen* Wert. Dieser liegt in einer Entfixierung und Entfunktionalisierung der Lebensvollzüge, wodurch die Individuen, wie schon gesagt, einen zur Anschaulichkeit gesteigerten Sinn für die Gegenwart ihres Lebens gewinnen.

IV. Das Problem allerdings ist, dass eine evolutionäre Ästhetik die Existenz präsenzorientierter Lebensvollzüge bestreiten muss, wenn sie sich selbst treu bleiben will. Hieran scheint kein Weg vorbeizuführen. Daher müsste sie zu ihrer Einseitigkeit stehen und anerkennen, dass sie einen durchaus begrenzten Blick auf das Feld des Ästhetischen wirft. Sie müsste sagen: Soweit wir es *biologisch* beschreiben können, ist Schönheit funktional, aber es mag andere Beschreibungen geben, denen ein eigenes Recht zukommt. Denn warum sollte das Schöne nicht instrumentell *und* nichtinstrumentell sein können? Wenn Handlungen instrumentell, selbstzweckhaft oder beides zugleich sein können – warum sollte das nicht auch für ästhetische Aktionen und Reaktionen gelten? Dies würde bedeuten, dass indikator- und präsenztheoretische Deutungen in der

Ästhetik beide im Recht sein könnten; sie können es aber nur sein, solange sie nicht ein *alleiniges* Recht für sich beanspruchen. Die philosophische Ästhetik jedenfalls müsste hiermit keine Schwierigkeit haben: Ihrer Erläuterung des grundsätzlichen Sinns und Werts, den ästhetische Praktiken für das Selbstverständnis der Menschen haben, steht die Annahme, dass hier noch weitere Faktoren wirksam sind, in keiner Weise entgegen.

V. Die evolutionäre Ästhetik ist eine Theorie entwicklungsgeschichtlicher *Prägungen*, die in unserem ästhetischen Verhalten heute wie gestern *wirksam* sind; aber daraus folgt nicht, dass sie heute *genauso wie gestern* wirksam wären. In vielen Bereichen, angefangen beim sexuellen Verhalten, scheint dies nicht der Fall zu sein. Die genetischen Prägungen oder Programme, heißt das, lassen kulturellen Lebewesen reichhaltige Spielräume der Lebensgestaltung offen, die sie in unvorhersehbarer und nicht festgelegter Weise ausfüllen können – unter anderem in der Weise, dass sie Energie auf Praktiken verwenden, die *ohne weiteres* gut für sie sind. Der genetische Determinismus, der die Arbeitsgrundlage einer darwinistischen Biologie darstellt, determiniert weit weniger, als es für einen strikten, mit Handlungs- und Überlegungsfreiheit inkompatiblen philosophischen Determinismus notwendig wäre. Dieser biologische Determinismus stellt daher als solcher keineswegs die Arbeitsgrundlage der Humanwissenschaften insgesamt bereit, wie es eine naturalistische Interpretation gerne hätte. Denn wir sind durch unsere biologischen Prägungen in unserem Handeln gewiss vielfach bedingt und vielfach eingeschränkt, jedoch nicht bis in alle unsere Entscheidungen hinein determiniert. Biologisch und sonstwie *bedingt* zu sein und im Denken und Handeln durchgehend *determiniert* zu sein, ist nun einmal nicht dasselbe.[13]

VI. Wie zu Anfang bereits erwähnt, fragt die traditionelle Ästhetik nach *Motiven* oder *Gründen*, die die ästhetische Wahrnehmung leiten. Die evolutionäre Ästhetik hingegen fragt nach den – gene-

13 M. Seel, Sich bestimmen lassen. Ein revidierter Begriff der Selbstbestimmung, in: ders., Sich bestimmen lassen. Studien zur theoretischen und praktischen Philosophie, Frankfurt/M. 2002, 279-298, sowie ders., Teilnahme und Beobachtung. Zu den Grundlagen der Freiheit, in: ders., Paradoxien der Erfüllung. Philosophische Essays, Frankfurt/M. 2006, 130-156.

tischen – *Ursachen* für die ästhetischen Dispositionen von Tieren und Menschen. Das ist eine durchaus andere Frage. Die eine lässt sich nicht ohne weiteres durch die andere ersetzen. Das bedeutet, dass sich auch die Antworten auf die eine nicht ohne weiteres als Antworten (oder als Kritik an Antworten) auf die andere verstehen lassen. Das bedeutet zugleich, dass die evolutionäre Ästhetik *erklären* muss, inwiefern sie ihre Antworten in einer direkten Konkurrenz zu den Thesen der traditionellen Ästhetik sieht. Eine solche Erklärung steht bislang aus. Viele Vertreter der evolutionären Ästhetik nehmen naiverweise an, dass ihre Beiträge eine wissenschaftliche Klarstellung des bisher bloß spekulativen philosophischen Nachdenkens darstellen. Dabei übersehen sie, dass eine philosophische *Selbstverständigung* und eine biologische *Datenerhebung* ganz unterschiedliche Diskursformen sind, die einander zwar wohl informieren, einander aber weder ersetzen noch direkt optimieren können.

VII. Diesen Kommentar pflegen die Biowissenschaftler mit der Unterscheidung zwischen einer »ultimaten« und einer »proximaten« Ebene von Verhaltenserklärungen zu kontern. Auf der proximaten Ebene seien jene Verständnisse, Motive und Gründe für das Verhalten der Menschen leitend, die von den herkömmlichen Humanwissenschaften so kunstvoll expliziert, recherchiert und auch produziert worden seien. Auf der »ultimaten« Ebene hingegen seien tiefsitzende Mechanismen am Werk, die hinter dem Rücken der menschlichen und humanwissenschaftlichen Diskurse immer schon wirksam und die letztlich für den Kurs des menschlichen Verhaltens ausschlaggebend seien. – Bei dieser Erwiderung tritt freilich eine Schwierigkeit auf, die schon der evolutionären Erkenntnistheorie und Ethik zu schaffen gemacht hat. Denn wie ihr verlängerter Arm, die Biophilosophie, operiert auch die Biologie selber ausschließlich auf der »proximaten« Ebene der Sammlung und Diskussion von Hypothesen über das menschliche Verhalten. Diese von den Naturalisten als oberflächlich markierte »proximate« Ebene ist darum *konstitutiv* für alle Formen wissenschaftlicher Praxis. Es kann also nicht wahr sein, dass allein die Biologie uns sagen kann, wie es mit dem Interesse am Schönen letztlich steht; denn dies könnte nur wahr sein, wenn auch die wissenschaftliche Suche nach Wahrheit selber nichts weiter als ein Mittel zur Steigerung der eigenen Fitness wäre – wenn also auch *Wahrheit* nur ein kulturelles Oberflächenphänomen wäre. Die biologische Ästhetik, heißt das, kann ihren gegenüber der traditionellen Ästhetik reklamierten überlegenen Erkenntnisanspruch nur um den Preis eines unfreiwilligen Selbstdementis vertreten. Eine vernünftige Konsequenz hieraus wäre die Ersetzung von Konfrontation durch Arbeitsteilung: Traditionelle und evolutionäre Ästhetik könnten sich im Bewusstsein der Beschränktheit ihrer Perspektiven im Blick behalten und auf diese Weise ihre wechselseitigen Einsichten teilen.

5. Fazit

Mein Fazit lautet daher, dass wir uns vor einem dogmatischen Biologismus in der Ästhetik ebenso hüten sollten wie vor jeder anderen dogmatischen Metaphysik, die immer schon weiß, wie es letztlich mit uns steht. Der forcierte Naturalismus der evolutionären Ästhetik enthält die Gefahr, ihrem dezidierten Empirismus im Weg zu stehen: Er macht blind für den kulturellen Spielraum des ästhetischen Verhaltens, der von den Imperativen der Reproduktion nicht insgesamt beherrscht wird. Die Nachteile der evolutionären Ästhetik sind daher erheblich, soweit sie sich an die Stelle der bisherigen Ästhetik zu setzen versucht. Ihr Nutzen ist dagegen groß, wenn sie elementare universale Konfigurationen des ästhetischen Verhaltens sichtbar macht, über die wir noch viel zu wenig wissen.

9. Intensivierung und Distanzierung. Stichworte zur ästhetischen Bildung

Wer von ästhetischer Erziehung sprechen möchte, muss von ästhetischer Bildung sprechen – von demjenigen, was durch ästhetische Erziehung gefördert werden soll. Wer von ästhetischer Bildung spricht, muss sich vor einseitigen Festlegungen hüten. Eine Diskussion über ästhetische Bildung sollte die Formen und Gegenstände ästhetischer Wahrnehmung und Herstellung *insgesamt* im Auge haben – also nicht nur das spezielle Phänomen der Kunst. »Das Ästhetische« reicht viel weiter als die Kunst. Es umfasst alle Bereiche einer Wahrnehmung, die sich um ihrer selbst willen der sinnlichen, affektiven und imaginativen Prägnanz ihrer Gegenstände widmet (einschließlich der vielfachen Herstellungsformen, die auf Objekte solcher Wahrnehmung zielen). Das Ästhetische fängt beim Essen und Trinken an, durchzieht viele andere Bereiche der privaten Lebensgestaltung, nahezu alle Bereiche der marktorientierten Produktion und reicht schließlich bis zur schönen und nicht nur schönen Natur und Kunst.

Ein einfaches Kriterium

Damit ist schon ein einfaches Kriterium gefunden. Ästhetische Bildung zeigt sich darin, nicht bloß für einen der ästhetischen Bereiche empfänglich zu sein. Den Bildungsbürger, für den das Ästhetische erst bei der Kunst anfängt, kann man getrost ungebildet nennen. Er hat nämlich den ästhetischen Status der Kunst, der alten wie der neuen, überhaupt nicht verstanden. Die Kunst nämlich ist eine Sonderform des Ästhetischen, was sich zumal dann beweist, wenn sie sich – wie die bildende Kunst der sechziger Jahre – der Ästhetik des Alltags täuschend anzugleichen sucht. Gerade hier zeigt sich der kategoriale Unterschied zwischen den Stilisierungen des Alltags und dem Stil (man kann auch sagen: der Strenge) der Kunst. Sosehr die Kunst oft ein Teil alltäglicher Stilisierungen ist und, je erfolgreicher sie ist, desto sicherer zu einer epochalen Form dieser Stilisierung wird, sie gewinnt diesen Status aufgrund eines Bruchs mit allen Formen der Gestaltung des Lebens. Das Kunstwerk trägt zur ästhetischen Gestaltung der Wirklichkeit nur bei, indem es den Betrachter in die Möglichkeit einer Distanz zur Wirklichkeit rückt. Es stellt komplexe Ansichten der Wirklichkeit zur Schau, bringt komplexe Reaktionen auf Wirklichkeit zu Gehör oder zur Sprache. In diesem imaginativen Grundzug ist das Kunstwerk nicht *von* der Welt, es ist *über* die Welt; es gewährt einen Blick auf die Formen, in denen wir die Welt ansehen und in denen wir Welt haben.

Wenn allgemein vom Ästhetischen die Rede ist, muss daher von mindestens zwei Formen ästhetischer Herstellung und Wahrnehmung die Rede sein. Die eine dieser Formen besteht in der Bildung eines Sinns für die anschauliche Gestaltung bzw. Stilisierung der Lebenswirklichkeit des Menschen. Die Objekte dieses ästhetischen Sinns sind Ausdrucksträger innerhalb der lebensweltlichen Sphäre, sie sind Komponenten der Einrichtung alltäglichen Lebens; man denke exemplarisch an den Bereich der Mode. Die andere dieser Formen besteht in der Bildung eines Sinns für die anschauende Konfrontation mit (der Fragilität von) Sinnhorizonten, die das pragmatische Bewusstsein tragen. Die Objekte dieses ästhetischen Sinns sind Konstruktionen, die den Orientierungszusammenhang der lebensweltlichen Wirklichkeit mehr oder weniger radikal überschreiten; man denke exemplarisch an den Bereich der Kunst.

Ausbildung und Herausbildung

Man kann auch von zwei Arten ästhetischen Bewusstseins sprechen – einerseits von einem Bewusstsein der ästhetischen Korrespondenzen, die die Lebenswirklichkeit des Menschen durchziehen, andererseits von einem Bewusstsein der Möglichkeit, sich mit den weltbildenden Sichtweisen des Menschen zu konfrontieren. Wenn ästhetische Erziehung ihr Ziel darin hat, ästhetisches Bewusstsein zu stärken, gehört es zu ihren Aufgaben, einen Sinn sowohl für die interne Stilisierung als auch für die externe Imagination des menschlichen Daseins zu wecken.

Unser einfaches Kriterium ästhetischer Bildung lässt sich jetzt auch wie folgt formulieren: Ästhetische Bildung hat, wem sowohl an der sinnenfälligen *Ausbildung* gegebener Lebensweisen als auch an der sinnenfälligen *Herausbildung* aus ihnen liegt. Es ist eine Verkürzung der ästhetischen Praxis (in *beiden* der unterschiedenen Dimensionen), wenn nur eine dieser beiden Möglichkeiten wahrgenommen wird. Ebenso ist es eine Verkürzung in der *Theorie* dieser Praxis, wenn eine dieser beiden Möglichkeiten sei es auf die andere zurückgeführt, sei es ihr gegenüber abgewertet werden soll. (Der engstirnige Bildungsbürger und der verbohrte Kunstbanause sind Beispiele für die beiden Formen der praktischen Verkürzung; Bourdieu und Adorno könnten für die beiden Formen der theoretischen Verkürzung stehen.)

Mit dieser Zweiheit seiner Grundeinstellungen ist dem entwickelten ästhetischen Bewusstsein eine Spannung eingeschrieben, die für seine Stellung innerhalb moderner Kulturen zentral ist. Ästhetische Praxis nämlich, so zeigt sich, kann beides sein: Form der *Intensivierung* der Teilnahme an jeweiligen Lebensformen, zugleich Form der *Distanzierung* von eben dieser Teilnahme. Und wenn unser Kriterium triftig ist, *soll* sie auch beides sein. Ästhetische Erziehung wäre demnach der Versuch, die Fähigkeit sowohl zur anschaulichen Identifikation mit Aspekten der gelebten Wirklichkeit als auch der sinnenfälligen Durchbrechung ihrer Deutungs- und Handlungsmuster zu stärken.

Doppelte Relativität

Aus der spannungsreichen Koexistenz der beiden beschriebenen ästhetischen Einstellungen entspringt ein Bewusstsein einer Relativität sowohl der korresponsiven Geschmacksbildung als auch der imaginativen Distanzbildung.

Relativ ist die Geschmacksbildung, weil der ganze Sinn der existentiellen Stilisierung darin liegt, eine Wahl zu treffen und im ästhetischen Medium eine Anschauung dieser Wahl zu haben, die auch ganz anders hätte ausfallen können. Ästhetische Korrespondenz ist Korrespondenz mit einem in der ästhetischen Anschauung konkretisierten, manchmal in der ästhetischen Stilisierung erst eröffneten (individuellen oder kollektiven) Lebensentwurf. Zu diesem Entwurf gibt es Alternativen. Der Geschmack, der in solchen Entwürfen zuhause ist, ist ein begrenzter Geschmack. Deswegen treibt eine reflektierte Geschmacksbildung über den Glauben an die Absolutheit des eigenen Geschmacks hinaus. Jedoch bedeutet dies keine Aufhebung seiner Relativität. Denn der Sinn für fremden Geschmack, der dem Bewusstsein der Begrenztheit des eigenen entspringen kann, ist ein Sinn gerade für etwas, das nicht ins Spektrum der eigenen Lebensweise integriert werden kann.

Relativ ist aber auch das kunstbezogene Imaginationsvermögen, weil jene Distanz, die es zu den eigenen Orientierungen schafft, nicht selbst in der Lage ist, die primären Orientierungen, von denen es Abstand nimmt, zu ersetzen. Die Erfahrung der Kunst, die mit den primären Orientierungen bricht, kann auf diese einwirken, hervorzubringen vermag sie sie nicht. Aus der Begegnung mit Versionen der Welt ist selbst keine Welt zu gewinnen. Der Weltverlust, der mit der Freiheit der imaginativen Weltbegegnung einhergeht, ist über den Weg der Kunst nicht auszugleichen – schon deshalb, weil die Kunst ja keineswegs nur mit der eigenen Welt begegnen lässt.

Da nicht zu sehen ist, wie die beiden ästhetischen Grundpositionen versöhnbar sein sollten, schließt das entfaltete ästhetische Bewusstsein eines *seiner* Relativität mit ein. Sowohl in der Position des korresponsiven Weltgewinns als auch in derjenigen des imaginativen Weltverlusts kann es einen bleibenden, sicheren Ort gegenüber der alltäglichen Praxis nicht finden. Es ist vielmehr ein Wanderer zwischen seinen unterschiedlichen Stellungen zur Lebenswelt. Es bleibt unentschieden zwischen Teilhabe und Abstand, zwischen Intensivierung und Überschreitung. Hier keinen gesicherten Ort zu finden, scheint mir, ist gerade die Pointe ästhetischer Praxis. Sie hält ihre Anschauungslust von dem Verlangen nach transzendentaler Geborgenheit frei. Es ist das Kennzeichen der ästhetischen Praxis, dass sie sich in der Allgemeinheit fragloser Orientierungen auf Dauer nicht zuhause fühlt.

Bildung eines Abstands zur Bildung

Ästhetisches Bewusstsein, mit anderen Worten, ist kein fragloses Moment allgemeiner Bildung, verstanden als möglichst umfassende Weltkenntnis bzw. möglichst vielseitige Orientierungsfähigkeit. Ich habe lieber von ästhetischem »Bewusstsein« als von ästhetischer »Bildung« gesprochen, weil im Begriff der »Bildung«, jedenfalls im Deutschen, immer schon ein Begriff der Allgemeinbildung steckt, und hierin, jedenfalls im Deutschen, der idealistische Gedanke ästhetischer Bildung als einer *Krönung* der allgemeinen Bildung lebendig ist. Zu solcher Krönung ist die ästhetische Praxis aber eben nicht berufen. Sie ist viel eher mit dem unermüdlichen Abbruch der Arbeit am Ganzen der Bildung befasst. Die babylonische Erfahrung der Diversität menschlicher Stellungen zur Welt ist ihr Ausgangs- und Endpunkt.

Freilich entspringt dieser Erfahrung ein vielfaches Wissen, das durchaus als ein unverdächtiges Moment von Allgemeinbildung gelten kann. Trotzdem ist das Bewusstsein, das aus dieser Erfahrung erwächst, selbst kein Element dieser Bildung. Denn es ist ein Bewusstsein der selbstgenügsamen Distanzierbarkeit der Bindung an jegliches Allgemeine. Gewiss, auch diese Distanzierungsfähigkeit könnte wieder als allgemeine Kompetenz aufgefasst werden. Aber doch nur so, dass sie als Distanz zu *allen übrigen* Formen allgemeiner Kompetenz und Orientierung gefasst werden müsste. Was immer man also unter Allgemeinbildung verstehen will, das Ästhetische ist nicht ausreichend als ihr Bestandteil zu fassen; es muss zugleich als ihr hartnäckiger Widerpart begriffen werden. Ästhetische Bildung ist Bildung eines Abstands zur allgemeinen Bildung.

Künste

10. Platons Apologie der Literatur. Eine kurze Lektüre des *Phaidros*

Bekanntlich gibt es in Platons Texten keine unzweideutige Apologie der Literatur, jedenfalls nichts, was wir Heutigen – Liebhaber der Literatur, Leser von Texten, Theoretiker der Textualität – als solche gelten lassen könnten. Trotzdem enthält Platons ausführlichste Schrift über das Schreiben – der zweite Teil seines Dialogs *Phaidros* – ein Argument, das sich ohne große Verrenkung als eine Apologie des literarischen Schreibens lesen lässt. Am Ende dieses Dialogs formuliert Platon eine Einsicht in die Differenz zwischen philosophischem und literarischem Schreiben, die nicht allein unberührt bleibt von seiner Abwertung allen und insbesondere des poetischen Schreibens; sie ist darüber hinaus geeignet, den Vorzügen literarischer im Unterschied zu philosophischen Texten ohne Reserve Anerkennung zu verschaffen. Meine Überlegungen werden sich darauf beschränken, diese Platon'sche Einsicht gegen Platon und jene Kritiker zu verteidigen, die mit Rorty, Derrida und anderen glaubhaft machen wollen, dass es keinen prinzipiellen Unterschied zwischen den beiden Arten des Schreibens oder Lesens gibt.

1. Der Ausgangspunkt

Die erste Hälfte des *Phaidros* wird beherrscht von einem Gespräch über Liebe, Sexualität und jene gutartige *mania*, die – im Unterschied zur zerstörenden – bei der Liebe unter Männern ebenso wenig fehlen darf wie beim philosophischen Treiben. Sokrates hat Phaidros getroffen, der den Tag in Gesellschaft des berühmten Redners Lysias verbracht hat. Es stellt sich heraus, dass Phaidros den Text einer Rede des Lysias über die Liebe bei sich hat. Diese wird von Phaidros verlesen, worauf sich eine Diskussion über den Text ergibt, in deren Verlauf Sokrates seinerseits zwei Reden über die Liebe hält, eine kurze und nüchterne und darauf eine lange und enthusiastische. Am Ende dieser zweiten Rede kommt es zu einem Gespräch über das Schreiben von Reden und in der Folge über das Verhältnis von Reden und Schreiben. Den Beginn dieses Gesprächs markiert nicht eine Kritik, sondern vielmehr eine Verteidigung des Schriftlichen. »Das also ist einem jeden klar«, sagt Sokrates, »daß jedenfalls das bloße Schreiben von Reden keine Schande ist. [...] Als schändlich hat sich vielmehr, denke ich, jetzt folgendes herausgestellt: nicht schön zu reden und zu schreiben, sondern häßlich und schlecht.« (258d)[1] Da Sokrates und Phaidros zu dem Schluss gekommen sind, dass schöne Reden durchaus nichts Schlechtes sind, müssen sie nun bestimmen, was diese denn von den unschönen und schlechten unterscheidet. An dieser Stelle nimmt Platon seine bereits in früheren Dialogen formulierte Kritik der Rhetorik wieder auf, jedoch wohlgemerkt nicht, um das Reden und Redenschreiben *als solches* zu diskreditieren, sondern allein *bestimmte Formen* desselben – eben diejenigen, die als bloß rhetorisch disqualifiziert werden. Dieser verachtenswerten Rhetorik stellt Sokrates eine *dialektische* Kunst des Redens und Schreibens entgegen, die die Mängel der sophistischen Rederei und Schreiberei gerade nicht teilen soll. Ein dialektisch geschulter Redner (oder Gesprächspartner oder Autor) wird als jemand dargestellt, der eine ganze Reihe von Kriterien erfüllt, denen eine angemessene Kommunikation von Wissen unterliegt:[2]

Eine kompetente Weitergabe von Wissen verlangt nach Sokrates
  i. die Kenntnis der Wahrheit über die jeweils in Rede stehenden Dinge;
 ii. die Fähigkeit zur detaillierten Analyse und Argumentation;
iii. die Kenntnis der menschlichen Seele;
 iv. die Kenntnis der Techniken erfolgreichen Redens und Schreibens (im Sinn eines dialektischen Handwerks der Miteilung des Wahren im Unterschied zu den rhetorischen Tricks der Mitteilung dessen, was immer im Interesse des Redners / Autors oder seiner Adressaten liegen mag);
  v. eine kontextsensible Aufmerksamkeit für die spezifische Situation der Rede (im Verbund mit einer umsichtigen Anwendung von (iii) und (iv);
 vi. hinreichende Übung im Gebrauch dieser Fähigkeiten.

---

[1] Platon, Phaidros, übers. u. komm. v. E. Heitsch, Göttingen 1993 (hieraus alle Zitate im Text).
[2] Im Folgenden bin ich dem Kommentar von Ernst Heitsch zu seiner Phaidros-Übersetzung verpflichtet; vgl. auch ders., Platon über die rechte Art zu reden und schreiben, Stuttgart 1987.

Erst nach dieser Diskussion über die richtigen Standards der mündlichen *oder* schriftlichen Kommunikation wendet sich der Dialog der Frage nach der inneren Qualität des Schreibens zu – nicht *irgendeines* Schreibens, sondern desjenigen, das in der Lage wäre, die Kriterien optimalen Schreibens zu *erfüllen*. Platons Argument in der folgenden Passage läuft nicht darauf hinaus, einem solchen formgerechten Schreiben jeden Wert abzusprechen, was auf einen klaren Widerspruch zu dem bis dahin Entwickelten hinausliefe, einmal ganz abgesehen davon, dass jeder Leser mit Platons Dialog zumindest *ein* Beispiel eines nach den Regeln der Kunst verfassten Texts vor Augen hat. Seine Behauptung lautet vielmehr, dass das Schreiben eine eindeutig *suboptimale* Form der Kommunikation von Wissen darstellt. Verglichen mit den Möglichkeiten einer gegenüber einzelnen Hörern und größeren Auditorien reaktionsfähigen mündlichen Verständigung erweist sich die schriftliche Wissensvermittlung als einigermaßen fruchtlos. Im Dialog illustriert Sokrates dies anhand der Sage von Theuth, dem Erfinder der Buchstaben, dem der ägyptische König vorhielt, seine Erfindung befördere anstelle echten Wissens lediglich die Illusion solchen Wissens. Im Folgenden bringt Sokrates unter anderem die Metapher eines angemessenen oder unangemessenen »Einsäens« von Worten ins Spiel, die der mündlichen Rede – und nur ihr – das Vermögen zuspricht, die Wahrheit direkt in der Seele ihrer Hörer niederzuschreiben (ein Modell, das Jacques Derrida in *La dissémination* ausführlich kommentiert hat[3]). Auch kritisiert Sokrates den durch und durch spielerischen Charakter des Schreibens und Umschreibens von Texten, das zwar die höchste Form des menschlichen Spiels darstellen mag (worauf Phaidros in einem seiner seltenen Einsprüche gegen die Ausführungen des Sokrates insistiert), aber keinesfalls, wie das mündliche Gespräch über die höchsten Dinge, als eine ernsthafte Beschäftigung für erwachsene Männer angesehen werden kann.

Alle diese Schritte des Dialogs enthalten komplexe Überlegungen, die eine sorgfältige Auslegung verdienen und diese auch reichlich erfahren haben. Um jedoch das versprochene Gegenargument zur Geltung zu bringen, werde ich hierauf nicht näher eingehen. Stattdessen möchte ich eine längere Passage der Zusammenfassung der Diskussion über Reden und Schreiben zitieren, die Sokrates ganz am Ende des Dialogs gibt – und von hier aus versuchen, Platons

---

3 J. Derrida, Plato's Pharmacy, in: ders., Dissemination, Chicago 1981, 61-171.

Plädoyer gegen das (philosophische) Schreiben in eines zugunsten des (poetischen) Schreibens zu verwandeln.

2. Phaidros 277d-278e

»Sokrates:
Was aber nun die [...] Frage angeht, ob das Halten und Schreiben von Reden (*to logous legein te kai graphein*) schön ist oder schimpflich und unter welchen Voraussetzungen es zurecht als Schande gilt und unter welchen nicht, so haben doch unsere früheren Ausführungen gezeigt [...], daß, wenn Lysias oder sonst einer irgendwann etwas geschrieben hat oder schreiben wird für private Zwecke oder für die Öffentlichkeit, indem er in einer politischen Schrift Gesetze vorschlägt, und wenn er dabei meint, mag er das nun sagen oder nicht, dem komme eine ich weiß nicht wie große Sicherheit und Deutlichkeit zu, dann ist das für den Schreiber eine Schande. [...]
Phaidros:
Ja, gewiß.
Sokrates:
Wer dagegen überzeugt ist, daß ein schriftlicher Text in jedem Falle notwendigerweise viel Spielerei enthält und daß doch nie ein Text, der eines großen Einsatzes wert war, weder in Versen noch in Prosa je geschrieben oder auch vorgetragen ist nach Art von Texten, die von Rhapsoden zitiert zu werden pflegen ohne die Möglichkeit von Einrede und Erläuterung nur zur Überredung, daß vielmehr die besten von ihnen wirklich nur der Erinnerung[4] dienen für die, die Bescheid wissen; wer überzeugt ist, daß es Deutlichkeit, Vollkommenheit und lohnenden Einsatz allein dort gibt, wo über Gerechtes, Schönes und Gutes im *mündlichen* Unterricht und mit der Absicht, Verständnis zu erreichen, gesprochen und die Worte wirklich in die Seele geschrieben werden, und daß solche Worte wie echtbürtige Söhne des Redners gelten müssen [...] und wer

---

4 Als *hypomnesis* an bereits vorhandenes Wissen, nicht als *mneme*, die in sich selbst ein Wissen enthält.

den anderen Reden Lebewohl sagt: Dieser Mann mit diesen Überzeugungen könnte sein, wie du, Phaidros, und ich uns wünschten, daß wir würden.
Phaidros:
Ja durchaus. Was du sagst, möchte und wünsche auch ich.
Sokrates:
Damit sollte nun endlich unsere spielerische Erörterung zum Thema ›Reden‹ ihr angemessenes Ende gefunden haben. Und so mach du dich auf und sag Lysias, wir beide seien hinabgestiegen zum Quell der Nymphen und ihrem Heiligtum und hätten dort Worte gehört, die uns mit folgender Botschaft beauftragt haben an Lysias und wer sonst noch Reden verfaßt, an Homer und wer sonst noch für Sprech- und Gesangsvortrag gedichtet hat, und drittens an Solon und wer sonst in Form politischer Erörterung unter dem Titel ›Gesetze‹ Schriften verfaßt hat: Wenn einer von ihnen, als er seine Texte verfaßte, die Wahrheit kannte, auch die Fähigkeit hatte, seinem Werk zu helfen, indem er über das, was er geschrieben hat, Rechenschaft ablegt, und imstande war, mit eigenen Worten zu zeigen, daß das Geschriebene nicht viel wert ist, dann soll ein solcher Mann seine Bezeichnung nicht etwa nach jenen Werken erhalten, sondern nach den Erörterungen, bei denen es ihm ernst gewesen ist.
Phaidros:
Welche Bezeichnungen also hast du für ihn?
Sokrates:
Weise, Phaidros, scheint mir als Bezeichnung zu groß zu sein und allein Gott zuzukommen. Doch Liebhaber der Weisheit oder etwas dergleichen dürfte eher für ihn passen und angemessener klingen.
Phaidros:
Und ist nicht abwegig.
Sokrates:
Andererseits wirst du den, der Wertvolleres (*timiotera*) nicht hat als das, was er zusammengesetzt oder geschrieben hat, indem er es im Laufe der Zeit hin und her wendet, aneinander leimt und trennt, wohl zurecht Dichter, Schriftsteller oder Gesetzesschreiber nennen.«

3. Kurze Kommentare

Schreiben, alles Schreiben, so scheint es, ist eine ziemlich witzlose Bricolage von Leuten, die glauben, dass Wissen in Büchern (oder Papyrusrollen) aufbewahrt und transportiert werden kann, anstatt in der Seele des Menschen zu wachsen und zu leben. Selbst die glühendsten Freunde des Schreibens aber werden zugeben müssen, dass in dieser harschen Attacke auf die Schriftkultur eine einfache Wahrheit liegt. Wissen kann nicht zwischengelagert werden. Selbst wenn es in Behältern wie Büchern aufbewahrt wird, kann es dort nicht bewahrt werden ohne die Fähigkeit, *zu verstehen*, wo es und was dort bewahrt ist. Sofern Platon lediglich darauf besteht, dass es kein echtes Wissen gibt ohne die Fähigkeit, dieses Wissen zu erwerben, zu reflektieren, zu demonstrieren und zu explizieren, hat er vollkommen Recht.

Dennoch schießt sein Argument in einigen Punkten über das Ziel hinaus. Denn er begnügt sich nicht damit zu zeigen, dass echtes Wissen offen für eine Aktualisierung in der inneren oder äußeren Rede sein muss. Er möchte vielmehr deutlich machen, dass der mündliche Austausch – sei es zwischen Lehrer und Schüler oder zwischen gleichberechtigten Gesprächspartnern – das primäre Forum und die primäre Form der philosophischen Reflexion darstellt. Allein diese Form der Kommunikation, führt Platon aus, vermag – in den Grenzen des Menschenmöglichen – eine optimale Gewissheit und Klarheit zu erreichen. So plausibel es aber ist, dafür zu argumentieren, dass der Dialog ein genuines und konstitutives Medium der philosophischen Tätigkeit darstellt, dies allein rechtfertigt nicht die Hierarchie der sprachlichen Formen der Sprache, die Platon zu etablieren sucht. Denn der mündliche Dialog ist eine strukturell ambivalente Praxis ebenso wie Schreiben und Lesen es sind. Während Schreiben und Lesen leicht der Illusion eines endgültigen Wahrheitsbesitzes und allerlei Arten eines sorglosen Umgangs mit Lesern und Autoren unterliegen können, ist die mündliche Rede stärker all jenen Praktiken der Überredung und Manipulation ausgesetzt, die Sokrates in der Debatte mit seinen sophistischen Kontrahenten so scharf kritisiert. In der Argumentation des *Phaidros* stellt Platon die inneren Ambivalenzen des Schreibens und Lesens sehr klar heraus, übersieht jedoch die grundlegenden Ambivalenzen des mündlichen Sprechens und Lehrens. Die Unterscheidung zwischen Rhetorik und Dialektik macht ihn für deren Unwägbarkeiten blind. Der dialektisch verfahrende Gesprächspartner wird als derjenige ausgezeichnet, dessen Rede von allen Gefahren der mündlichen und sonstigen Kommunikation frei ist. Aber eine solche Freiheit gibt es nicht; wer immer sich des dialogischen Mediums bedient, wie gut seine Absichten auch sein mögen, muss sich gerade dann zu den Möglichkeiten der Manipulation und Überredung verhalten, wenn er ihren Verführungen so weit wie möglich entgehen will.

Weil Platon diese Fragilität der mündlichen Kommunikation ignoriert, hat er kein Auge für die besonderen philosophischen Tugenden des Schreibens und gelangt daher zu einer ungerechtfertigten Abwertung seiner Vorzüge. Denn gerade in seinem Abstand zur mündlichen Kommunikation, in seiner Unfähigkeit, situations- und hörerspezifisch zu argumentieren, wie Rede und Dialog es vermögen, ist das Schreiben ein wesentlicher Teil der philosophischen Praxis. Es ist ein unverzichtbares Medium der *Erfindung* und *Konstruktion* philosophischer Thesen und Argumente und zugleich ein unverzichtbares Medium ihrer *Erprobung* und *Variation*, diesseits der Beeinträchtigung durch vorwitzige Dialogpartner, zerstreute Zuhörer und begriffsstutzige Schüler.[5] Was für das mündliche Philosophieren gilt, gilt gleichermaßen für das schriftliche: Seine Stärken sind von seinen Schwächen nicht zu trennen.

Nicht weniger problematisch ist der Gedanke eines kognitiven *Besitzes* und eines direkten *Einschreibens* der Wahrheit, auf den sich Platon in seiner Verteidigung der unvergleichlichen Macht des mündlichen Dialogs versteift. Die von ihm hier gebrauchten Metaphern kommen einem dialogfremden, ja repressiven Verständnis des Dialogs zumindest nahe. Glücklicherweise jedoch muss man in Platons Text nicht lange nach einer Zurückweisung dieses Bildes suchen. Denn die Idee einer ungestörten Übertragung des unzweifelhaft Wahren auf die Seelen der Zuhörer widerspricht eindeutig Platons eigener Betonung des notwendigerweise *prozessualen* Charakters der philosophischen Tätigkeit. Man sollte nämlich nicht vergessen, dass sich Platons Schriftkritik generell gegen jeden Anschein der Abgeschlossenheit von Texten richtet: Alle Texte und

---

5 Diese Notwendigkeit des Schreibens für die philosophische Erkenntnis habe ich ausführlicher behandelt in: M. Seel, Über die Arbeit des Schriftstellers (und die Sprache der Philosophie), in: ders., Ethisch-ästhetische Studien, Frankfurt 1996, 145-187.

alles Lesen von Texten, so macht er geltend, befördern die selbstgefällige Illusion eines vollständigen menschlichen Inneseins der Wahrheit. Was er das »Einschreiben der Wahrheit« nennt, könnte daher moderater als Wissensvermittlung im Bewusstsein der Grenzen menschlichen Wissens verstanden werden, das von sich aus mit dem Bedürfnis nach immer weiterer Aufklärung im inneren wie äußeren Dialog verbunden ist. Platon ist sich hier grundsätzlich über den holistischen Charakter der philosophischen Erkenntnis als eines Netzes interdependenter Argumente im Klaren, das nur von innen erkundet werden kann.

Gegen Derridas Aufdeckung einer ganzen Serie von Paradoxien in Platons Schriftkritik könnte man daher einwenden, dass Platon sein irreführendes Bild einer Einschreibung der Wahrheit in die Seele des Zuhörers alles in allem auf eine überzeugende Weise relativiert. Er unternimmt dies im Gebrauch eines ganzen Bündels organischer Metaphern, die alle Assoziationen einer definitiven Platzierung von Gedanken in Seelen, Büchern oder sonst irgendwo ins Leere laufen lassen. Vor allem eine Stelle gibt es, an der im *Phaidros* selbst eine Dekonstruktion der Vorstellung einer direkten Aussaat von Worten in die Seele des Hörers vorgenommen wird. Die Worte, die ein wahrer Redner »mit Verständnis« in »geeignete Seelen« eingibt, sagt Sokrates, bleiben nicht »fruchtlos«, sondern tragen einen »Samen [...], aus dem dann in anderen Köpfen wieder andere Worte erwachsen und so imstande sind, diesem immer neuen Prozeß ewige Dauer zu verleihen, und die den, der daran teilhat, glücklich sein lassen, soweit das für einen Menschen möglich.« (277a) Hier wird der Dialog als ein offener Prozess der Transformation von Gedanken begriffen, in dem allen Teilnehmern, wie viel sie auch voneinander lernen mögen, der Raum gegeben wird, ihre eigenen Worte dafür zu finden, was sie als wahr zu erkennen vermögen.

4. Platons Einsicht

Das ist bereits der entscheidende Hinweis: Der philosophische Zuhörer oder Leser, wenn er den Titel eines Philosophen denn wirklich verdient, muss in der Lage sein, seine Überzeugungen in seinen eigenen Worten zu fassen. Der literarische Zuhörer oder Leser hingegen befindet sich nicht in dieser Position. Er mag so viele Worte der Kritik und der Deutung finden, wie er will, alle diese Worte sind nicht dazu da, diejenigen des literarischen Texts zu ersetzen; sie führen zum Text hin, aber sie sind nicht dazu bestimmt, auf derselben Ebene zu operieren wie dieser. Der literarische Text – der Text, den wir als literarischen behandeln – hat daher eine grundsätzlich andere Stellung im Raum des Diskurses als derjenige, den wir als einen philosophischen lesen.

Dies, so meine ich, ist Platons Einsicht in die strukturelle Differenz zwischen dem literarischen und dem philosophischen Schreiben. Sie führt zu einer Rehabilitation wenn nicht des Schreibens im Allgemeinen, so doch des literarischen Schreibens. Was in einem philosophischen Text gesagt ist, so macht Platon deutlich, kann und muss sich ebenso in anderen Worten sagen lassen. Für Platon liegt hierin ein Einwand gegen das Gewicht philosophischer und anderer Schriften. Sobald wir diese unplausible Konsequenz jedoch einklammern, wirkt sein Insistieren auf der Erläuterungsbedürftigkeit philosophischer Gedanken fast überzeugend: »Wenn einer von ihnen, als er seine Texte verfaßte, die Wahrheit kannte, auch die Fähigkeit hatte, seinem Werk zu helfen, indem er über das, was er geschrieben hat, Rechenschaft ablegt, und imstande war, mit eigenen Worten zu zeigen, daß das Geschriebene nicht viel wert ist, dann soll ein solcher Mann seine Bezeichnung nicht etwa nach jenen Werken erhalten, sondern nach den Erörterungen, bei denen es ihm ernst gewesen ist.«

Wir müssen hier nur eine minimale Qualifikation hinzufügen und sagen, dass im Diskurs der Philosophie die geschriebenen Worte *allein* nur geringen Wert haben. Dann gelangen wir zu einer präzisen Bestimmung der Grenzen dieser Art des Schreibens. Da die philosophische Rede ihren Sinn darin hat, »in anderen Köpfen wieder andere Worte erwachsen« zu lassen, kann die Autorität von Texten in ihrem Fall nur eine begrenzte sein. Nur die Person verdient die Bezeichnung »Philosoph«, die fähig ist, ihren Blick von ihren eigenen Texten (und von denen der anderen) abzuwenden und sich auf eine freie Diskussion der in ihnen behandelten Themen einzulassen. Nur die Person, so könnte man hinzufügen, verdient den Titel einer geübten Leserin der Philosophie (was natürlich nur ein anderes Wort dafür ist, eine Philosophin zu sein), die in der Lage ist, die Sprache des jeweiligen Texts in ihre eigene zu übersetzen. Nur der Gedanke, so könnte man weiter ergänzen, ist philosophisch ernst zu nehmen, der nicht an seine ursprüngliche oder eine endgültige Formulierung gebunden ist. Der Prozess der philosophischen Übersetzung, Erläuterung und Rechtfertigung, wie er sich unter Menschen vollzieht, unterminiert die illusionäre Erwartung einer definitiven Version, eine Erwartung, die das Schreiben theoretischer Texte als eine ständige Versuchung fast unvermeidlich begleitet. Autor möglichst endgültiger Texte zu sein oder zu werden, kann daher nicht das Zentrum – oder, wenn wir ein wenig vorsichtiger sein wollen als Platon: nicht das einzige Zentrum – der philosophischen Tätigkeit sein.

Aber nicht in allen Formen des Gebrauchs von Literatur ist die Autorität von Texten (oder des mündlichen Vortrags überlieferter Gesänge und Epen) in dieser Weise begrenzt. Platons Beispiele sind schriftlich verfasste Reden, Gesetzestexte und poetische Texte. In seinem Verständnis dienen geschriebene Reden der Beeinflussung eines bestimmten Publikums; Gesetze sind niedergelegt als verbindliche Richtlinien des Handelns, die im Fall des Zuwiderhandelns mit Sanktionen verbunden sind; was jemand wie Homer »für Sprech- oder Gesangsvortrag gedichtet« (278c) hat, ist dazu geeignet, um seiner selbst willen vergegenwärtigt zu werden, wie viel oder wenig kognitiven Gehalt es haben mag (obwohl es solchen Gehalt niemals mit der für philosophische Ausführungen erforderlichen »Gewissheit und Klarheit« präsentieren wird). Jedes dieser Beispiele ist nicht weniger komplex als das Verständnis, mit dem Platon sie vorbringt. Auf diese Feinheiten werde ich hier jedoch nicht eingehen. Denn ich möchte mich auf das eine herausragende Argument konzentrieren, das Platon unbeabsichtigt – und mehr noch: wider seinen Willen – zugunsten der Literatur vorbringt. Natürlich berührt sich das, was er am Ende des *Phaidros* zur Dichtung sagt, eng mit seiner früheren Diskussion in der *Politeia,* in der es um die kognitive Unzuverlässigkeit literarischer Äußerungen ging. Diese – ganz zutreffend beobachtete – Unzuverlässigkeit der Dichtung ist der Grund dafür, dass Platon seine Erkenntnis über den Status der Literatur nicht zu einer Anerkennung ihrer Souveränität im Vergleich mit der Philosophie ummünzen kann. Trotzdem gibt er am Ende der oben zitierten Passage eine glänzende Bestimmung der Differenz zwischen Philosophie und Literatur – verbunden freilich mit einer provokativen Bewertung dieser Differenz.

Der literarische Schriftsteller wird hier vorgestellt als jemand,

»der Wertvolleres nicht hat als das, was er zusammengesetzt oder geschrieben hat, indem er es im Laufe der Zeit hin und her wendet, aneinander leimt und trennt.« Er ist gleichsam an seine Texte gefesselt; er hat keine Möglichkeit und keinerlei Recht, die Komposition und Sprache seiner Texte auf sich beruhen zu lassen; die Worte, die er zur Erläuterung seiner Texte äußert, haben keine oder nur wenig Autorität verglichen mit denen des geschriebenen Worts. Kurzum, was in seinem Text geschrieben steht, kann und soll nicht mit anderen Worten gesagt werden. Das hingegen, was in philosophischen Texten geschrieben steht, kann und soll in andere Worte übertragen werden.

Dies, so meine ich, *ist* der entscheidende Unterschied in der literarischen und philosophischen Behandlung von Texten. Da ich Platon in diesem Punkt ohne Vorbehalt zustimme, sind meine abschließenden Bemerkungen einer Auslegung dieser seiner Einsicht gewidmet (was, wie die Leser bemerken werden, zu der Deutung passt, die ich Platons Lehre vom richtigen Umgang mit philosophischen Texten gegeben habe).

Platons Einsicht, so habe ich gesagt, betrifft die Differenz im literarischen und philosophischen *Umgang mit Texten.* Sie betrifft nicht einfach das philosophische und literarische Schreiben; sie betrifft gleichermaßen die Differenz zwischen philosophischem und literarischem Lesen. Prinzipiell können wir jeden Text in dieser oder jener Weise auffassen; trotz Platon ist dies weder verboten noch gefährlich, auch wenn es schlichte Zeitverschwendung wäre, literarisch öde Texte literarisch und philosophisch blutleere Schriften philosophisch zu lesen. Dennoch ist die von Platon markierte Differenz zweier Arten des Verfassens von Texten zugleich ein Unterschied zweier Arten der Lektüre. Eine stimulierende Lektüre literarischer Schriften kann verstanden werden als eine *geleitete Imagination von Texten*: gebunden an ihre innere Dynamik, an den Rhythmus, die Stellung der Worte und die Choreografie der Geschichten dieses individuellen Texts. Produktive philosophische Lektüren dagegen sind immer *überschreitende Improvisationen auf Texte*: fokussiert auf allgemeine Themen und Thesen, die nicht das Eigentum irgendeines individuellen Texts sind.

Dieser Unterschied in der Position von Texten hat nichts damit zu tun, dass die einen Teil einer interpretativen Praxis wären und die anderen nicht. Vielmehr handelt es sich um unterschiedliche

Arten des Kommentars und der Interpretation, denen die unterschiedliche Wertigkeit von Texten entspringt. Philosophische Interpretationen extrahieren dem Text Überlegungen eigenen Rechts. Literarische Interpretationen dagegen erzeugen Injektionen in den Text, die ihre Komplexität, ihre Lebendigkeit, ihren Reichtum und auf diese Weise ihre sprachliche Präsenz intensivieren. Der Unterschied zwischen den beiden Arten der Behandlung von Texten ist ein Unterschied der Richtung. Das Gespräch über philosophische Texte (soweit sie als solche behandelt werden) entnimmt ihnen die relevanten Gedanken und Argumente. Das Gespräch über literarische Texte dagegen (soweit diese als solche behandelt werden) ist ihrer Lesbarkeit gewidmet – ohne ihnen notwendigerweise irgendetwas zu entnehmen. Literarische Lektüre ist einer Vergegenwärtigung der Texte gewidmet, während die philosophische sie als ein Medium des Denkens gebrauchen.

Zusammenfassend lässt sich daher sagen, dass Platon ganz Recht damit hat, dass der literarische Autor nichts Besseres als seine Texte hat. Der philosophische Autor dagegen hat etwas, das *so gut* – wenn nicht sogar besser – ist als seine schriftlichen Ausführungen: die einsame oder gemeinsame Tätigkeit des Bedenkens und Beurteilens der in eigenen und fremden Schriften enthaltenen Aussagen und nicht zuletzt das Vergnügen, nach Vorträgen Rede und Antwort zu stehen – wie ich auch bereit sein müsste, es gegenüber den geduldigen oder ungeduldigen Leserinnen und Lesern dieses Texts zu tun.

II. Räume im Raum der Gegenwart. Über den Ort der Architektur

I.

Unterschiedliche Künste arbeiten mit unterschiedlichem Material und bedienen sich unterschiedlicher Operationen. Häufig arbeiten sie dabei mit grundlegenden Differenzen. Musik beispielsweise operiert mit Intervallen von Zeiten und Tönen; die Literatur setzt bei den Differenzen von flüchtiger und bleibender sowie auffälliger und unauffälliger Anordnung sprachlicher Mittel ein; eine basale Operation der Malerei liegt in der Erzeugung einer Differenz von Bildfläche und Bildraum; Skulpturen gewinnen ihre Identität primär aus einer Differenz von plastischem Objekt und räumlicher Situation, also aus ihrer Stellung *im* Raum der Betrachtung; Installationen hingegen erzeugen eine Differenz zwischen dem Raum, *in dem*, und demjenigen, *als den* sie sich präsentieren. Mit alldem sind wir der Architektur schon sehr nahe. Denn auch sie operiert innerhalb des Raums, den sie mit ihren Gebäuden besetzt; auch sie bezieht Stellung in und zu der Situation, in der ihre Bauten entstehen; auch sie erzeugt oft neben einem realen einen metaphorischen Raum; auch sie spielt mit dem Flüchtigen und dem Bleibenden und macht die Substanzen auffällig, aus denen ihre Formen sind; auch sie schließlich operiert mit Intervallen von Bewegung und Ruhe, nicht selten sogar von Stille und Klang.

Dieses innere Verbundensein der Architektur mit vielen anderen Künsten sollte uns nicht weiter verwundern. Für jede Kunstart nämlich ist es kennzeichnend, dass sie reiche innere Beziehungen zu vielen anderen Künsten unterhält. Eine jede unterhält sie kraft der basalen Operationen, durch die sie ihre ganz *besondere* Stellung im Konzert der Künste erhält. In ihrer Eigenart korrespondiert sie mit den anderen Arten. So auch die Architektur. Der Ort ihrer Entwürfe, Planungen und Realisationen ist zugleich ein Ort, an dem sie ihre Stellung unter den Künsten akzentuiert.

Die grundlegende Operation der Architektur liegt in einem Verfahren der Raum*teilung* und Raum*gliederung*. Dabei werden Differenzen von *innen* und *außen* etabliert, die vielfach wiederholt, variiert, gespiegelt und durchbrochen werden können. Mit jedem Gebäude entsteht ein *Raum von Räumen*, die auf unterschiedliche Weise voneinander getrennt und füreinander offen sind. Gebäude gleich welcher Art sind nicht nur Abgrenzungen eines inneren Raums von einem äußeren und somit nicht allein eine Umgrenzung eines inneren Areals, sie leisten eine Vervielfältigung ihres Raums. Das Ensemble von Räumen, das so entsteht, bildet zugleich einen *Raum für Räume*, indem es Übergänge und Durchgänge, Brüstungen und Schwellen, Aussichten und Hereinsichten hervorbringt, durch die die von ihr entworfenen Orte *miteinander* korrespondieren. Sie korrespondieren nicht allein nach innen, sondern ebenso sehr nach außen: mit Bauten und Bäumen, mit Licht und Himmel, mit Ruhe und Lärm, kurz: mit allem, wofür sich das Gebäude als erfahrbare *Umgebung* seines Ortes öffnet. Darin zeigt sich schließlich, dass jedes Bauwerk einen *Raum in Räumen* entstehen lässt; es stellt seinen pluralen Raum in einen größeren Raum, der ebenfalls ein Erzeugnis vielfältiger Kräfte ist: Es ist ein geografischer, kultureller, historischer und alltäglicher Ort, an dem das einzelne Gebäude seine Wirksamkeit entfaltet. Diese Räume aber, in denen ein Bauwerk steht, verbinden sich letztlich wieder zu *einem* Raum: zu dem Raum einer *Landschaft*, der es seit seiner Entstehung angehört und der es mit seiner Entstehung einen eigenen Akzent verleiht.

Mit nur wenig Übertreibung kann man daher sagen, dass *Landschaft* das spatiale und temporale Grundverhältnis ist, in dem Bauwerke stehen und auf das sie sich einstellen müssen. Landschaften – seien es solche (eher) der Natur oder der Stadt – sind ein vielgestaltiger und unüberschaubarer Geschehenszusammenhang, der allein aus seinen wechselnden Mitten heraus wahrgenommen werden kann.[1] In dieses Geschehen greift die Tätigkeit des Bauens ein. Bauen ist daher immer auch Landschaftsveränderung, oder genauer: Veränderung einer sich ändernden Landschaft. In diesem prozessualen Sinn des Bauens liegt zugleich sein politischer Sinn, wie er insbesondere bei öffentlichen Bauten offenkundig wird. Es stellt Korrespondenzen zu historischen Formationen von Landschaft *her*, und es stellt diese Korrespondenzen in den Choreografien seiner

---

1 Vgl. hierzu M. Seel, Ästhetik und Aisthetik. Über einige Besonderheiten ästhetischer Wahrnehmung – mit einem Anhang über den Zeitraum der Landschaft, in: ders., Ethisch-ästhetische Studien, Frankfurt/M. 1996, 36-69.

Anordnung *dar*. Schließlich sind gerade öffentliche Bauten solche, die nicht allein von vielen genutzt und gesehen werden, sondern zugleich eine weithin spürbare *Inszenierung* der Funktionen sind, die einem Gebäude an seinem historisch gewachsenen Ort zukommen. Von solchen Gebäuden dürfen wir erwarten, den Raum nicht allein *ihrer*, sondern *einer* Gegenwart zur Erscheinung zu bringen.

2.

Auf diesen Inszenierungscharakter öffentlicher Gebäude möchte ich kurz eingehen. In einer formalen Bedeutung können wir Inszenierungen verstehen als absichtsvoll eingeleitete oder ausgeführte sinnliche Prozesse, die vor einem Publikum dargeboten werden, und zwar so, dass sich eine auffällige Anordnung von Elementen ergibt, die auch ganz anders hätte ausfallen können. Dieses Arrangement ist *komplex*, weil es sich in einer Vielfalt simultaner – und simultan relevanter – Vorgänge und Nuancen vollzieht. Dieses Arrangement ist *auffällig*, weil es sich mehr oder weniger deutlich von nicht-inszenierten Handlungen und Ereignissen *abhebt*. Jede Inszenierung weicht vom natürlichen Gang der Dinge ab – sowohl im Hinblick auf die erste wie erst recht auf die zweite, die kulturelle Natur. Inszenierungen sind artifizielle Vorgänge, die sich als solche von bloß kontingenten, bloß konventionellen oder bloß funktionalen Vollzügen unterscheiden.[2]

Das Geschehen einer Inszenierung ist nicht notwendigerweise *einmalig*. Viele Inszenierungen für das Theater sind ja gerade auf Wiederholbarkeit angelegt. Auch hier aber bleibt stets die *Momentaneität* der Ereignisfolge wichtig, ebenso wie der Umstand, dass es sich um eine *vorübergehende* Darbietung handelt. Auch eine »permanente« Inszenierung, wie sie etwa in manchen Museumsräumen angetroffen werden kann, stellt eine Ereignisfolge dar, die sich *immer wieder* in ihren unverwechselbaren Verläufen zeigt. Mutatis mutandis gilt dies auch von der Architektur. Sosehr ihre Werke *bleibende* Inszenierungen sind, sie sind bleibende *Inszenierungen* gerade darin, dass sie den Raum ihrer Anwesenheit immer wieder zum *Ereignis* werden lassen. Nicht nur *verändern* sie die Situation und Landschaft ihrer Umgebung, sie *dramatisieren* den Schauplatz

2 Vgl. Text 5 in diesem Band.

ihrer Errichtung und sind damit – jedenfalls in den gelungenen Fällen – eine dauernde *Belebung* des durch sie geschaffenen Ortes.

Was das bedeutet, wird klarer, wenn wir uns fragen, warum wir der Inszenierung in vielen Bereichen unseres Lebens bedürfen – und zwar sowohl in der aktiven Rolle derer, die sich oder etwas inszenieren, als auch in der eher passiven Rolle derer, die einer Inszenierung beiwohnen oder ihr ausgesetzt sind. Meine Antwort lautet: weil es uns nach einem Sinn für die *Gegenwart* unseres Lebens verlangt; weil wir den unterschiedlichen – biografischen wie zeitgeschichtlichen, lokalen wie globalen – Gegenwarten, in denen wir uns befinden, ins Gesicht sehen, weil wir ihrer in der Anschauung teilhaftig werden wollen.

Jede Inszenierung, so möchte ich daher sagen, ist eine Inszenierung von Gegenwart. Sie ist ein auffälliges Herstellen und Herausstellen von etwas, das hier und jetzt geschieht, und das sich darum, weil es Gegenwart ist, jeder auch nur annähernd vollständigen Erfassung entzieht. Ob kollektiv oder nicht, ob einseitig oder mehrseitig, Inszenierungen bieten sich – mitsamt dem in und mit ihnen Inszenierten – auf eine Weise dar, die sich jeder distinkten begrifflichen Bestimmung entzieht. Sie stellen etwas in einer *Fülle von Möglichkeiten* des Wahrnehmens und Verstehens heraus. Sie machen das in und mit ihnen Geschehende auf eine Weise auffällig, in der es hier und jetzt *unübersehbar als präsent* erfahren werden kann.

Die »Gegenwart«, von der ich hier spreche, ist natürlich nicht einfach die Welt der raumzeitlich vorhandenen Objekte. Denn das sind Positionen und Beschaffenheiten, die wir durchaus *angeben* können. Der hier einschlägige Begriff von Gegenwart ist vielmehr der eines Zustands, in dem uns die Dinge der Welt und des Lebens auf verschiedene Weise etwas *angehen*. Sie ist geprägt von einer Koexistenz vielfach realisierter und unrealisierter, bekannter und unbekannter Möglichkeiten des Verstehens und Handelns, des Wahrnehmens und Bestimmens. Gegenwart in diesem Sinn ist ein offener – und darin unübersehbarer, unfasslicher und unbeherrschbarer – Horizont der spürenden, handelnden und erkennenden *Begegnung* mit Vorhandenem. Diese Begegnung ist als solche weder ästhetisch noch ästhetisch inszeniert. Ästhetische Inszenierungen vielmehr erzeugen eine Gegenwart, die als solche *auffällig* wird. Sie machen Gegenwart *bemerkbar*. Das ist ihre primäre Leistung. Inszenierung, so kann ich daher jetzt weniger formal sagen, ist die öffentliche Herstellung eines räumlichen Arrangements von Ereignissen, die in ihrer besonderen Gegenwärtigkeit auffällig werden.

In einer Operation dieser Art sehe ich eine wesentliche Aufgabe der Architektur. Die Ereignisse, die sie arrangiert, sind Raumverhältnisse – jene Durchsichtigkeit und Undurchsichtigkeit eines Ineinanders von Räumen, von der Anfangs die Rede war. Im Guten wie im Schlechten erzeugt sie eine spürbare Veränderung des gelebten und des öffentlichen Raums; im Guten aber lässt sie die Räumlichkeit dieses Raums überdies in einem Spiel von Material und Konstruktion, Bewegung und Verfestigung *erscheinen*. Ihre Bauten stellen einen Raum von Räumen her, der den größeren Raum der sie umgebenden Landschaft zugleich verdichtet und weitet. Stets schreiben sie damit die Geschichte dieser Landschaft fort. Diese ist ihrerseits ein Prozess wechselnder Konstellationen realisierter und unrealisierter Möglichkeiten, man denke nur – im Bezirk einer Stadt – an Wege des Verkehrs, Arten des Wohnens, Formen der Produktion oder Stile der Repräsentation. Diese Konstellationen zu verändern, wie es das Bauen unvermeidlicherweise tut, bedeutet daher stets, (bis dahin) Unwirkliches wirklich und (bis dahin) Wirkliches unwirklich werden zu lassen. Von der Architektur als einer *Kunst* allerdings dürfen wir an diesem Punkt ein klein wenig mehr erwarten: dass sie nämlich bis dahin *Unmögliches möglich* und bis dahin *Mögliches unmöglich* macht. Sie bewirkt dann eine Transformation, eine Neuerfindung des Raums, in dessen Koordinaten sie mit ihren Installationen eingreift. Sie bewirkt dann eine Öffnung und Erweiterung – eine Neudimensionierung – der (sei es städtischen, sei es ländlichen) Landschaft, deren Teil ihre Bauten sind. Sie bringt dann im Erscheinen ihrer Gebäude das Erscheinen eines neuartigen *Verständnisses* baulicher Funktionen und kultureller Situationen hervor. Sie hat dann das Ziel erfüllt, für *ihre* Zeit wie für *spätere* Zeiten Bezüge einer andauernden Gegenwart öffentlich hervortreten zu lassen.

3.

Diese abstrakten Überlegungen haben durchaus konkrete Konsequenzen, wie sich an den architekturpolitischen Debatten unserer Tage unschwer erläutern lässt. Es ist nicht zu übersehen, dass die

Auseinandersetzung über den Nachbau des barocken Berliner Stadtschlosses von Andreas Schlüter auch eine Diskussion über die Deutung der Gegenwart sowohl der deutschen Politik als auch des Berliner Stadtzustands ist. Die Befürworter argumentieren, dass die Gegenwart an so einem zentralen Ort für die ihr vorausgehende Geschichte geöffnet werden müsse. Zugleich müsse der Zusammenhang der noch bestehenden historischen Gebäude in seiner Einheit wieder zum Vorschein gebracht werden. In diesem Sinn schrieb Klaus Hartung in der *Zeit* vom 26.7.2001: »Alle Bauten, vom Kronprinzenpalais bis zum Alten Museum, sind jünger, antworten auf das Schloss und organisieren sich nach seinen Maßstäben. Auf seine Rekonstruktion verzichten hieße lediglich, den einzigen wiederherstellbaren urbanen Zusammenhang der ehemaligen preußischen Königsstadt zur Kulisse zu verdammen.« Schließlich sei »Schinkels Idee der historischen Mitte als Antithese zur historischen Wucht des Schlüterbaus« gedacht gewesen. »Das Alte Museum mit seiner genialen Versöhnung von Innen und Außen versteht sich als moderne Antwort auf die kompakte Geschlossenheit des Stadtschlosses. Diese kritische Spannung würde ohne die Rekonstruktion der Fassade verloren sein.« Daher, so sagen die Befürworter einer Rekonstruktion, sei architektonische Erinnerungsarbeit vonnöten – und zwar eine Erinnerungsarbeit, die sich des äußeren Anscheins der alten Bauformen bedient. Auf diese Weise soll das durch den Abriss der Überreste des Stadtschlosses Verunmöglichte wieder möglich gemacht werden.

Ich habe das Argument für den Wiederaufbau des Schlosses mit Absicht so reformuliert, dass es auf den ersten Blick zu meiner eigenen Darlegung passt. Demnach ginge es darum, durch eine bauliche Maßnahme der Gegenwart wieder einen schärferen Sinn für die Vergangenheit und der Vergangenheit wieder einen würdigeren Platz im Zentrum der Stadt und des Landes zu geben. Aus zwei Gründen jedoch ist diese Position nicht überzeugend. Zum einen wird die jetzt geplante Teilrekonstruktion des Schlüterschen Bauwerks dem Anspruch eines architektonischen Widerrufs der Geschichte in keiner Weise gerecht. Denn eine solche Teilrekonstruktion müsste den Baukörper, der da rekonstruiert werden soll, massiv verletzen. Das Ergebnis könnte kein Gebäude sein, in dem die äußere Organisation für die innere und die innere für die äußere einen – wie immer kontrastreichen – Resonanzraum bildet (von einer »genialen Versöhnung« einmal ganz zu schweigen). Der im städtischen Feld sichtbare Raum wäre nicht im Einklang mit den Räumen, aus denen er besteht. Folglich könnte das Ergebnis nur ein schizophrener Baukörper sein. Mit Fassadenarchitektur dieser Art lassen sich die Wunden der Geschichte nicht heilen. Wenn Schinkels Altes Museum zu seiner Zeit – nach Hartungs Formulierung – eine »moderne Antwort« auf das Schlütersche Bauwerk war, warum sollte dann nicht heute eine moderne Antwort auf das bestehende Ensemble möglich sein?

Ebenso schwer wiegt ein zweiter Einwand. Es fragt sich nämlich, ob eine Rezitation der Geschichte an diesem Ort ästhetisch und politisch überhaupt wünschenswert ist. Der am häufigsten gebrauchte Topos der Befürworter einer Rekonstruktion besagt, der Stadt Berlin – und mit ihr der Hauptstadt der Republik – müsse wieder ihre historische Mitte zurückgegeben werden. Was für eine Mitte aber wäre das. Es wäre eine Mitte nach den Ordnungsvorstellungen des 18. und 19. Jahrhunderts, die durch das Wachstum, die Zerstörung und Teilung sowie die neuerliche Öffnung Berlins längst außer Kraft gesetzt ist. Damit aber kommt das Wieder-ins-Recht-Setzen der Geschichte, auf das die Befürworter pochen, einer weitgehenden Verleugnung eben dieser Geschichte gleich. Außerdem fragt es sich, welcher Bedarf in einer demokratischen Gesellschaft und föderalistischen Republik nach einer solchen Mitte in ihrer größten Stadt überhaupt besteht. Denn das Faszinierende an einer Stadt wie Berlin ist doch gerade, dass sie keine *eine* Mitte mehr hat – und dass die Mitten, über die sie verfügt, selber historisch variable Zustände sind.

Diese Wechsel können sich sehr rasch vollziehen. Wer im Dezember 1993 in Berlin mit der U-Bahn zum Potsdamer Platz fuhr, fand sich, inmitten der Stadt ausgestiegen, unter einem sehr freien Himmel, auf einer kahlen, nur von einer Straßenkreuzung noch besetzten Fläche wieder, von der sich alle sonstigen Formen des städtischen Lebens zurückgezogen hatten. Wo einmal ein Zentrum gewesen war, fand sich ein leer geräumter Horizont, fragmentarisch umgrenzt von unverbundenen Zentren, die jetzt als Horizont herhalten mussten. Die niedergerissene Mauer ließ auf beiden Seiten ein Nichts zurück. Der Besitzer des Kiosks, an dem die Besucher des Schutzwalls sich lange Zeit mit Andenken und Essbarem versorgt hatten, räumte gerade sein Geschäft. Baustellen waren bereits markiert; einige Stadtnomaden hatten ihre Wohnwagen hier abgestellt. Nicht weniger als die Spreeinsel war dies ein Ort, an dem man kaum anders konnte, als sich im Bewusstsein von Landschaft zum Raum zu verhalten. In den anschließenden Jahren der Bauzeit auf diesem riesigen Areal *war* der Potsdamer Platz real und symbolisch ein Mittelpunkt der ineinanderwachsenden Stadt und des zusammenwachsenden Europa. Auch wenn das ein extremes Beispiel ist – es zeigt mit exemplarischer Deutlichkeit, dass sich die Landschaft einer Stadt in einem eminenten Sinn nur da entfalten kann, wo ihre intentionale Organisation ein Ende hat, wo es mit ihrer Gemütlichkeit (auch) vorbei ist, wo sie den Raum, den sie einnimmt, nicht (im Ganzen) umhegen kann – wo sie ein Stück ihrer Herrschaft über den Raum aufgibt: wo sie einen Raum von Räumen entstehen lässt, ohne über ihn verfügen zu können oder zu wollen. Landschaft der Stadt entfaltet sich da, wo ihr Raum von den Einrichtungen der Stadt – ihren Gebäuden, Verkehrswegen, Parks und Plätzen, Wahrzeichen und Schlupfwinkeln – nicht vollständig koordiniert werden kann: wo die bebauten ebenso wie die gebauten Räume den Prozess der Stadt nicht stillzustellen versuchen.

Von der Idee einer solchen Stillstellung aber lassen sich die Liebhaber einer Rekonstruktion des alten Berlin insgeheim leiten. Eine moderne Stadt jedoch braucht den – man ist versucht zu sagen: vordemokratischen – Glauben an eine einzige Mitte nicht. Ihre Entwicklung sollte vielmehr auf starke bauliche Akzente ausgerichtet sein, die für eine Vervielfältigung zentraler Schauplätze sorgen. Sie sollte nicht versuchen, die Landschaft der Stadt in Ordnung zu bringen, ihr Ziel sollte es sein, sie am Leben zu erhalten und, wo nötig, zum Leben zu erwecken. Der Versuch, sie von einem Punkt aus zu fixieren, kommt dem Bemühen um eine Sistierung der Geschichte gleich. Dies wäre ein Versuch, dem man das Scheitern nur wünschen könnte. Man muss Adornos auf Karl Kraus zurückgehendes Diktum, der Kunst gehe es darum, Chaos in die Ordnung zu bringen, nicht rückhaltlos unterschreiben, um anzuerkennen, dass es kreativer Architektur wesentlich ist, Effekte hervorzubringen, deren Wirkungen im Raum einer Stadt nicht vollständig absehbar sind: Denn nur das bedeutet, im urbanen Raum und in der globalisierten Welt eine gestaltende Wirkung zu *haben*.

4.

In der Diskussion über das von Peter Eisenmann und Richard Serra entworfene Mahnmahl für die Opfer des Holocaust hat Klaus von Dohnanyi 1998 einmal bemerkt, der großartige Entwurf sei »zu ästhetisch«, um politisch durchsetzbar zu sein. Das war einer überwältigenden Mehrheit der politischen Klasse aus dem Herzen gesprochen. Heute wird von den täglich zahlreicher werdenden Befürwortern des Stadtschlosses scheinbar umgekehrt argumentiert: Das zerstörte Gebäude sei einfach zu schön, um nicht wieder errichtet zu werden. Dass diese Umkehrung jedoch nur eine scheinbare ist, manifestiert sich an dem Austausch des entscheidenden Wertwortes. Vom Ästhetischen sollen wir Abstand nehmen und uns wieder an das Schöne halten: So lautet die Botschaft derer, die in Angelegenheiten öffentlichen Bauens eine Mehrheit hinter sich scharen wollen. Diese Trennung des ästhetisch Überzeugenden und des politisch Gemäßen aber, die sich im öffentlichen Disput nicht ungeschickt unter dem Deckmantel einer Ästhetik des Schönen verbirgt, ist durchaus fatal. Denn sie legt eine Trennung des Politischen und des Ästhetischen nahe, die auch und gerade einer demokratischen Gesellschaft schlecht zu Gesicht steht. Die Befürworter einer solchen Trennung übersehen, dass nur von ästhetisch starken Entwürfen eine nachhaltige – und nachhaltig sichtbare – Veränderung der kulturellen und historischen Kraftzentren unserer Gesellschaft zu erwarten ist – man denke nur an das Jüdische Museum oder an den ursprünglichen Entwurf von Eisenmann und Serra. Das öffentliche Erscheinenlassen von Gegenwart, das jede Gesellschaft zur Kommunikation ihres Selbstverständnisses braucht, kann ohne entschiedene Beiträge der gegenwärtigen Architektur nicht gelingen.

12. Realismus und Anti-Realismus in der Theorie des Films

Die Geschichte des Kinos ist unter anderem eine Geschichte zweier Traditionen – einer eher realistischen und einer eher anti-realistischen. Die Geschichte der Theorie des Films ist eine Geschichte zweier Theorien – einer eher realistischen und einer eher anti-realistischen. Damit aber hören die Parallelen schon auf. Denn die beiden Traditionen des Films können sich mischen oder verbinden und haben es von Anfang an getan. Wir kennen Filme ganz in der einen und ganz in der anderen Tradition, auch wenn die meisten Spielfilme sich aus beiden ernähren. Traditionen der Theorie aber lassen sich nicht so ohne weiteres kreuzen. Natürlich bemüht sich die realistische wie die anti-realistische je auf ihre Weise, beiden Polen der filmischen Gestaltung gerecht zu werden. Aber mit dieser Gerechtigkeit ist es hüben wie drüben nicht weit her. Eine Theorie, die das Medium Film oder auch nur seinen künstlerischen Gebrauch grundsätzlich in einer Disposition entweder zur Vergegenwärtigung außerfilmischer Realitäten oder aber in einer Erzeugung eigener Wirklichkeiten sieht, muss das Potential dieses Mediums verfehlen. Kurzum: Die beiden Traditionen des Kinos können gut miteinander leben. Die beiden Traditionen der Theorie des Kinos dagegen sind durch ihren Gegensatz zur Agonie verurteilt.

Mit der Opposition von Realismus und Anti-Realismus ist es ohnehin so eine Sache. Seit dem Mittelalter und bis zum heutigen Tag führen philosophische Realisten unterschiedlichster Spielart heftige Debatten mit Nominalisten, Idealisten und Konstruktivisten, ohne dass ein Ende abzusehen wäre. Auch im Feld von Ontologie und Erkenntnistheorie aber liegt die Vermutung nahe, dass hier eine starre Alternative zum Scheitern verurteilt ist.[1] Freilich liefert der Zweifel daran, wie strikt die Opposition zwischen diversen Realismen und Anti-Realismen generell ist, lediglich ein Motiv, Alternativen dieser Art auch im Blick auf den Film mit Vorsicht zu genießen. Geradewegs auf die Ästhetik einer bestimmten Kunstform übertragen lässt

---

1 Im Blick auf die neuere Diskussion habe ich entsprechend argumentiert in: Der Konstruktivismus und sein Schatten, in: M. Seel, Sich bestimmen lassen. Studien zur theoretischen und praktischen Philosophie, Frankfurt/M. 2002, 101-122.

sich eine solche allgemeine Skepsis nicht. Zu klären, wie es hier, beim Film, aussieht, bedarf einer eigenständigen Betrachtung.

»Film« kann vielerlei bedeuten. Aus Gründen der Überschaubarkeit werde ich mich in meinen Überlegungen vorwiegend am Großgenre des Spielfilms orientieren und wenig über die anderen Formen des Filmischen sagen. Erst am Ende werde ich zu einer allgemeineren Schlussfolgerung gelangen. Beiseite lassen werde ich auch die Frage, wie sich mehr oder weniger realistische oder phantastische, dokumentarische oder fiktionale Stile in Kino und Fernsehen voneinander unterscheiden lassen, und ebenso, was das *Kino* zum Schauplatz einer besonderen Wahrnehmung von Filmen macht.[2] Mir geht es hier nicht um bestimmte filmische Inszenierungsweisen, sondern – am *Beispiel* des Spielfilms – um das *Medium* Film: darum, wie das ästhetische *Potential* dieses Mediums zu dem Schema realistischer und anti-realistischer Deutungen in der *Theorie* dieses Mediums steht. Dieses Vorhaben lässt sich nicht durchführen ohne einen Seitenblick darauf, wie es mit der *Fotografie* in dieser Hinsicht steht, da sich die bedeutenden Theorien des Films gerade an ihrer Einschätzung des *Verhältnisses* von Fotografie und Film unterscheiden. Auch diese Theorien werde ich hier nicht im Einzelnen kommentieren; ich möchte nicht Autoren, sondern Positionen miteinander konfrontieren. Einige wenige Theoretiker allerdings ziehe ich als Kronzeugen für und wider den filmtheoretischen Realismus heran – in einem Prozess, der ein Urteil weder zugunsten der einen noch zugunsten der anderen Theorie-Partei ausspricht, aber gerade deshalb, so jedenfalls meine Hoffnung, dem Film Gerechtigkeit widerfahren lassen wird.

1. Vier Thesen

Es könnte freilich der Eindruck entstehen, als sei die Opposition, mit der ich begonnen habe, durch die Entwicklung der Filmtheorie längst gegenstandslos geworden. Denn es gibt bereits einen dritten Weg, der zwischen Scylla und Charybdis einer realistischen oder anti-realistischen Deutung des Films hindurchzuführen verspricht – in Gestalt eines filmtheoretischen Illusionismus, der die Tu-

---

2 Vgl. hierzu A. Keppler, Mediale Gegenwart. Eine Theorie des Fernsehens am Beispiel der Darstellung von Gewalt, Frankfurt/M. 2006, 158 ff. u. 66 ff.

genden der beiden für sich genommen haltlosen Gegenpositionen zu kombinieren versucht. Allerdings bin ich der Auffassung, dass es sich hierbei um ein falsches Versprechen handelt. Deswegen werde ich einen vierten Weg empfehlen, der es der Theorie des Films ermöglichen soll, die Passage zu ihrem Gegenstand ohne Schiffbruch zu überstehen.

Es sind also nicht zwei, sondern drei Grundthesen über den Status von Spielfilmen, von denen ich mich absetzen werde. Ich werde sie in einer idealtypischen, also deutlich stilisierten Form präsentieren – so, dass zusammen mit ihrer systematischen Kraft ihre systematische Schwäche erkennbar wird. Anders als evaluativ enthaltsame Untersuchungen zur Ontologie des Films geben sie eine normative Antwort auf die Frage nach seinem ästhetischen Potential.[3] Sie versuchen nicht allein zu sagen, was Filme im Unterschied zu anderen Formen des Bildlichen und der Erzählung sowie zu Theater und Musik *sind*, sondern darüber hinaus, was sie im Unterschied zu anderen Künsten *können*: zu welchen Formen der Gestaltung sie in der Varietät eines weiten Spektrums von Genres und Stilen in charakteristischer Weise disponiert sind. Dieser normative Gestus ist nicht allein legitim; in einer anspruchsvollen Ästhetik des Films oder sonst einer Kunstform ist er ganz unvermeidlich, wenn es darum geht, die spezifischen Attraktionen einer Kunstform herauszuarbeiten – und was sonst sollte eine Ästhetik der Künste tun. Die Auseinandersetzung zwischen Realisten und Anti-Realisten nebst dritten, vierten und möglichen weiteren Parteien ist daher immer auch eine Auseinandersetzung darüber, was Spielfilme vermögen: in welchen Bezirk der Erfahrung sie ihre Zuschauer führen. Dabei kommt es nicht darauf an, Ratschläge zu erteilen, wie Filme gemacht werden sollen, oder Urteile darüber zu fällen, welche dem Medium gerecht geworden sind und welche sich an ihm versündigt haben, auch wenn manche der älteren Filmtheoretiker es nicht lassen konnten, den Part der Filmkritik gleich mit zu übernehmen. Gefragt und gesucht sind vielmehr theoretische Interpretationen dessen, was in den bemerkenswerten wie auch in den weniger bemerkenswerten Fällen im Raum des Kinos geschieht.

---

3 Vgl. hierzu N. Carroll, Towards an Ontologie of the Moving Image, in: C. A. Freeland / Th. E. Wartenberg (Hg.), Philosophy and Film, New York 1995, 68-85.

Die realistische These

Filme sind klangbildliche Ereignisse, die auf besondere Weise in der Lage sind, den phänomenalen und prozessualen Reichtum der realen (natürlichen wie menschlichen) Welt zur Anschauung zu bringen.

Meine Formulierung dieser These kommt der Position sehr nahe, die Siegfried Kracauer in seiner *Theorie des Films* vertreten hat. Dieses Buch, heißt es im Vorwort, »beruht auf der Annahme, daß der Film im wesentlichen eine Erweiterung der Fotografie ist und daher mit diesem Medium eine ausgesprochene Affinität zur sichtbaren Welt um uns herum gemeinsam hat. Filme sind sich selber treu, wenn sie die physische Realität wiedergeben und enthüllen.«[4] Der späte Kracauer ist vielleicht der eindeutigste (und daher letztlich auch der beschränkteste) unter den filmtheoretischen Realisten, zu denen ich auch Theoretiker wie André Bazin und mit Einschränkungen Stanley Cavell zähle. Die realistische These betrifft keineswegs nur die dokumentierenden Qualitäten des Films, wie sie in Dokumentarfilmen und anderen Formaten der Reportage zur Geltung kommen. Sie betrifft ausdrücklich Form und Gehalt von Spielfilmen, die prädestiniert seien, ihren Betrachtern das bewegte Gesicht der Welt zum Vorschein, mit Hegel könnte man sagen, zum Scheinen zu bringen. Im Rahmen der filmischen Narration erinnern sie an dieses, sie variieren es, und vergegenwärtigen damit auf eine ausgezeichnete Weise die Materialität und die Körperlichkeit der wirklichen Welt. Man könnte geradezu von einem realistischen Paradox sprechen: Der entkörperlichte Blickpunkt des Kinozuschauers erlaubt eine intensive und imaginative Vergegenwärtigung der dinglichen und leiblichen Bezüge der Welt außerhalb des Kinos. Eine Formulierung bei Cavell gibt diesem Paradox Ausdruck: »How do movies reproduce the world magically? Not by literally presenting us with the world, but by permitting us to view it unseen.«[5]

In diesem Paradox liegt zugleich die Grundschwierigkeit des filmtheoretischen Realismus. Man kann getrost von einem realistischen Fehlschluss sprechen. Er lässt sich an der Bemerkung Erwin Panof-

---

4 S. Kracauer, Theorie des Films. Die Errettung der äußeren Wirklichkeit, Frankfurt/M. 1985, 11.

5 S. Cavell, The World Viewed. Reflections on the Ontology of Film, erw. Ausg. Cambridge / Mass. 1979, 40.

skys am Ende seines Essays *Style and Medium in the Motion Picture* illustrieren, der Film entstehe durch ein artifizielles Arrangement von Elementen einer noch unstilisierten physischen Realität, die als das eigentliche Medium des Films zu gelten habe.[6] Damit jedoch wird das konstruktive Verfahren von Spielfilmen deutlich unterschätzt, denn dieses ist weder darauf festgelegt, seinen Ausgang bei Gegebenheiten der realen Welt zu nehmen, noch darauf, auf eine künstlerisch verwandelte Anschauung dieser Welt zu zielen. Panofsky unterliegt hier zum einen einer Verwechslung von Material und Medium. Was immer das Material filmischer Inszenierungen sein mag, ihr Medium ist die Erzeugung eines virtuellen Bewegungsraums, in den und in dem die Wahrnehmung der Zuschauer geführt wird, so wie es Panofsky selbst am Beginn seines Essays mit seiner hellsichtigen formalen Charakterisierung des Films als einer »Dynamisierung des Raums« bei gleichzeitiger »Verräumlichung der Zeit« beschrieben hat. Zum andern gibt Panofsky mit jener Schlussbemerkung eine irreführende Bestimmung auch des Materials von Spielfilmen (und dies wiederum im Widerspruch zu seinen anfänglichen, gegenüber Realismus und Anti-Realismus neutralen Überlegungen). Denn dieses muss überhaupt nicht der Szenerie der empirischen Welt entnommen sein. Der von einem fotografischen Realismus ausgehende filmische Realismus scheitert nicht zuletzt an einer Blindheit für die technischen Möglichkeiten des Mediums, was sich unter anderem daran zeigt, dass hier – wie ausdrücklich bei Kracauer und Cavell – Zeichentrickfilme aus seinem Kernbereich ausgeschlossen werden, ganz zu schweigen von den heutigen computeranimierten oder von Computeranimationen mehr und mehr durchsetzten Filmen. Diese sind nun einmal keine Präsentationen der physischen Realität, wie sehr ihre Gestaltung auch gelegentlich an die bekannte historische Welt *erinnern* mag. Derartige Filme zu einem Randfall des Kinos zu erklären, käme dem Skandal einer Bildtheorie gleich, die sich nicht anders zu helfen wüsste, als die abstrakte Malerei ins Lager der Plastik, der Objektkunst oder des Ornaments abzuschieben.

---

6 E. Panofsky, Stil und Medium im Film, in: ders., Die ideologischen Vorläufer des Rolls-Royce-Kühlers & Stil und Medium im Film, Frankfurt/M. 1993, 17-48, 47 f.

Die illusionistische These

Die genannten Schwierigkeiten zwingen zu einem Abstand von der realistischen These. Die Frage ist aber, wie groß dieser Abstand sein darf. Eine moderate Lösung bietet der filmtheoretische Illusionismus an. Er hält einerseits an der Grundintuition des Realismus fest, dass Filme unverbrüchlich mit einem Eindruck der Realität des von ihnen präsentierten Geschehens verbunden sind; jedoch klammert er andererseits das realistische Pathos einer Vergegenwärtigung der äußeren *Wirklichkeit* des Lebens ein, indem er darauf besteht, dass dies wesentlich ein Eindruck und dass es gerade dieser Eindruck ist, der für das Medium Film charakteristisch ist – und dass daher seine Theorie im Kern eine Theorie dieses Eindrucks sein muss. Man könnte hier von einem gelockerten Realismus sprechen, der zwar einen Realitäts*bezug* des Kinos, jedoch nicht die *Realität* dieses Bezugs verteidigt. In einer komprimierten Form lautet die illusionistische These: *Filme erzeugen die durchschaute Illusion der Realität des von ihnen präsentierten audiovisuellen Geschehens.*

Ein wichtiger Anstoß für die Ausarbeitung dieser Position war eine Arbeit von Christian Metz *Zum Realitätseindruck im Kino*.[7] Während Metz eine These über die Wahrnehmung von Filmen im Allgemeinen formuliert, haben andere Autoren den Illusionismus für eine Theorie vor allem des Spielfilms fruchtbar zu machen versucht.[8] Das zuschauende Mitgehen mit Spielfilmen bewirkt demnach ein Sicheinlassen auf die von ihnen präsentierte Wirklichkeit, ohne dabei an die Wirklichkeit dieser Präsentationen glauben zu müssen. Wir müssen weder glauben, dass sich das Geschehen innerhalb der Verläufe eines Films irgendwo in der Welt ereignet hat, noch dass es sich dort irgendwo hätte ereignen können, um ihn so zu erfahren, *als ob* das, was wir sehen und hören, hier und jetzt tatsächlich geschehen würde. In diesem – gegenüber anderen Kunstformen radikalisierten und intensivierten, weil aus allen übrigen Weltzuständen

---

7 Ch. Metz, Zum Realitätseindruck im Kino, in: ders., Semiologie des Films, München 1972, 20-35.
8 Z. B. R. Allen, Projecting Illusion. Film Spectatorship and the Impression of Reality, Cambridge 1995; J. Conant, Die Welt eines Films, in: Deutsche Zeitschrift für Philosophie, 54/2006, 87-100; Ch. Voss, Filmerfahrung und Illusionsbildung. Der Zuschauer als Leihkörper des Kinos, in: G. Koch/Ch. Voss (Hg.), ...kraft der Illusion, München 2006, 71-86.

herausgehobenen und in ein unabhängig von der Bewegung der Zuschauer sich vollziehendes Geschehen überführten – Als-ob liegt gerade der Witz der kinematografischen Erfahrung. Mit einigem Recht nimmt der Illusionismus für sich in Anspruch, eine starke Erklärung für die Immersion und Absorption der Zuschauer im Kino zu bieten, für ihr emotionales wie intellektuelles Involviertsein, ihr Mitgehen und Mitgenommenwerden angesichts filmischer Geschichten. Mit Trickfilmen älterer und neuester Bauart gibt es hier kein grundsätzliches Problem. Auch digital generierte Filme können wir sehen, als ob sie uns in eine reale Gegenwart führen, solange sie nur, mit welchen stilistischen Mitteln auch immer, die »Welt eines Films« (James Conant) auszubilden vermögen. Um die Eigentümlichkeit der filmischen Präsenzerfahrung zu begreifen, so die Illusionisten, ist es nötig, dem Realismus das Seinige zu geben, jedoch ohne ihn beim realistischen Wort zu nehmen.

Trotz seiner eindeutigen Distanz zu einem direkten filmtheoretischen Realismus läuft der Illusionismus nicht auf einen Anti-Realismus hinaus. Der realistische Gedanke einer ästhetischen Errettung der außerfilmischen phänomenalen Welt wird überführt in den einer filmischen Errichtung einer in phänomenaler Dichte *erscheinenden* Welt. Im Unterschied einer täuschenden *reproduktiven* Illusion im Verfahren des Trompe l'œil beschreibt Richard Allen deshalb die Wahrnehmung von Spielfilmen als erlebende Teilnahme an einer virtuellen Welt im Zustand einer *projektiven*, in ihrem fiktionalen Status durchschauten Illusion: »In projective illusion I experience a pictorial or dramatic representation as if it were a fully realized world of experience and not a representation. Projective illusion is not a form of trompe l'œil: the reality experienced is a ›virtual‹ one. Yet, like the trompe l'œil, it entails a loss of medium awareness.«[9] Der Spielfilm, sagt Allen, beansprucht nicht, eine Repräsentation von Ausschnitten der tatsächlichen Welt zu sein; er bietet eine Präsentation möglicher Welten, die aber trotz des grundsätzlichen Wissens um die Künstlichkeit ihres Geschehens unter Ausblendung dieses Bewusstseins erfahren werden will – im Zustand eines vorübergehenden Vergessens der medialen Präfiguration der jeweiligen Erzählung. »We may borrow Metz's formulation here and speak of the spectator's ›identification‹ with the camera.

---

9 Allen, Projecting Illusion, a.a.O., 82.

In projective illusion, the spectator occupies the perceptual point of view of the camera upon the events of the film.«[10] Die Betrachter von Spielfilmen sind nicht auf die filmische Konstruktion, sondern *vermöge* dieser Konstruktion auf die innerfilmischen Ereignisse gerichtet. »You may imagine that you perceive a world inhabited by zombies. In this case, you do not mistake a staged event for actuality in the manner of a reproductive illusion; rather, you lose awareness of the fact that you are seeing a film, that is, watching a recorded event that is staged before the camera. Instead of looking ›from the outside‹ upon something staged in this world, you perceive the events of the film directly or ›from within‹.«[11]

An diesem Kontrast von »interner« und »externer« Wahrnehmung wird freilich das ästhetische Dogma ersichtlich, dem der filmtheoretische Illusionismus unterliegt. Das Absehen von der ästhetischen Dramaturgie eines Spielfilms erscheint ihm als eine notwendige Bedingung seiner intensiven Wahrnehmung. Eine über das bloße Bewusstsein der Gemachtheit von Filmen hinausgehende Aufmerksamkeit für ihre Inszenierungsstrategien soll den Genuss im Kino mindern oder gar zerstören. Die Annahme jedoch, ein »rhetorisches« Bewusstsein der artistischen Verfasstheit von Filmen beeinträchtige generell die »ästhetische« Anteilnahme an ihrem Verlauf, ist alles andere als plausibel. Es handelt sich hierbei um einen kunsttheoretischen Aberglauben weit über die Filmtheorie hinaus.[12] Gegen ihn spricht vor allem eine sensible Phänomenologie der Wahrnehmung künstlerischer Objekte – auch und gerade im Fall des Kinos. Wenn Arnold Schwarzenegger in der Rolle des Henry Tasker in dem Film *True Lies* von James Cameron (USA 1994) bei der Verfolgung eines Terroristen auf dem Rücken eines Pferdes durch ein Nobelhotel galoppiert und sich schließlich samt Pferd mit dem Fahrstuhl auf das Dach des Hotels begibt, so ist es, wenn nicht unmöglich, so doch für das Vergnügen an einer solchen Actionsequenz gewiss unnötig, dies wie ein mögliches reales Geschehen aufzufassen. Wenn die nach dem ersten Angriff der im sinistren *Titty Twister Motel* ihr Unwesen treibenden Vampire übrig gebliebenen

---

10 Ebd., 107.
11 Ebd.
12 Zur generellen Kritik an diesem Dogma vgl. Text 2 in diesem Band, bes. 34-37; zu seinen bildtheoretischen Varianten s. M. Seel, Ästhetik des Erscheinens, München 2000, 271 ff.

Helden in dem Film *From Dusk till Dawn* von Robert Rodriguez (USA 1995) einen Dialog darüber beginnen, welche Methoden sich denn im Genre des Vampirfilms bisher bei der Überwältigung der Blutsauger bewährt hätten, so ist es gerade »medium awareness«, die den Zuschauern eine besondere Lust am Sehen verschafft. Die Filme Godards, Fassbinders oder Tarantinos bekommt man ohne das Bewusstsein ihres Spiels mit filmischen und anderen Genres einschließlich der damit verbundenen Formzertrümmerungen nur zur Hälfte mit. Aber es müssen gar nicht solche reflexiven Momente sein. Wer angesichts einiger Filme von Michelangelo Antonioni, sei es *La Notte* (Italien/Frankreich 1961), *Blow Up* (UK/Italien 1966) oder *Zabriskie Point* (USA 1970), auf eine »Identifikation mit der Kamera« und den von ihr verfolgten Figuren fixiert bleibt, ohne zu bemerken, wie diese Filme durch audiovisuelle Montage ein nie gesehenes Bild der jeweiligen Städte – Rom, London, Los Angeles – entstehen lassen, wird die »Welt« dieser Filme nur durch eine Art Milchglas vernehmen. Wer bei Wong Kar-Wais repetitiven Melodramen *In the Mood for Love* (Honkong/Frankreich 2000) oder *2046* (China u. a. 2004) Augen nur für die spärliche Geschichte einer vergeblichen Liebe hat und nicht für das wilde Eigenleben von Kamera, Licht und Farbe (ein Leben, nach dem sich die Protagonisten nur sehnen, obwohl der Film es seinen Zuschauern gewährt), ja, wer hier nicht hin- und hergerissen ist zwischen dem Verfolgen der undurchsichtigen Geschichte und der suggestiven Sichtbarkeit ihrer Erzählung, wird früher oder später in einen gerechten Schlaf versinken. Meine recht willkürlich gewählten Beispiele sollen zeigen, dass der filmtheoretische Illusionismus nicht allein wie der Realismus in der Gefahr steht, einem bestimmten *Segment,* sondern einer grundlegenden *Dimension* von Filmen die Anerkennung zu verweigern (der freilich auch der Realismus nicht gerecht zu werden vermag). Besonders deutlich wird dies, wenn man nicht allein das erstmalige, sondern auch das wiederholte Anschauen von Filmen bedenkt. Wie, bitte, soll man Filme wie *Memento* (Christopher Nolan, USA 2000) oder *Fight Club* (David Fincher, USA/BRD 1999), ganz zu schweigen von den großen Epen Fords, Coppolas oder Scorseses, zum zweiten, dritten, fünften oder neunten Mal mit möglicherweise gesteigertem Vergnügen sehen können, wenn nicht mit einer Aufmerksamkeit *zugleich* für das Erzählte und die Erzählung, die Story und die Regie, die präsentierte Welt und die Präsentation einer Welt?

Zu behaupten, mit einer solchen doppelten Aufmerksamkeit werde die Welt des Films gesprengt, wäre einigermaßen absurd. Selbst wenn es so wäre, dass Spielfilme notwendigerweise in der *Erwartung* gesehen werden, von dem Geschehen in ihnen im Modus eines Eindrucks seiner aktualen Realität unterhalten zu werden: Diese Erwartung kann je nach Art der betreffenden Filme ohne Verlust und oft mit einem erheblichen Gewinn an Intensität erschüttert, eingeschränkt und durchbrochen werden. Soweit er sich auf das Theorem eines notwendigen Verlustes an »medium awareness« verpflichtet, bleibt daher auch der filmtheoretische Illusionismus eine kunstfremde Theorie. Denn es ist gerade nicht *notwendig* (wenn auch häufig durchgängig oder phasenweise der Fall), das Geschehen *in einem* Spielfilm so wahrzunehmen, *als wäre* es real. Notwendig hingegen ist es, das *Geschehen des Spielfilms* als audiovisuelle Bewegung in einem virtuellen Raum zu erfahren.

Die anti-realistische These

Es ist gerade die vom Illusionismus vernachlässigte Dimension der Eigenbewegung und Selbstpräsentation von Filmen, der der filmtheoretische Anti-Realismus zu entsprechen versucht. Er versteht Filme nicht so sehr als Entwurf einer diegetisch geschlossenen Welt, sondern als eine Inszenierung spektakulärer Ereignisfolgen, als einen Taumel von Bildern und auch Klängen, die den Zuschauer in ihrer puren Präsenz zu bannen vermögen. Die anti-realistische These lautet: *Filme erzeugen ein Klangbildgeschehen, das nicht – jedenfalls nicht primär und nicht generell – dazu geschaffen ist, als Darbietung eines wirklichen Geschehens oder wie eine solche Darbietung wahrgenommen zu werden; es will und kann – zugleich oder allein – um seiner eigenen Attraktionen willen wahrgenommen werden.*

In einer derart generellen Form ist diese These meines Wissens nie vertreten worden. Es lohnt sich aber, sie gerade in dieser durchaus künstlichen Fassung systematisch ernst zu nehmen. Man kann bei Béla Balázs, in den formalen Anfangsbestimmungen von Panofskys Filmessay oder auch in Gilles Deleuze' Filmtheorie Spuren einer solchen These entdecken. Vertreten aber wurde sie bisher vor allem als film*historische* These, nämlich als eine Neuinterpretation des frühen Kinos (bis 1910), *bevor* sich mit dem Schaffen von D. W. Griffith und anderen für lange Zeit das narrative Paradigma sowohl in der Produktion von Spielfilmen als auch in der Reflexion über sie durchgesetzt hat.[13] Das entscheidende Schlagwort liefert die von Tom Gunning geprägte Formel einer »Ästhetik des Erstaunens« bzw. eines »cinema of attraction«, das der Fixierung auf ein »cinema of narration« entgegengesetzt wird. Entsprechend heißt es bei Gunning zur Grunddisposition des frühen Kinos: »Rather than being an involvement with narrative action or empathy with character psychology, the cinema of attractions solicits a highly conscious awareness of the film image engaging the viewer's curiosity. The spectator does not get lost in a fictional world and its drama, but remains aware of the act of looking, the excitement of curiosity and its fulfilment.«[14] Die Pointe dieser Überlegung ist, dass das Bewusstsein des Mediums in den hier zur Debatte stehenden Filmen gerade nicht zurückgedrängt, sondern im Gegenteil ausdrücklich aufgerufen wird. Die Zuschauer sollen nicht eintauchen in die Welt des Films, sondern werden mit seinen visuellen Sensationen ostentativ konfrontiert. »The cinema of attractions stands at the antipode to the experience Michael Fried, in his discussion of eighteenth-century painting, calls absorption. For Fried, the painting of Greuze and others created a new relation to the viewer through a self-contained hermetic world which makes no acknowledgement of the beholder's presence. Early cinema totally ignores this construction of the beholder. These early films explicitly acknowledge their spectator, seeming to reach outwards and confront. Contemplative absorption is impossible here. The viewer's curiosity is aroused and fulfilled through a marked encounter, a direct stimulus, a succession of shocks.«[15] Unter Bezug auf Benjamin und den frühen Kracauer legt Gunning eine historisch frühe Schicht der filmischen Gestaltung frei, die in der späteren Zeit verdrängt oder doch zurückgedrängt worden sei.[16]

13 Dieser filmhistorische Zugang findet sich dokumentiert in: Th. Elsaesser (Hg.), Early Cinema. Space – Frame – Narrative, London 1990.
14 T. Gunning, An Aesthetic of Astonishment. Early Film and the (In)Credulous Spectator, in: L. Williams (Hg.), Viewing Positions. Ways of Seeing Film, New Brunswick 1995, 114-133, 121.
15 Ebd., 123.
16 »Tatsächlich verschwindet das Kino der Attraktionen ja auch nicht mit der Dominanz des Narrativen – eher geht es in den Untergrund: findet sich einerseits in bestimmten Avantgarde-Formen wieder, andererseits als Komponente des narrativen Films, die sich in einigen Genres (zum Beispiel im Musical) deutlicher zeigt

Diese Hinweise sind es wert, unter Vernachlässigung ihrer historischen Rahmung experimentell ausgebeutet zu werden. Wenn wir die Idee eines Kinos der Attraktionen systematisch zuspitzen, führen Spielfilme den Betrachter nicht in den geschlossenen Raum einer fingierend erzählten Welt. In welcher Weise sie auch – sei es durchgehend, sei es fragmentarisch – narrativ organisiert sein mögen, sie führen uns ein visuelles oder audiovisuelles Geschehen vor, das *als solches*, im Rhythmus, in der Dynamik und Choreografie seiner Erscheinungen, unsere wahrnehmende Vergegenwärtigung verlangt. Paradox gesagt: Kino ist Musik fürs Auge, wie aufwendig auch immer es zusätzlich von Tönen aller Art durchsetzt sein mag.

Auch dieses Paradox aber weist auf eine immanente Schwierigkeit hin. Sie liegt darin, dass sich die anti-realistische These in der von mir präparierten Fassung lediglich als eine Alternative zu den Alternativen des Realismus und Illusionismus präsentiert. Beim Wort genommen, partizipiert auch sie noch an dem verfehlten Dogma zweier einander ausschließender Wege der Wahrnehmung von Filmen (und anderen Objekten der Kunst) – diesmal in Form eines angeblichen Schismas zwischen Attraktion und Narration, das in der filmischen Gestaltung nach der einen oder anderen Seite hin aufgelöst werde. Damit aber wird die Schwingungsbreite der Produktion von Spielfilmen erneut im Ansatz verfehlt. So sehr es nämlich in Spielfilmen einen *Widerstreit* zwischen der Aufmerksamkeit für die Verläufe *im* Film und diejenige *des* Films, für ihre Weltpräsentation und ihre Selbstpräsentation, gibt oder doch geben kann, und so sehr dieser Widerstreit in unterschiedlichen Filmen ganz unterschiedlich ausgetragen und *manchmal* zugunsten des einen oder anderen Extrems zurückgedrängt wird, *als Medium* ist der Film in eben diesem Widerstreit zuhause. *Darin* liegt sein Potential. Auch die anti-realistische These, bedeutet dies, stellt ein krasses und für sich genommen unhaltbares Overstatement dar (weswegen sie

---

als in anderen.« T. Gunning, Das Kino der Attraktionen. Der frühe Film, seine Zuschauer und die Avantgarde, in: Meteor. Texte zum Laufbild, Nr. 4, 1996, 25-34. – Unter Bezug auf Gunning hat Miriam Hansen eine Einteilung der Filmgeschichte in eine frühe, klassische und schließlich »post-klassische« Phase erwogen, in der es im »Kult-, Horror- und Actionfilm« zur Wiederkehr einer Ästhetik des Erstaunens komme: M. Hansen, Early Cinema, Late Cinema. Transformations of the Public Sphere, in: Williams (Hg.), Viewing Positions, a. a. O., 134-152.

in ihrer generellen Form von niemandem ernsthaft vertreten wird). Der Anti-Realismus wird einer konstitutiven Dimension des Films gerecht, aber nicht dem Film. Er ist stark genug, den Realismus wie den Illusionismus in seine Schranken zu weisen, aber auch er kann den Graben nicht aus der Welt schaffen, der zwischen den drei bisher vorgestellten Alternativen liegt.

Die indeterministische These

Jedoch ist es gerade die anti-realistische These, die einen Ausweg aus den filmtheoretischen Sackgassen weist. Man muss sie nur um ein entscheidendes Moment modifizieren. Dann wird deutlich, dass und warum sich das Medium Film gegenüber der Opposition von Realismus und Anti-Realismus – einschließlich des illusionistischen Kompromisses – grundsätzlich *indifferent* verhält. Film ist ein gegenüber diesen Möglichkeiten radikal *unbestimmtes* Medium. Statt – wie der Anti-Realismus – zu sagen: Filme erzeugen ein Klangbildgeschehen eigener Art, das nicht wie ein wirkliches Geschehen wahrgenommen *wird*, schlage ich vor zu sagen: *Filme erzeugen ein Klangbildgeschehen eigener Art, das nicht wie ein wirkliches Geschehen – oder wie die Illusion eines solchen – wahrgenommen werden muss.*[17]

2. Fotografie und Film

Diese These möchte ich im Folgenden verteidigen. Bevor ich dies im nächsten Abschnitt auf direktem Weg versuche, sollen jedoch die Positionen, um die es geht, noch etwas genauer geprüft werden – und zwar in ihrem Verhältnis zur Fotografie. Theorien des Films nämlich unterscheiden sich wesentlich dadurch, wie sie Einheit und Differenz dieser beiden Medien verstehen. Das ist alles andere

---

17 Nicht zufällig in dieselbe Richtung zielt Keppler, Mediale Gegenwart, a. a. O., 64: »Anders als die Fotografie ist der Film gegenüber Realismus und Anti-Realismus grundsätzlich indifferent. Als visuelles Medium gibt er das Realitätsversprechen nicht, das im fotografischen Bild immer enthalten, wenn auch keineswegs immer eingehalten ist. Filme können, aber müssen nicht als Wiedergabe realer Raumkonfigurationen gesehen werden; sie müssen auch nicht so gesehen werden, *als ob* es sich hier um die Darbietung eines realen Raums handelt.«

als nebensächlich, denn von einer plausiblen Einschätzung ihres Verhältnisses hängt hier beinahe alles ab.

Für filmtheoretische Realisten nahezu aller Couleur ist es kennzeichnend, dass sie den Film nicht allein in einer genetischen, sondern gerade in einer engen ästhetischen Kontinuität mit der Fotografie sehen. Die »Grundeigenschaften« des Films, sagt beispielsweise Kracauer, »sind mit denen der Fotografie identisch. Filme sind, anders gesagt, in einzigartiger Weise dazu geeignet, physische Realität wiederzugeben und zu enthüllen, und streben ihr deshalb auch unabänderlich zu.«[18] Noch bündiger heißt es: »Das Wesen der Fotografie lebt in dem des Films fort.«[19] Zu einer realistischen Deutung des *Films* kann diese Auffassung freilich einerseits nur führen, wenn Kracauers realistische Deutung der *Fotografie* haltbar ist. Andererseits bleibt es eine offene Frage, ob es denn überhaupt zwingend ist, von dem realistischen Status der Fotografie auf einen entsprechenden Status des Films zu schließen.

Für einige der illusionistischen Theoretiker folgt dies gerade nicht. So schreibt beispielsweise Allen: »The standard photograph, like the recording, affords us transparent access to an object in *this* world. When we see a film as ›a succession of automatic world projections‹, however, we do not see a series of profilmic events enframed by a camera and edited together; we perceive a fully realized world of experience that we seem to witness directly. This is not the experience of a medium aware spectator but of a spectator who has suspended medium awareness and experiences the film as a projective illusion in the manner I have characterized.«[20] Allen bricht mit einem strikten Realismus à la Kracauer genau an dem Punkt des Übergangs von Fotografie und Film. Der realistische Gestus einer Fotografie, auf Objekte zu verweisen, die zum Zeitpunkt der Aufnahme vor der Kamera da gewesen sind, verwandelt sich im Spielfilm zu einer Konstruktion imaginativer Bild- und Klangsequenzen, die sich so präsentieren, *als wären* sie Darbietungen eines wirklichen Geschehens, ganz gleichgültig, in welchem Maß sie sich auf Dinge und Ereignisse in der realen Welt beziehen.

Noch drastischer fällt dieser Schnitt zwischen Fotografie und Film

---

18 Kracauer, Theorie des Films, a. a. O., 55.
19 Ebd., 53.
20 Allen, Projective Illusion, a. a. O., 110: das Zitat im Zitat stammt von Cavell, The World Viewed, a. a. O., 72.

in der anti-realistischen Deutung aus. Aus historischer Perspektive beschreibt Gunning den Übergang zu den bewegten Bildern des Films so: »The movement from still to moving image accented the unbelievable and extraordinary nature of the apparatus itself. But in doing so, it also undid any naive belief in the reality of the image.«[21] In dieser Lesart *verabschiedet* sich der Film (zunächst einmal) von dem naiven Glauben an die Referentialität selbst der fotografischen Bilder – so sehr, dass die Frage nach der Wahrheit einer realistischen Deutung der Fotografie ganz dahingestellt bleiben kann. Denn der frühe Film stellt seinen Zuschauern gerade das Artifizielle und darin Spektakuläre der filmischen Bildverläufe heraus. »Placed within a historical context and tradition, the first spectators' experience reveals not a childlike belief, but an undisguised awareness (and delight in) film's illusionistic capabilities.«[22] Der von Gunning an dieser Stelle gebrauchte Begriff der Illusion darf jedoch nicht mit demjenigen der filmtheoretischen Illusionisten verwechselt werden. Denn gemeint ist eben nicht das Eintauchen in eine filmisch erzählte Welt (Allens »interne Betrachtung«), sondern das betrachtende Verfolgen der erstaunlichen technischen Möglichkeiten des Mediums (also jene »externe Betrachtung«, die nach Allen die Illusionsbildung gerade zerstört). Für Gunning – und erst recht für einen systematischen Anti-Realisten, wie ich ihn in deutlicher Anlehnung wie Abhebung von Gunning entworfen habe – ist das Verhältnis von Fotografie und Film durch eine starke ästhetische Diskontinuität charakterisiert.

Wenn nun meine Vermutung richtig ist, dass wir den systematischen Anti-Realismus ernst nehmen müssen, um der Verfassung von Filmen gerecht zu werden, so ist es diese These einer starken Differenz von Fotografie und Film, die ausgelotet werden muss, um zu einer plausiblen Einschätzung ihres Verhältnisses zu gelangen. Dazu aber ist es durchaus nötig, den Status fotografischer Bilder zu klären – und vor allem zu fragen, wie es denn um *ihren* Realismus bestellt ist.

Nach einer realistischen Deutung verweisen die Konfigurationen in einem fotografischen Bild auf Konfigurationen außerhalb des Bildes – auf diejenigen, die die Bilderscheinung kausal verursacht haben. Es ist der Index einer vergangenen Gegenwart – eines Au-

21 Gunning, An Aesthetic of Astonishment, a. a. O., 129.
22 Ebd.

genblicks in Raum und Zeit, dessen Zuständlichkeit die Betrachter eines fotografischen Bildes noch im Nachhinein zu erkennen vermögen. Wofür immer Fotografien verwendet werden mögen, als Fotografien beziehen sie sich – dieser Deutung zufolge – auf eine bestimmte raumzeitliche Konstellation in der äußeren Welt, und zwar auf diejenige, die durch das *Bild* über den Moment hinaus festgehalten wird. Fotografien können somit wie Namen augenblicklicher Dingkonfigurationen aufgefasst werden, deren irreversibel vergangenes Dagewesensein sie zum Erscheinen bringen.[23] Der inhärente Realismus des fotografischen Bildes läge, mit Kracauer gesprochen, in ihrem Vermögen, »vorübergleitendes materielles Leben festzuhalten, Leben in seiner vergänglichsten Form«.[24] Mit seiner bekannten Unterscheidung zwischen *studium* und *punctum* hat Roland Barthes in *Die helle Kammer* auf das besondere ästhetische Potential des so verstandenen fotografischen Bildes hingewiesen. Gegenüber den vielen konventionalisierten Gebrauchsweisen, denen es in heutigen Gesellschaften unterliegt, kann es seine Betrachter auf unvorhersehbare und unkontrollierbare Weise »treffen«. Einmal durch ein *Detailpunctum*: Inkommensurable Bilddetails sprengen ein einheitlich deutendes (»studium«- oder »code«orientiertes) Verstehen des Bildes; sie werden zu Zeichen einer radikalen Kontingenz des festgehaltenen Augenblicks. Zum andern durch ein *Zeitpunctum*: Das Bild als Ganzes vergegenwärtigt einen unausweichlich vorübergegangenen Moment und damit zugleich die unausweichlich vorübergehende Dauer von Objekt und Betrachter – es wird zu einem Memento der Vergänglichkeit.

Gegen eine solche klassische Interpretation der fotografischen Referenz und ihres spezifischen Bildpotentials, sei sie auch so inspiriert wie diejenige von Barthes, ergeben sich jedoch eine ganze Reihe von Einwänden. Träfen einige oder alle dieser Einwände zu, wäre Fotografie nicht generell als ein realistisches Medium zu verstehen – mit mehr oder weniger radikalen Konsequenzen für die Einschätzung ihres Verhältnisses zum Film.

Ein erster Einwand lautet, dass der Realismus des fotografischen Bildes weniger eine Sache seiner bildlichen »Natur« als vielmehr

---

23 Diese Auffassung habe ich seinerzeit vertreten in: M. Seel, Fotografien sind wie Namen, in: ders., Ethisch-ästhetische Studien, Frankfurt/M. 1996, 82-103.

24 Kracauer, Theorie des Films, a. a. O., 11; Kracauer bezieht sich hier gleichermaßen auf Fotografie und Film.

einer bestimmten, am Flüchtigen, Ephemeren, Zufälligen orientierten *Verwendung* dieser Bildart ist. Ein komplementärer Einwand gibt zu bedenken, dass der vermeintliche generelle Realismus des fotografischen Bildes einer bestimmten Art der *Produktion* solcher Bilder entspringt, die von anderen Arten der fotografischen Bildherstellung konterkariert wird – insbesondere von einer minutiös inszenierten und retouchierten Werbefotografie, einschließlich der heute vielfach üblichen Formen der digitalen Bildbearbeitung. Hieran kann sich der Hinweis anschließen, dass die Augenblicklichkeit und Kontingenz fotografischer Bilderscheinungen gerade auch durch künstlerische Operationen getilgt werden kann – man denke nur an die Fotografien von Thomas Demand, die Modelle aus Papier und Pappe zum Gegenstand haben, denen alle »Flüchtigkeit des Lebens« ausgetrieben wurde. Daraus könnte man folgern, dass die Indexikaliät der fotografischen Aufnahme selbst ein kontingenter, durch fotografische Konventionen bestimmter Umstand ist. Der nächste Einwand fasst diese Bedenken zu der These zusammen, dass die realistische Ambition der Fotografie allein eine bestimmte Epoche ihrer Herstellung und Verwendung kennzeichnet, die spätestens mit der digitalen Bildherstellung zu Ende gegangen sei.

Versucht man, die Diskussion über den Realismus der Fotografie zu systematisieren, so ergeben sich anders als beim Film nicht vier, sondern lediglich drei basale Thesen, da ein genereller Anti-Realismus hier keine aussichtsreiche Alternative darstellt:

I. Fotografie ist ein durch und durch realistisches Bildmedium.
II. Fotografie ist ein Bildmedium mit einem unausweichlichen realistischen *Aussehen*; sie ist stets mit dem Anspruch oder wenigstens Anschein verbunden, Aufweis von etwas tatsächlich Dagewesenem zu sein.
III. Fotografie ist – wenn die indeterministische These über das Medium Film richtig ist: *ebenfalls* – ein gegenüber Realismus und Anti-Realismus indifferentes Medium.

Bemerkenswert an dieser Konstellation von Positionen ist zunächst einmal, dass die erste und die dritte These in Sachen Fotografie und Film den Weg zu einer Theorie aus einem Guss anbieten, wie sie Kracauer für die realistische Seite exemplarisch entworfen hat. Beide Medien, so lässt sich sowohl von der realistischen wie von der indeterministischen Interpretation der Fotografie aus sagen, teilen grundsätzlich dieselbe Einstellung zur Realität – eine referentielle im einen Fall, eine indifferente im anderen. Eine solche Theorie aus einem Guss aber ist gerade der Kardinalfehler, der vermieden werden muss, wenn man der ästhetischen Differenz von Fotografie und Film gerecht werden will.

Eine Theorie aus einem Guss scheint freilich auch die zweite These anzubieten. Denn sie *ähnelt* der illusionistischen These in Sachen Film, insofern sie einen abgeschwächten Realismus des fotografischen Bildes formuliert. Es kommt jedoch darauf an, wie man diesen interpretiert. Eine illusionistische Lesart der Fotografie, wie sie von den filmtheoretischen Illusionisten in der Regel *nicht* vertreten wird, könnte besagen: Fotografien präsentieren sich so, *als ob* sie sich auf eine reale Dingkonfiguration beziehen, gleichgültig, in welchem Maß sie *tatsächlich* einen solchen Bezug enthalten. Der paradigmatische Fall der Bildwahrnehmung wäre demnach auch hier der Genuss einer durchschauten oder doch durchschaubaren *Illusion* der Weltdarbietung (die verbindbar wäre mit einem hypothetischen Glauben an die *Anwesenheit* des Bildgegenstands, der nach einem generellen bildtheoretischen Illusionismus für alle Bildwahrnehmung konstitutiv sein soll). Diese Lesart ist freilich alles andere als zwingend, allein deshalb, weil es den Betrachtern fotografischer Bilder in den meisten Kontexten keineswegs gleichgültig ist, ob diese einen außerbildlichen Zustand repräsentieren oder nicht. Die zweite These lässt sich aber auch ohne illusionistische Konsequenz vertreten. Sie läuft dann auf einen *moderaten Realismus* des fotografischen Bildes hinaus. Dieser korrigiert die Formel, Fotos würden so gesehen, *als ob* in ihnen eine vergangene Gegenwart festgehalten sei, an der entscheidenden Stelle: Fotografien werden *wie* Präsentationen augenblicklicher Konfigurationen von Dingen gesehen, auch wenn sie dies keineswegs immer sind. Es ist dieser Schritt vom Als-ob zum Wie, vom durchschauten Schein zum hartnäckigen Anschein, der eine illusionistische Deutung der Fotografie blockiert. Der »Realitätseindruck« der Fotografie ist von anderer Art als derjenige, den Metz dem Kino zuschreibt. Die Geste der Fotografie *enthält* ein »So war es damals dort«, ein erfülltes oder unerfülltes Repräsentationsversprechen, dem die Betrachter vertrauen oder misstrauen können.

Gerade an der digitalen Fotografie kann man sich klarmachen, dass und warum der Anschein erfüllter Referenz zum fotografischen Bild gehört. Dabei ist es wichtig, das digital produzierte und/oder gespeicherte *fotografische* Bild von Erzeugnissen der Computer*grafik* zu unterscheiden, die nicht aus einem fotografischen Prozess hervorgegangen oder durch ihn hindurchgegangen sind. Computergrafiken sind keine Fotos, wie viel fotografisches Material sie auch verwenden mögen. Wie aber lassen sich diese von den – analog oder digital produzierten – Fotografien unterscheiden, die am Computer lediglich *bearbeitet* wurden, so wie es, wenngleich mit geringeren Möglichkeiten, auch in der hergebrachten Dunkelkammer geschah? Die eine Antwort lautet: Mit bloßem Auge oft gar nicht; *phänomenal* ist die Grenze zwischen Fotografie und fotografienaher Bildgrafik unschärfer denn je. Die andere Antwort jedoch lautet: *Kriterial* lässt sich der Unterschied eindeutig fassen; Fotografien sind mit entsprechenden Kameras *generierte* Bilder, in denen die *räumlichen Konfigurationen* des wie immer retuschierten und präparierten *Erstbildes* ganz oder weitgehend erhalten bleiben. Fotografien gehen zurück und verweisen auf Anordnungen von Dingen, die außerhalb der Kamera so vorhanden waren, wie sie in den jeweiligen Bildern sichtbar werden (wobei vieles unsichtbar bleiben kann, was man vor Ort hätte sehen können, und vieles sichtbar werden, was ohne den Blick der Kamera hätte unsichtbar bleiben müssen). Dieses Kriterium ist kein Postulat, sondern es artikuliert ein Grundverständnis der heute wie gestern vorherrschenden *Praxis des Umgangs* mit Fotografien über ihre vielen Verwendungskontexte hinweg. Diese Praxis *macht* einen Unterschied zwischen dem fotografischen und dem computergrafisch bearbeiteten (oder erzeugten) Bild, und zwar genau danach, mit welchem *Anspruch* ein solches Bild daherkommt, und, wenn dies ein realistischer Anspruch ist, in welchem Maß es ihn erfüllt. Obwohl der Betrachter heute weniger denn je geradewegs sehen kann, ob oder in welchem Maß ein Bild von der einen oder der anderen Art ist, bleibt die *Unterscheidung* zwischen beiden Bildarten bis auf weiteres für unseren Bildgebrauch konstitutiv. Das bedeutet: Im Blick auf die Fotografie zeichnet sich das digitale Zeitalter durch eine *gesteigerte* Ungewissheit gegenüber dem Status fotografischer Bilder aus, die ihren Gebrauch jedoch von Anfang an begleitet hat – eine ontologische Unschärfe, mit der die Werbung und Teile der künstlerischen Fotografie seit langem operieren. So unsicher also die Grenze zwischen dem fotografisch *hergestellten* und dem als fotografisch bloß *dargebotenen* oder *aufgefassten* Bild ist, sie bleibt nach wie vor konstitutiv für das, was als fotografisches Bild zählt.

Anders als durch die Persistenz dieser Unterscheidung wäre beispielsweise das hartnäckige Rätsel der monumentalen Fotografien von Andreas Gursky gar nicht zu begreifen. Entstanden aus digital bearbeiteten und montierten Aufnahmen einer Großbildkamera bieten sie dem normalen menschlichen Standpunkt irreal entrückte und surreal modifizierte Ansichten dar. Zugleich aber präsentieren sie eine Fülle von oft nur aus nächster Nähe zum Bild erkennbaren Details, die durchaus das – oder etwas davon – zeigen, was im Augenblick der Aufnahme(n) am jeweiligen Schauplatz vorhanden gewesen ist. Diese Bilder sind klassische Fotografien und sind es doch nicht. Sie zweifeln gleichsam an dem fotografischen Blick, als dessen Resultat sie sich darbieten – jedoch nicht im Sinn eines bloßen Als-ob, sondern in einer raffinierten, die Möglichkeiten des fotografischen Sehens befragenden Kombination von realistischer Geste und imaginativer Komposition, mit der zugleich die Undurchsichtigkeit der Lebensverhältnisse im Zeichen der Globalisierung zur Anschauung gelangt.[25]

Es spricht daher alles für die zweite These über den Status fotografischer Bilder: Das fotografische Bild zeichnet sich durch einen realistischen Anschein aus, der erfüllt oder unerfüllt sein kann. Es enthält das Versprechen, Aufweis einer vergangenen Gegenwart zu sein: einer Konstellation von Objekten, die damals an einem bestimmten Ort tatsächlich da gewesen sind. Dieses Versprechen wird jedoch von fotografischen Bildern nicht immer gehalten. In die Konfiguration der im Bild sichtbaren Objekte kann so stark eingegriffen werden, dass es keinen bestimmten Ort und keine bestimmte Zeit mehr gibt, auf die die Konfigurationen des Bildes verweisen, obwohl das in ihnen Sichtbare sich – wie im Fall Gurskys – durchaus und dezidiert *fotografischen* Erkundungen verdankt, wir es also nicht mit vorwiegend *grafischen* Erzeugnissen zu tun haben. Bilder, die überhaupt als fotografische angesehen werden, präsentieren sich als das visuelle Festhalten eines vergangenen Augenblicks. In diesem Gestus liegt das spezifische Potential des Mediums Fotografie, das auch jene fotografischen Bilder ausnutzen, die

25 Vgl. auch die Überlegungen zur künstlerischen Fotografie und ihrem Verhältnis zur Malerei in den Texten 20 und 21 in diesem Band.

das in ihm liegende Versprechen offen oder insgeheim, ganz oder teilweise brechen.

3. Showdown

Kehren wir zum Film zurück. Für eine Entscheidung zwischen den beiden Auswegen aus der falschen Alternative zwischen Realismus und Anti-Realismus – dem illusionistischen und dem indeterministischen – müssen wir jetzt nur noch eine einfache Frage beantworten: Was wird aus dem fotografischen *Anschein* eines Realitätsbezugs beim Übergang zum Film, insbesondere dem Spielfilm? Wird er zu einem *notwendigen Schein*, wie der Illusionismus behauptet, oder wird er zu einer unter anderen *Dimensionen* der filmischen Darbietung, wie es der von mir favorisierte Indeterminismus vertritt? Man kann die Frage noch anders stellen: Ist der Realitäts*eindruck* des filmischen Geschehens *unerlässlich* für das Vergnügen an Spielfilmen, wie Realisten *und* Illusionisten es sehen (auch wenn sie ihn verschieden deuten); oder ist er vielmehr, wie radikale Anti-Realisten entgegnen könnten, *unerheblich* für die ästhetische Lust am Kino? Mir scheint, dass diese beiden Alternativen für sich genommen unhaltbar sind. Aber nur *für sich genommen* sind sie unhaltbar. Denn der Film verhält sich grundsätzlich indifferent gegenüber der realistischen wie der anti-realistischen Option. Als Medium steht er weder auf der einen noch auf der anderen Seite; seine stärksten Realisierungen operieren fast immer auf beiden zugleich. Spielfilme laden zu einem Erleben der durch die filmische Erzählung entworfenen Welt *ebenso* wie zum Genuss des Schauspiels ihrer Inszenierungen ein. Sie verhalten sich unbestimmt zu diesen beiden Polen. Es ist ihre besondere Stärke, die Imagination einer Realität und die Realität ihrer Imagination im Bewusstsein ihrer Betrachter *ineinanderspielen* zu lassen – so, dass sie einander tragen, so, dass beide einander unterbrechen, so, dass sie einander unterlaufen, so, dass eine die andere dominiert, so, dass ein heikles Gleichgewicht geschaffen wird – gleichviel. Es darf nicht einer dieser Fälle zum schlechthin paradigmatischen erhoben werden, wenn der Breite der filmischen Möglichkeiten Gerechtigkeit widerfahren soll. Filme entfalten häufig *ein* Geschehen, in das man sich sehend und hörend verlieren kann, aber sie tun dies, indem sie *ihres* entfesseln, in das man sich gleichermaßen und manchmal gleichzeitig vertiefen und sogar – verlieben kann.

Man sieht hier nochmals, warum Oppositionen wie diejenige zwischen einem »Erzählkino« und einem »Kino der Effekte« oder zwischen der von Filmen bewirkten »Absorption« bzw. »Attraktion« und ebenso diejenige zwischen »Immersion« und »Reflexion« als Modi der filmbezogenen Wahrnehmung mit größter Vorsicht zu genießen sind. Es handelt sich hier nicht um Pole einer einerseits *faszinierten* und andererseits *distanzierten* Betrachtung, sondern um Grundarten und Grundambivalenzen *der Faszination* durch das filmische Geschehen. Keine der aufgezählten Haltungen, mit welcher Häufigkeit sie in Kino und Fernsehen auch anzutreffen seien, darf zum *Inbegriff* des Films und seiner Wahrnehmung verklärt werden. Denn als Medium ist der Film auf keine dieser Dimensionen seines Wahrgenommenwerdens festgelegt. Er bleibt ihnen gegenüber unbestimmt. Daher noch einmal die indeterministische These: Filme erzeugen ein Klangbildgeschehen eigener Art, das nicht wie ein wirkliches Geschehen – oder wie die Illusion eines solchen – wahrgenommen werden *muss*.

Hierin liegt der kategoriale Unterschied zur Fotografie. Während diese auch im Fall ostentativ künstlerischer Arrangements als Medium mit einem realistischen Gestus verknüpft ist, ist dies beim Film nicht der Fall, so sehr bestimmte *Filme* natürlich einen realistischen Gestus annehmen können. Das fotografische Bild *fixiert* einen außerbildlichen Zustand (oder gibt dies vor), der Film *lässt gehen* – er lässt *sich* gehen, er lässt *sein* Erscheinen geschehen, um darin und dabei tatsächliche und mögliche Wirklichkeiten zur Erscheinung kommen zu lassen – mit stärkerer Betonung mal der ersten, mal der zweiten Dimension.

In einem Essay zur *Rhetorik des Bildes* aus dem Jahr 1964 hat Roland Barthes beiläufig überlegt, ob es nicht angebracht wäre, »zwischen Film und Fotografie nicht mehr einen bloßen Gradunterschied zu sehen, sondern einen grundsätzlichen Gegensatz: Der Film wäre dann keine bewegte Fotografie; in ihm verschwände das *Dagewesensein* zugunsten eines *Daseins* der Sache.«[26] Man kann diese Sentenz wie einen leichtfüßigen Brückenschlag von einem fotografietheoretischen Realismus zu einem filmtheoretischen Illu-

---

26 R. Barthes, Rhetorik des Bildes, in: ders., Der entgegenkommende und der stumpfe Sinn, Frankfurt/M. 1990, 28-46, 40.

sionismus lesen. »Fotografien präsentieren sich als Darbietungen eines vergangenen Zustands *der* Welt; Filme hingegen präsentieren sich als Darbietungen von Ausschnitten *einer* Welt (wie nahe oder fern diese der realen auch stehen mag)« – so möchten die Illusionisten ihn lesen. Die Fotografie zeigt »Sachen«, wie sie einmal an einem Ort gewesen sind, der Film zeigt Zustände und Ereignisse, als spielten sie sich hier und jetzt ab. Aber auch diese Lesart führt in die Irre, was immer Barthes selbst im Auge gehabt haben mag. Denn was ist »die Sache« der Fotografie und des Films, von der hier die Rede sein muss? Doch nicht allein die Sachen, die in Bild oder Film zu sehen sind, sondern zugleich die Sache von Bild und Film selbst, *in denen* Sachen aller Art zu sehen sind! Was den Fokus der Darbietung und Wahrnehmung auf dem Weg von der Fotografie zum Film von einem »Dagewesensein« hin zum »Dasein der Sache« verschiebt, ist das Ereignis eines bewegten Bildes, das sich, *eben weil es Bewegung ist*, von der realistischen Bindung der Fotografie verabschiedet. Es führt nicht nur – wie jedes künstlerische Erzeugnis – zugleich sich und etwas vor, wie es gerade an der Fotografie deutlich wird, die in *ihren* Konfigurationen *eine* Konfiguration bannt und benennt, die es (anscheinend) damals dort gab. Der Film nimmt seine Zuschauer in eine – in seine – Bewegung mit, lässt sie in einem Bewegungsraum sein, den es anders als durch Filme nicht gibt, führt sie in *einen* und in *einem* von ihm, dem Film, entworfenen Raum und gibt ihnen dort die Gelegenheit, sich auf die eine oder andere Weise dem Drive und dem Rhythmus, den Schwüngen und Umschwüngen dieser Bewegung zu überlassen: sei es mit Augen und Ohren nur dafür, wie es bestimmten *Figuren* in der Welt eines Films ergeht, sei es mit Augen und Ohren nur dafür, wie der *Film* sie *into trouble and out again* führt, sei es mit einem offenen Herzen, das solche theoretischen Alternativen nicht schert.

Die »Sache eines Films«, mit anderen Worten, ist die filmische Bewegung selbst, die Möglichkeit eines wahrnehmenden Eintretens in einen virtuellen Ereignisraum, was immer sich in diesem ereignen mag. Filme präsentieren die Bewegung eines von ihnen in Bewegung versetzten Wahrnehmungsraums, und dies lässt sich zu Darstellungs- und Erzählweisen aller Art nutzen, weswegen der Film gerade in Sachen Realismus und Anti-Realismus *stilistisch* auf gar nichts festgelegt ist. *Theoretisch* aber, so wollte ich zeigen, *durchbricht* der Film als Medium jede klar geschnittene Alternative zwischen Realismus, Illusionismus und Anti-Realismus. Er durchbricht sie sogar noch radikaler, als ich es hier in einer lockeren Orientierung am Spielfilm dargestellt habe. Denn es ist der *Film*, gleich in welcher seiner großen und kleinen Gattungen, der sich gegenüber diesen Alternativen grundsätzlich indifferent verhält. *Jeden* Film kann man entweder mit Interesse an seinen Begebenheiten oder an seinen Bewegungsweisen sehen. Aber vor jedem können wir die Scheuklappen eines einseitigen ästhetischen Interesses auch beiseitelegen.[27]

---

27 Angela Keppler bin ich dankbar für ihre mit mir geteilte Leidenschaft für den Film und seine Theorie. – Bedanken möchte ich mich auch bei den Teilnehmerinnen und Teilnehmern für ihre rege Teilnahme an zwei Seminaren zu Fotografie und Film im Studienjahr 2005/2006 an der Universität Frankfurt/M., insbesondere bei Stefan Deines, Daniel Feige, Christian Tedjasukmana sowie unseren Special Guests Bernd Stiegler und Christiane Voss – und *Last but not Least* bei Christian Retsum und Eivind Røssaak.

13. Das Auto als Konzertsaal

1.

Das Auto ist heute einer der bevorzugten Orte des Hörens von Musik. Wer immer ins Auto steigt, fast immer begibt er sich zugleich in ein Klangstudio, in dem vorwiegend Musik gehört wird. Zwar können auch Wortbeiträge gehört werden, aber die meisten wählen im Auto nicht den Text, sondern den Klang, verziert von den Stimmen der Moderatoren und Morgencrews, der Werbeeinlagen und der Straßenverkehrspoesie oder in purer Wiedergabe auf Kassette oder CD (auf Wunsch von der Litanei der Staus und Störungen unterbrochen). Man könnte dies für ein einfaches musiksoziologisches Faktum halten: Der heutige Mensch hört die Musik, die er hört, durchschnittlich zu soundsoviel Prozent im Innern seines Automobils. Aber dieses Faktum, wie es sich leicht ermitteln ließe, soll hier nicht interessieren. Interessieren soll die besondere Art, in der Musik im Innern eines fahrenden Personenwagens zur Wahrnehmung kommt. Denn das Auto als Konzertsaal für ein bis fünf oder sechs Hörer – dies ist eine einzigartige Gelegenheit der musikalischen Wahrnehmung.

2.

Begreifen kann dies freilich nur, wem das Erlebnis der plötzlichen Allgewalt einer Musik während des Autofahrens einmal oder öfter zuteil geworden ist. Dies kann auf sehr verschiedene Weise geschehen. Nur die klassische Situation soll zunächst in Erinnerung gerufen werden. Sie fahren Auto, sind dem Hören populärer Musik nicht abgeneigt, haben das Radio eingeschaltet, einen Sender, der neben neuen auch ein paar ältere Nummern bringt. Sie fahren, achten Ihres Wegs, lassen sich dabei von den wechselnden Songs unterhalten, die Ihnen mehr und weniger zusagen werden. Dann auf einmal, plötzlich, es trifft Sie unvorbereitet, wird ein Stück gespielt, das Sie trifft: Sie wollen es lauter hören, sie greifen zu Knopf oder Taste und drehen auf, Sie wollen nicht, dass es endet, Sie beten, dass jetzt kein Geisterfahrer unterwegs ist, der gemeldet werden muss.

Mit einem Mal ist die Musik kein Nebenbei, keine Unterhaltung, kein Zeitvertreib mehr, sie ist die Wirklichkeit, die Ihnen für diesen dreiminütigen Augenblick alle Wirklichkeit ist. Um dieses Klangs willen wollen Sie sein. Hand und Fuß tun ihre steuernde Arbeit nur, damit der Augenblick nicht vorzeitig stirbt. Würden Paare und Passanten Sie so vorbeifahren hören, sie könnten wohl nur mit dem Kopf schütteln.

3.

Sie könnten nur mit dem Kopf schütteln, wie immer ein nüchterner Mensch nur mit dem Kopf schütteln kann, der einem Verzückten in einer Verzückung begegnet, für die es keine ausreichenden Gründe gibt. Die Verzückung aber gibt es. Sie kommt zustande durch eine momentane Korrespondenz zwischen einem Subjekt und einer Musik, die weder aus der Verfassung der Musik noch aus der Verfassung des Subjekts begründet werden kann. Wer eine Weile mit eingeschaltetem Radio unterwegs ist, kann eine ganze Reihe von Titeln hören, die er als gut und schön bewertet, ohne dass es zu einem ekstatischen Augenblick kommt. Aber auch die Stimmung von Hörerin und Hörer ist nicht ausschlaggebend. Man kann bester Laune unterwegs sein, ohne elektrisiert nach dem Tonregler zu greifen. Man kann schlechtester Laune unterwegs sein, und es passiert. Das musikalische Ereignis, um das es geht, ist etwas, das auf eine unerklärliche Weise *zwischen* Hörer und Gehörtem geschieht. Sobald es aber geschieht, vollzieht es sich so, dass es für die Hörenden für eine kleine Weile alles ändert.

Diese umstürzende Wirkung hat entscheidend mit der besonderen Lage der Hörenden zu tun. Sie befinden sich in der Position eines unbewegten Bewegers. Die äußere Welt bewegt sich an ihnen vorbei, in einem Rhythmus, den sie (im Rahmen der gegebenen Verkehrslage) durch die Beschleunigung und Lenkung des Gefährts selbst bestimmen. Das ist allerdings bei jeder beliebigen Autofahrt so; immer geschieht aus der Perspektive der Fahrenden eine durch die Bewegung des Autos erzeugte Bewegung der Welt. In der musikalischen Ekstase jedoch verwandeln sich diese Bewegungen. Sie werden eins. Die äußere Umgebung wird im Klang, Rhythmus und Schema der gehörten Musik wahrgenommen. Es bildet sich eine momentane Einheit von Ich und Welt, in der es ist, als ereigne sich die sichtbare Welt draußen allein für die Wahrnehmung des hörenden Ichs. Der Unterschied zwischen der Welt draußen und dem Klang drinnen, der in der Analyse dieses Vorgangs markiert werden muss, verliert hierbei seine Bedeutung. Er wird nicht länger erlebt. Für das Subjekt des motorisierten musikalischen Augenblicks wird alles eins: der Song, den es hört, der Sog, der von ihm ausgeht, der Sinn, der in seiner reinen Gegenwart liegt. Das mit einem Radioempfänger ausgerüstete Auto ist ein primärer Ort der modernen mystischen Erfahrung.

4.

Zu dieser Mystik muss man an nichts glauben als an die Musik, die einen gerade erfasst. Sie eröffnet den Subjekten ihrer Erfahrung nichts über den Sinn des Seins oder das Sein des Sinns. Sie eröffnet ihm gar nichts – außer der Möglichkeit einer nachträglichen Erinnerung an Momente, in denen alles, wie verschieden es auch war, als eins erfahren werden konnte. Das Einssein bleibt ein Akt der subjektiven Wahrnehmung allein. Im kurzen Rausch einer irren Musik kann das hörende Subjekt alles auf sich beziehen, kann es sich als Zentrum allen Geschehens, als Mitte der Gegenwart fühlen, ohne dass es irgendwie glauben oder meinen müsste, dass dies auch wirklich so sei. Es fühlt, wie es die Welt am Zügel hält, ohne dafür die Kausalgesetze bestreiten zu müssen – schließlich verlässt es sich weiterhin auf seine Bremsen. Es erfährt sich als eins mit allem – das ist alles.

Die unumgängliche Bedingung hierfür aber ist erstens eine Musik, die einen trifft; zweitens eine auf laut gestellte Musik, die alle Ritzen der weltoffenen Höhle füllt; drittens eine gesteigerte Wahrnehmung im Schema der Musik, die allem und jedem im äußeren Raum das Licht einer besonderen Erscheinung verleiht. Die leiblich-affektive Korrespondenz mit den Klängen innerhalb des geschlossenen Raums wird erfahren als eine Korrespondenz mit dem Geschehen in Raum und Zeit überhaupt. Sie kann so erfahren werden, weil sich das Subjekt dieser Erfahrung durch einen größeren, zum Horizont hin offenen Raum bewegt, der durch Fenster und Spiegel rundum sichtbar ist. In der Koordination mit den spärlichen Bewegungen der Lenkung des Fahrzeugs bietet der äußere Raum fortwährend andere Ansichten, die mit dem musikalischen Ablauf im inneren Raum verschmelzen. In einem nach außen hin transparenten, von erfüllenden Klängen erfüllten Gehäuse bewegen wir uns durch eine von unserer Bewegung bewegte Welt.

5.

So jedenfalls *erscheint* es uns. Für die ästhetische Erfahrung aber reicht das Erscheinen bekanntlich vollkommen aus. Wir scheinen uns in einer vollkommenen Korrespondenz mit der Welt zu befinden: Mehr Sein braucht es nicht, um ein musikalisches Außersichsein dieser besonderen Art zu erfahren. (Das Wort »er*fahren*« erhält hier einen ganz besonderen Klang.) Diese Erfahrung ist an keinerlei besondere Art der Musik gebunden. Welche Musik es ist, die das Ereignis zündet, bleibt dem mit ihr einsetzenden Augenblick überlassen. Die Auswahl ist durch die mitgebrachten musikalischen Neigungen des jeweiligen Subjekts lediglich ungefähr begrenzt: Eine Verehrerin von Heavy Metal wird nicht gerade auf Heino abfahren, ein Verehrer von Country and Western nicht gerade auf Donizetti-Arien. Alle diese Begrenzungen aber sind prinzipiell vage. Es soll vorgekommen sein, dass ein Liebhaber Mozarts plötzlich im Auto einen Techno-Rausch erlitt. Wer sich seinen musikalischen Sinn nicht derart abgedichtet hat, dass er überhaupt nicht ergriffen werden kann, kann nie ganz sicher sein, *was* ihn das nächste Mal ergreifen wird. Nur aus Gründen der Einfachheit also wurde die klassische Urszene mit einem Fan der populären Musik besetzt. Es kann alle treffen, die im Auto sind, damit ihnen hörend und sehend das Hören und Sehen vergehe.

Es kann ein Bagatellstück von Anton Webern ebenso sein wie *Ich find' dich Scheiße* von Tic Tac Toe, *Killing me Softly* in der Version der Fugees ebenso wie Maria Callas als Lucia di Lammermoor. Freilich entsteht jenseits der populären Musik, die mit ihren kurzen Sachen vorwiegend für ein ekstatisches Hören gemacht ist, ein Längenproblem. So lange wie eine Symphonie oder Oper dauert die Symbiose von bewegtem Subjekt und bewegender Welt nur selten. Wer sich in eine Symphonie einschaltet, die genau an dieser zufällig getroffenen Stelle die Weite der Welt mit der Enge des Klangraums zusammenschließt, dem wird die einmalige Anspannung früher oder später entgleiten. Das mindert den Schmerz des Vorbeiseins ebenso wie die Verzückung über das knappe Glück.

6.

So häufig die musikalische Augenblickserfahrung im Auto eine solitäre Erfahrung ist, sie kann auch von mehreren zugleich geteilt werden, wenn diese, wie bei Paaren und jugendlichen Gruppen möglich, so aufeinander eingestimmt sind, dass sie dieselbe Nummer zum selben Zeitpunkt in derselben Weise als ein plötzliches Geschenk des Medienhimmels annehmen können. Dann werden rare Minuten einer *geteilten* mystischen Erfahrung wahr. Jedoch behält die Fahrerin auch hier eine privilegierte Stellung: Ihre Bewegung steuert die Bewegung des Autos durch das Schauspiel des Tags oder der Nacht. Die andern bewegen sich nur mit dieser Bewegung mit. Im Übrigen ist nicht auszuschließen, dass sich das Wunder der Verwandlung einer Autofahrt in eine Bejahung von allem, wie es gerade erscheint (in strengem Kontrast dazu, wie alles ist!), auch einmal ohne alle eingespielte Musik ereignet. In der Epoche nach Cage kann das Geräusch von Motor und Reifen Musik genug sein, um in der Enge mit der Weite der Welt in Einklang zu geraten. Es soll Fahrer aus deutschen Provinzen geben, die sich – am Steuer eines Opel Tigra oder anderer Projektile – rein am Raunen des Motors berauschen können. Ihnen steht der lässige amerikanische Hörertypus entgegen, der, am Steuer eines Wagens mit Automatikgetriebe, den linken Arm mit Kippe oder Cola aus dem Fenster hängend, durch die *main streets* der Städte flaniert – und dabei auf die sprengende musikalische Brandung wartet wie der Surfer auf die ultimative Welle. Was uns daran erinnert, dass es dies – nämlich das Warten – ist, womit alle, deren erstes Musikinstrument das Auto ist, die meisten ihrer Fahrten verbringen. Denn die meiste Zeit über bleibt der Augenblick der Verwandlung aus.

7.

Dabei spielen die Techniken des Empfangs eine wichtige Rolle. Kassettendeck oder CD-Laufwerk haben beispielsweise als Medien musikalischer Auszeiten gegenüber dem Radio einen erheblichen Nachteil. Die Möglichkeit, *unerwartet* etwas Unerhörtes zu hören, ist hier sehr viel begrenzter. (Die Zufallswahl einzelner Stücke durch den CD-Player ist dafür nur ein schwacher Ersatz.) Im Radio dagegen sind die Hörenden der Kontingenz der Programmauswahl überlassen, wie wohlüberlegt die Musikzusammenstellungen in den Sendeanstalten auch sein mögen. Es ist immer ein Zufall, wenn diese Hörerin auf diesem Sender zu diesem Zeitpunkt auf diese Einspielung trifft. Der positive Schock einer augenblicklich mitreißenden Musik ist ungefiltert nur am Radio zu erfahren.

Die Fragilität des Radiotons dagegen ist in unseren Tagen vom Verschwinden bedroht. In früheren Zeiten lebte jeder Radiohörer im Auto in der fast permanenten Furcht vor einer urplötzlichen Störung des gewählten Senders. Jeder Klangrausch, wenn er sich einmal einstellte, stand in der Gefahr, in einem bloßen Rauschen zu ersticken. Umso größer dann das Glück eines gegen alle Wahrscheinlichkeit von Anfang bis Ende ungestört empfangenen Stücks. Entstörtechnik, Wahltasten, Sendersuchlauf und dergleichen haben dieser technischen Unberechenbarkeit mittlerweile den Garaus gemacht. Die besten Zeiten des promillefreien Rauschens am Radio sind vielleicht schon vorbei. Sie herrschten, als noch jede kleinste Interferenz das Glück einer dreiminütigen Ewigkeit rauben konnte. In der Nacht der Städte sind in den Vorzeiten des Radios Fahrer gesehen worden, die mit der Faust wild auf ihr Armaturenbrett einschlugen, um einen Empfänger wiederzubeleben, der mitten im Solo von Lester Young oder Jimmy Hendrix ausgefallen war. Passanten, die das sahen, hatten mehr denn je Anlass, verwundert den Kopf zu schütteln.

8.

Besonders nachdrücklich tat dies der Philosoph Theodor W. Adorno, der bereits in den dreißiger Jahren seines amerikanischen Exils den Autofahrer als eigentlichen Exponenten einer neuartigen, mit der Technik des Radios entstandenen musikalischen Unkultur ausgemacht hatte. In seiner ebenso berühmten wie (wegen der rüden Jazzkritik) berüchtigten Abhandlung *Über den Fetischcharakter der Musik und die Regression des Hörens* erscheint der »Chauffeur« als der heruntergekommenste Typus einer verkommenen musikalischen Praxis. Unter heutigen Bedingungen ist dieser Chauffeur längst zum allgegenwärtigen, sein Gefährt selber lenkenden Fahrer geworden, der, wie es in einem anderen Text des Autors heißt, »raketenschnell« unterwegs ist, um »von dort, wo man ohnehin ist, dahin zu gelangen, wo es nicht anders ist.« Dieser Chauffeur »ist das wahre Jazzsubjekt: seine Improvisationen kommen aus dem Schema und das Schema steuert er, die Zigarette im Mund, so nachlässig, als hätte er es gerade selber erfunden.«

Dieser Hörer (mitsamt all denen, die er als Typus repräsentiert), meint Adorno, ist in jeder Hinsicht ein Abhängiger: abhängig von Vorgaben, die er nicht versteht; abhängig von industriellen Schemata, auf die hereinzufallen er für höchstpersönliche Ekstase hält; abhängig von einem ästhetischen Glücksversprechen, um das er sich leuchtenden Auges betrügen lässt; abhängig von Gerätschaften, die ihm Injektionen einer kurzlebigen Euphorie verpassen, durch die er sein entfremdetes Sein vergessen kann. Er ist gefangen in einem stählernen Gehäuse der Hörigkeit, das er für einen Ort der Freiheit hält, weil es über vier Räder, soundsoviel kW und einen Radioempfänger verfügt. Das Erwarten und Erleben mystischer Augenblicke in lautstark beschallten Motorfahrzeugen, würde Adorno sagen, ist ein tristes Ritual, das Erfüllung vortäuscht, wo in Wahrheit nur Enttäuschung ist.

9.

Fürwahr eine bittere Diagnose. Sie wäre sogar richtig, wäre es nur die Voraussetzung, auf der sie beruht. Adorno putscht das Bild des in seinem Auto sitzenden Hörers zu einer Daseinsmetapher des modernen Menschen auf. Dieser im Auto gefangene und von den Schemata der Musikindustrie betäubte Mensch, so scheint es dann, lebt in illusionärem Glück an der Wirklichkeit seines Lebens vorbei. Aber das ist schon aus dem einfachen Grund absurd, dass wir jederzeit das Radio abschalten, aus dem Auto aussteigen und uns nach anderen Vergnügungen umsehen können – und dies auch tagtäglich tun. Absurd ist es außerdem, weil Adorno die eminente Passivität dieser besonderen Form der Musikerfahrung gegen andere – aktive und kreative, verstehende und erfindende – Formen des Musikgebrauchs ausspielt, als könne und solle sie diese ersetzen. Absurd ist seine Diagnose schließlich, weil die beschriebene musikalische Auszeit eben dies, eine *Auszeit* ist und nichts weiter. Niemand bildet sich ein, alles Gute im Leben (und am Ende das gute Leben!) müsse dem Muster der musikalischen Verzückung am Autoradio folgen. Im Gegenteil: Für eine begrenzte Zeit werden Klang und Rhythmus einer Musik als Einklang mit der Bewegung der Welt erlebt. Das ist alles. Es funktioniert überhaupt nur, weil dies alles ist. Wäre es mehr, wäre in der Tat alles nichts. Die Illusion, die Welt am Zügel zu halten, muss, ja sie darf gar nicht für die Wahrheit gehalten werden, damit der automusikalische Glückszustand eintreten kann. Er ist eine *Unterbrechung* der anderen Lebenszustände und hat seinen Wert eben hierin: als plötzliche, ungeplante, ungesicherte Unterbrechung, die einen für eine kurze Weile in einen befreienden Abstand zur Verbindlichkeit des Wirklichen stellt.

Dafür hätte übrigens Adorno sehr wohl einen Sinn haben müssen; jedoch glaubte er, dergleichen Zustände seien zulässig nur beim Improvisieren über Stücke von Berg oder Schönberg. Für den mystischen Zustand einer in fahrender Bewegung erfahrenen Bewegung einer Musik aber, die die sichtbare Welt zum Tanzen bringt, ist außer einem Führer- und Fahrzeugschein keine weitere – philosophische oder sonstige – Zulassung nötig. Von denen, die in ihn geraten, wird dieser Zustand ohne Vorbehalte bejaht. Mit Täuschungen ist er nicht verbunden, da es in seinem Erleben um keinerlei Wahrheiten geht. Es geht um nichts als den Moment eines bewegenden Erscheinens. Man kann über diesen Zustand den Kopf schütteln, man kann Angst vor ihm haben oder ihn meiden, aber es lässt sich nicht leugnen, dass es ihn gibt. Für die Zukunft des Autos aber folgt daraus wenig. In einer besseren Zukunft werden wir in den bekannten Vorverkaufsstellen Karten kaufen, die uns – ohne Gewähr allerdings – zu einem musikalischen Trip in einem jener fahrenden Gehäuse berechtigen, für die es sonst keine Berechtigung mehr gibt.

14. Die Idee der Musik

Um es gleich zu sagen: Die Idee der Musik erfüllt sich meistens nicht. Im Hören und Machen von Musik und in ihren meisten Stücken kommt ihr Optimum nicht zustande. Aber es gibt ihn, den Inbegriff allen Hörens, Machens und Habens von Musik – nicht nur als Begriff, sondern als Erfüllung. In ausgezeichneten Fällen schafft Musik die Möglichkeit, in der Aufmerksamkeit für ihre Vollzüge ganz bei diesen und hierin zugleich ganz bei sich zu sein. Zur Idee von Musik gehört das Innehalten in einer ekstatischen Zeit – ein alles Abwägen aufgebendes Dabeisein bei und Aufgehen in einer Sache, wie es sich auch in anderen Lebensbereichen für Augenblicke immer wieder einstellen kann.

Die Idee der Musik also ist gar keine Idee nur der Musik, sondern eine Idee des Lebens. Aber die Musik realisiert diese auf eine Weise, die es nur einmal im Leben gibt, nämlich im Machen und Hören von Musik. Sie gewährt uns Einklang mit uns durch einen Einklang mit ihr. Verglichen mit Sport und Sex, Reden und Reisen bleibt Musik in der Fülle ihrer Gesten immateriell. Sie erfasst uns, aber sie fasst uns nicht an. Sie nimmt uns mit und hält uns aus dem Gang der Dinge heraus. Musik ist Berührtsein durch die Welt im Zustand eines kurzzeitigen und oft kurzweiligen Herausgehobenseins aus ihr – eine Bindung ans Ungebundene im Zustand von Leib und Leben.

Das Stück *Stellar Regions* von John Coltrane – es ist das dritte unter den Aufnahmen aus dem Jahr 1967, die unter dem gleichnamigen Titel nach seinem Tod veröffentlicht wurden – beginnt mit einem achtzehnmal gespielten Intervall, bevor es sich in den Weltraum einer kurzen Improvisation schwingt, die nach dreieinhalb Minuten schon vorbei ist. Das Anfangsmotiv besteht aus den einfachsten Tönen, die man auf einem Tenorsaxophon überhaupt spielen kann, h-b, h-b, h-b, h-b, h-b, h-b, h-b, h-b, h-b, h-b, h-b, h-b, h-b, h-b, h-b, h-b, h-b, h-b. Insgesamt elfmal kommt das Stück auf diese minimale Sequenz in mittlerer Tonlage zurück, lässt sie kürzer oder länger erklingen, taucht von dort in gurgelnde Tiefen und schwingt sich in schreiende Höhen. Das Naheliegende durchspielen, bei ihm Anlauf nehmen, von dort einen Ausgriff nehmen in unbekannte Regionen – das ist die Bewegung dieser und nicht allein dieser Musik.

Nur darf man hier nicht in die Falle der Musik tappen, genauer: in die Falle einer totalitären Deutung der Musik. *Music is the Healing Force of the Universe*, ließ der in Coltranes Tradition stehende Tenorsaxophonist Albert Ayler seine Muse Mary Maria in einer fast zwanghaften Weise wieder und wieder predigen. Im Kontrast zu Aylers rauen Saxophonklängen war das ein schönes Lied, aber als These ist es falsch. Denn wäre es wahr, sähe das Universum für seine sterblichen Bewohner allzu eintönig aus. Es hätte zu wenig Stimmen, um in der Dissonanz seiner Laute zum Gesang zu finden. Es hätte zu wenig Rhythmen, die die Musik mit den ihren brechen könnte. Musik versöhnt nur, indem sie entzweit. Sie versöhnt die Hörer nicht mit der Welt, sondern damit, dass Einklang in ihrem wie im übrigen Leben auf Dauer tödlich wäre. Es gehört zur Idee der Musik, dass sie sich innerhalb wie außerhalb ihrer Zeiten die meiste Zeit nicht erfüllt.

Kritik

15. Über einige Beziehungen der Vernunft zum Humor. Eine Lektüre der *Korrektur* von Thomas Bernhard

I.

In der Geschichte der Philosophie tritt die Komik und ihr Lachen zumeist als Konkurrentin der Vernunft und ihres Sagens auf. Und obwohl eine lautstarke – von Diogenes angeführte, zuletzt durch Bataille und Foucault komplettierte – Minderheitspartei immer wieder das gegenteilige Votum ausgesprochen hat, haben sich die Leitfiguren von Platon bis Heidegger doch fast immer für die bürgerliche Tochter ihrer Namenspatronin entschieden. Dass die Mehrheit der Philosophen, wenn es zur Entscheidung kommt, diese Konkurrenz zugunsten der Vernunft (oder ihrer Schwester, der Wahrheit) und zuungunsten des Lachens entscheidet, liegt aber nicht nur daran, dass es da, wo es gilt, mit Alternativen ernst zu machen, um die Aussichten der Komik nicht allzu gut bestellt ist. Der Sieg der Vernunft über die Komik hat wesentlich damit zu tun, dass es zur Komik die Richtmaße und Regelungen des Vernünftigen und Verständigen bereits braucht, an denen sich die exzentrische Lust und Not der Lachenden entzünden kann: dass zur Vernunft aber, nach überwiegender Meinung der Philosophen, die komische Disposition nicht unbedingt Voraussetzung ist. Wer sich um die Kultur der Wahrheit und der Vernunft sorgt, braucht für den Spott des Lachens nicht zu sorgen. Es darf daher nicht das Mitleidsmotiv übersehen werden, das die Philosophie dazu bewegt haben mag, nicht der Komik, sondern der Vernunft den Pokal ihrer höchsten Anerkennung zu verleihen. Die Unterlegene schlägt sich auch ohne das Preisgeld durch.

Im Unterschied zu dem lachblinden Jorge von Burgos in Umberto Ecos Roman *Der Name der Rose* liegt den wahrheitsliebenden Juroren in der Regel nichts daran, das Lachen zu liquidieren. In der geschilderten Konkurrenz geht es ihnen vor allem darum, die Konkurrenzfähigkeit der Komik gegenüber der Vernunft in Zweifel zu ziehen. Darum muss jene im philosophischen Wettstreit stets aufs Neue unterliegen. Sobald diese Frage je wieder entschieden ist, ist die lachskeptische Philosophie mit Freuden bereit, zwei Bezirke einzuräumen, in denen Vernunft und Komik einander zum beiderseitigen Vergnügen begegnen dürfen, ja sollen: den der Weisheit und den der (komischen) Kunst. Im Felde der Weisheit ist es die Vernunft, die reif wird, auch das Komische zu empfangen; im Felde der komischen Kunst ist es die Spontaneität des Erlebens, die dazu getrieben wird, sich den Listen der Vernunft lachend zu ergeben. Spätestens seit Nietzsche aber ist dieses kontrollierte Szenarium auch philosophisch erschüttert. Nietzsche hat gewissermaßen eine Philosophie daraus gemacht, gegen die Vernunft und für das Lachen zu votieren. Es hilft nichts, zu bemerken, es sei das ein ganz bestimmtes Lachen, das so geadelt werde (ein seltenes, ein ekstatisches, ein verzweifeltes); auch die Gegenpartei redet ja stets einer bestimmten Vernunft oder Wahrheit das Wort (nicht selten einer emphatischen, die nur zu oft eine recht seltene und nicht immer eine sehr fröhliche ist). Dass selbst im aufgeklärten Zeitalter, und zwar mit den Methoden einer radikalisierten Aufklärung, erneut anders votiert werden kann, dass die Komik und ihr Lachen im Ernst reicher, wirklicher und freier erscheinen kann als die Vernunft im Schmuck ihrer Gedanken, ist ein Skandal, der nicht einfach durch wiederhergestellte Vernunftmehrheiten auszuräumen war.

Freilich ist Nietzsche nur ein Symptom. Die Sache des mit ihm öffentlich gewordenen Skandals hatte längst einen anderen, wenngleich oft vergessenen Namen: den des Humors. Nicht des praktischen, sondern des ästhetischen Humors, wie er in der romantischen und nachromantischen Diskussion, bei Friedrich Schlegel und Novalis, bei Jean Paul, Hegel und vielen Nachfolgern zum Thema wird. Am neuen philosophischen Thema des ästhetischen Humors kommt das Verhältnis der Vernunft mit der Komik auf eine Weise zur Diskussion, die die hergebrachte Domestizierung des Verhältnisses übersteigt. Die kritische Destruktion der metaphysischen Einheit des Guten, Wahren und Schönen zieht die Kluft zwischen der Vernunft und dem Lachen nunmehr in den Strudel der geteilten Gewalten des Rationalen hinein. Der ästhetische Humor – Paradigma ist die humoristische Epik – und seine Theorie entwickeln sich als das Bewusstsein einer Totalität, die nicht von einer umgreifenden Vernunft länger abgeschritten und umhegt werden kann. Indem dieser Humor die Formen des Tragischen und des Komischen, des Lyrischen und des Prosaischen, des Sentimentalen und des Naiven durcheinanderwirft, feiert und verflucht er die modernen Entzweiungen in einem Atemzug, ohne sich von einem versöhnenden Ausgang ein gutes Ende zu versprechen. Auf dem Schauplatz der humoristischen Kunst entsteht der Philosophie und ihrem bevorzugten Zögling eine gewitztere Konkurrentin, die sich an die Regeln der alten Rivalität nicht hält. Denn nicht der Protegé, die Vernunft, sondern ihre Protektorin, die in ihrem Namen operierende Vernunft*kritik*, sieht sich von der humoristisch reflektierten Komik zum Wettstreit gefordert. Die humoristische Literatur stellt die Philosophie auf ihrem eigenen Terrain. Seitdem aber, seit dieser verwandelten Konkurrenz, die nun bald zweihundert Jahre währt, ohne dass eine Entscheidung gefallen wäre, liegt ein Verdacht in der Luft, den die vernunftgläubige und den die vernunftskeptische Philosophie aus Angst um ihre Identität beide nicht auszusprechen wagen. Es könnten Vernunft und Komik – Gespielinnen sein. Nehmen wir an, die Zeit für eine Philosophie dieser Obszönität sei gekommen.

2.

Bevor die ästhetischen Zeichen gelesen werden können, muss eine philosophische Stimme zu Gehör gebracht werden, die die heimliche Komplizenschaft der Vernunft und der Komik nur bekanntgibt, um sie ein letztes Mal unter die Kontrolle einer grenzziehenden Ordnung zu bringen. Die subversive Energie des Komischen lässt sich nämlich auch so verstehen, dass die Vernunft diese ihre Unterwanderung doch auch bejahen muss, weil sie in den langen Jugendjahren einer überheblichen Selbststilisierung schmerzlich gelernt hat, dass mit ihr alleine keiner leben will und kann. In diesem Bild räumt sich nicht mehr die selbstherrliche Vernunft dem Komischen ihre unheiligen Bezirke ein. An den Phänomenen des Lachens wird jetzt die Provinzialität auch der rationalen Vermögen erfasst. In der Komiktheorie Joachim Ritters tut sich die Vernunftkritik mit der profanen Erleuchtung des Lachens zusammen, um die entschleierte Vernunft in die Regionen des endlichen Verstandes einzuweisen. Odo Marquard hat diesen anzüglichen Kompromiss mit der Formel zu Protokoll gegeben, dass »komisch ist und zum Lachen bringt, was im offiziell Geltenden das Nichtige und im offiziell Nichtigen das Geltende sichtbar werden läßt.«[1] Ritter und Marquard begreifen das Komische und seine Reaktionen als ein Komplement nicht einfach des Gültigen oder als geltend Akzeptierten, sie verstehen es als ein Komplement der in menschlichen Verhältnissen unvermeidlichen – und unvermeidlich instabilen – Polarität von Geltendem und Nichtigem, Relevantem und Irrelevantem, Gebotenem und Verbotenem. Das Lachen wird als eine Kompensation dieser Differenz verstanden, die es nicht tilgen kann und die es nicht tilgen will. Belehrt durch diesen Realismus des Lachens begnügt sich die Vernunft damit, auf der Seite des üblicherweise Geltenden und nicht auf der des üblicherweise Nichtigen zu stehen, ohne sich durch das prekäre Verhältnis dieser beiden Pole weiter beunruhigen zu lassen. Dieses Abkommen legt den Witz des Komischen darauf fest, die sittliche Ordnung des Lebens gerade dadurch zu bejahen, dass es sich um die Frage nach dem Sinn und dem Recht dieser Ordnung nicht weiter schert. Die komische Opposition gegen die Separierung von Geltendem und Nichtigem wird so zugleich zu einer Opposition gegen eine Vernunft, die genauer wissen will, wie es denn um die *Gültigkeit* der jeweils vorherrschenden Auslegung des Geltenden und des Nichtigen steht.

Der Aufstand gegen diesen faulen Frieden lässt nicht lange auf sich warten. So leicht das kompensatorische Lachen, die (durchaus legitime) bürgerliche Tochter der Komik, sich mit den neuen Statuten abfinden kann, ihre artistischen und satanischen Geschwister machen da nicht mit. Unter der Führung des ästhetischen Humors schließen sie den ungeheuerlichen Pakt mit den Mächten der Reflexion. Der Wahlspruch dieser Revolte besagt, dass die Opposition gegen eine Aussöhnung mit der Aufteilung der geschichtlichen Welt in nun einmal Geltendes und nun einmal Nichtiges die wahre Bewegung der Vernunft sein könnte – einer Vernunft, die sich aus der idealistischen und geschichtsphilosophischen Hybris befreit, ohne sich am Katzenjammer ihrer Verfehlungen in Exilen der Entsagung ohnmächtig heiter zu weiden. Die Kunst des Humors verspricht mehr zu bieten als einen Balsamregen für die über die Kalamitäten ihrer Aufklärung aufgeklärte Seele.

1 O. Marquard, Exile der Heiterkeit, in: ders./W. Preisendanz (Hg.), Das Komische, München 1976, 133-151, 141. Vgl. J. Ritter, Über das Lachen, in: ders., Subjektivität, Frankfurt/M. 1974, 62-92.

3.

Die so weit bloß annoncierte Angelegenheit der (Kritik der) Vernunft mit dem (ästhetischen) Humor ist keine Episode, die etwa, mit den Heroen Cervantes und Rabelais im Hintergrund, auf die Strecke zwischen Sterne und Heine eingrenzbar wäre. Diese Affäre ist die Quelle einer starken literarischen Strömung, die sich im deutschen Sprachraum seit Jean Pauls Zeiten über Hoffmann und Keller bis weit ins zwanzigste Jahrhundert, über den Außenseiter Herzmanovsky bis zu Doderer und Albert Drach, bis zu Arno Schmidt und Günter Grass erstreckt. Diese Traditionslinie, mit ihren Verzweigungen und Kehren, ist das große Thema des Germanisten Wolfgang Preisendanz.[2] Die Brisanz dieses Themas wird vor allem dann ersichtlich, wenn man innerhalb der Kunstform des literarischen Humors die Zäsur ins Auge fasst, die eine neue heroische Epoche dieser Schreibweise eingeleitet hat. Diese Zäsur ist am genauesten markiert durch den Beckett der frühen und mittleren Prosa, vor allem durch *Watt* und den *Namenlosen*. Diese Zäsur ist weiterhin greifbar in manchen Erzählungen von Borges sowie in den Romanen Pynchons und Bernhards. Die Grenze zu diesem Einschnitt lässt sich beschreiben anhand der These von Preisendanz, im literarischen Humor werde die Rollendistanz zur konstitutiven Rolle einer schreibend imaginierten Subjektivität, die sich der Verpflichtung auf die Sichtweisen und Mitteilungsformen, aus denen sie operiert, gleichwohl hartnäckig widersetzt.[3] Doch auch dieser Fluchtpunkt einer gegensinnig projizierten Subjektivität wird in den Erfindungen des neuesten Humors in den Strudel einer Rede gezogen, der es gegeben ist, das Extreme der Gegenwart extrem zu sagen, weil sie es darauf anlegt, in ihrer Rede mehr als ein Extrem zu behaupten. Die Rolle des klassischen Humoristen bleibt in dieser Prosa unbesetzt. Zwar legt es auch die Stimme des Beckettschen *Namenlosen* in ihrem Weltverlust darauf an, die Bedeutungsstruktur des ihr beengend verbliebenen sprachlichen Bewusstseins permanent zu zersetzen, um gegen alle Faktizität so etwas wie eine unantastbare Souveränität zu erlangen. Aber die Konkurrenz mit allen

---

2 W. Preisendanz, Humor als dichterische Einbildungskraft, München ²1976; ders., Wege des Realismus, München 1977.

3 Preisendanz, Humor als Rolle, in: O. Marquard / K. Stierle (Hg.), Identität, München 1979, 423-434.

vorgeprägten Sinn-Institutionen ist aus der Entzugsposition einer einsamen Welt-Erledigung hier nicht mehr zu gewinnen. Auf dieses »in sich selbst zurückgenommene Scheitern« einer autochthonen Sinnerwartung reflektiert der moderne Humor, indem er das von ihm in Gebrauch genommene Bedeutungsinventar methodisch »in Ordnung und innerhalb seiner Ordnung in Gegensatz zu seiner Ordnung« bringt.[4] Das Insistieren auf der Abwesenheit einer letzten Instanz ist ein generelles Merkmal der neueren humoristischen Kunst. Humoristisch, diesen Stichworten zufolge, ist eine Darbietungsweise, die die ideologischen und ästhetischen Ordnungssysteme, mit denen sie operiert, systematisch gegeneinander geltend macht, ohne diese Oppositionen sei es ideologisch, sei es ästhetisch in einer höherstufigen Konstruktion zu vermitteln.

Diese ästhetische Methodik ist derjenigen einer post-rationalistischen Vernunftkritik, die im Namen einer vervielfältigten Vernunft antritt, im Herzen verwandt. Denn diese Vernunftkritik, die seit Kant gegen ihre eigenen Reduktionen und Überbietungen arbeitet, bringt den Zusammenhang der rationalen Orientierungs- und Begründungsweisen zur Sprache, ohne diese in eine zusammenhängende Begründungssprache überführen zu wollen. Wenn diese Verwandtschaft sich belegen lässt, besteht Anlass, an einer Prämisse zu zweifeln, die Preisendanz mit Ritter und Marquard teilt: »Wenn Jean Paul den Humor als die ›Frucht einer langen Vernunft-Kultur‹ versteht, so kann das im Kontext seiner gesamten Humortheorie nur bedeuten, daß es das Repressive dieser Vernunft-Kultur ist, was den Humor als deren Widerspiel hervortreibt.«[5] Dass das nur die halbe Wahrheit ist, und zwar auch bei Jean Paul, dass es nämlich das Repressive einer *repressiven* sei es unitarisch borniertren, sei es funktionalistisch verengten Vernunftkultur ist, das den Widerspruch des Humors provoziert, kann der Blick in eines der Hauptbücher der gegenwärtigen humoristischen Prosa zeigen.

---

4 Th. Bernhard, Frost, Frankfurt/M. ²1972, 297.
5 Preisendanz, Humor als Rolle, a.a.O., 432.

4.

Der 1975 erschienene Roman *Korrektur* nimmt im Werk Thomas Bernhards eine Sonderstellung ein.[6] Die Präsentation einer aus Not hybriden und darum in ihren erhabensten Konsequenzen stets absurd inkonsequenten Denkbewegung, Bernhards spezifischer Beitrag zur Bewusstseinsliteratur der europäischen Moderne, hat hier einen Höhepunkt erreicht. Dieses Buch verfeinert und steigert die seit *Frost* mit einem zunehmenden Bewusstsein für ihr komisches Potential entwickelten Mittel und gibt sie für die geradlinigeren späteren Werke einer neuen Verwendung frei. Die Zentralfigur des Romans ist der Biologe und philosophische Schriftsteller Roithamer, dessen »Denken und Widerdenken« sich stets »ausschließlich auf alles« bezieht. In der Figur des Roithamer kulminieren Bernhards auf desaströs unproduktive Weise überproduktiven Charaktere, die sich von ihren wissenschaftlichen und künstlerischen Gesamtkunstwerken die Erlösung von allen ihren Übeln erhoffen. Da sie andererseits aber um die Vergeblichkeit ihrer unerbittlichen Sehnsucht wissen, bemisst sich die Lebensenergie dieser denkenden Helden letztlich gerade an der Aussichtslosigkeit ihrer wahnhaften Projekte – bis diese, wie im Fall Roithamers, schließlich in der »eigentlichen Korrektur« des von ihnen besessenen Lebens tödlich zur Erfüllung kommen. Es ist ein Grundmotiv der fiktiven Prosa Bernhards (das im *Untergeher* zum Hauptmotiv wird und das die Grunddifferenz zu den autobiografischen Schriften bezeichnet), dass das Scheitern seiner Helden immer wieder darin besteht, an der Kunst ihres Scheiterns zu scheitern. Dieses Motiv treibt die *Korrektur* auf die Spitze. Denn hier ist es gerade das unwahrscheinliche Gelingen, die Vollendung des Baukunstwerks, dem Roithamer seine ganze Kraft widmet, an dem der »fortwährende Aufklärungsprozeß, der alles betrifft«, sich in monumentaler Erstarrung erschöpft.

Was diese tragische Konstellation zu einer abgrundtief komischen macht, ist genau das Bewusstsein, das Roithamer von der verheerenden Dialektik seiner Bemühungen gewinnt – und ist die Konsequenz der immer neuen Übersteigerung, die er aus seiner dilemmatischen Lage zieht. Im Gegensatz zu den rhetorischen Listen des verelendeten *Namenlosen* legt das kompromisslose Autonomiestreben des begüterten Roithamer es darauf an, sich aus den

6 Th. Bernhard, Korrektur, Frankfurt/M. 1975.

Schranken einer entfremdeten Wirklichkeit durch eine Taktik der ewigen Überbietung zu lösen. Der Unbedingte hadert mit allem Bedingten: mit dem Unverfügbaren der Natur, mit dem Fluch und der Begünstigung seiner Herkunft, mit der Angewiesenheit auf andere, mit den Voraussetzungen jeder kleinsten Überlegung, schließlich mit den banalsten Ordnungen seiner räumlichen Umgebung. Der Fluchtpunkt dieser Anstrengung ist es, all das nicht Hintergehbare durch einen ästhetischen Gesamtentwurf doch zu hintergehen. Aber auch die Kunstwelt, die Roithamer im Bau eines »Wohnkegels« für seine Schwester projektiert, vermag den totalisierenden – weil vollkommen »rücksichtslosen« – Denkzwang nicht zu lindern. Vielmehr bringt die gegen alle Widerstände vollbrachte Verwirklichung des ästhetischen Vorhabens den Wahn der Transparenz nur gesteigert zum Ausdruck, indem sie einem Glücksgebot Form und Gewalt verleiht, das die lebenslang bekämpfte Repression des im Hass geliebten Altensamer Elternhauses noch erheblich überbietet. »Die Idee ist gewesen, zu beweisen, daß eine solche Konstruktion, die vollkommenes Glück verursachen muß, möglich ist, so Roithamer.« Es ist gerade die wohlberechnete Vollkommenheit des Bauwerks, die bewirkt, dass etwas anderes sich beweist: dass selbst der »geliebte Mensch« des vollkommenen Glücks nicht fähig ist, das der für ihn geschaffene Kunstraum in Stein und Glas und Ziegel unkorrigierbar definiert. Das Zwingende der *Korrektur* liegt nicht zuletzt in ihrer ästhetischen Korrektur der Idee einer ästhetisch erlösenden Korrektur – ein Revisionsverfahren, das in dem Roman *Alte Meister* wieder aufgenommen wird.

Keineswegs also gibt die *Korrektur* eine verzauberte Apologie des Roithamerschen Denkens. Vielmehr wird dieses in mehrfacher und mehrfach gebrochener Perspektive extemporiert. Die erste Perspektive ist gegeben in der Wiedergabe der Gedanken, Schilderungen und Tiraden des Roithamer, wie sie im ersten Teil des Buchs vom Erzähler überliefert und im zweiten Teil aus Roithamers Aufzeichnungen (wiederum aus der Hand des Erzählers) zusammengestellt sind. Den zweiten Pol bilden die Berichte, Kommentare und Selbstcharakterisierungen des Erzählers, der mit Roithamer befreundet war und der ein kongenial ergebener Bewunderer der »Existenzbegabung« des überlegenen Freundes ist. Den dritten Pol bildet die Gegenwelt des Tierpräparators Höller. Durch den Bau eines Wohnhauses inmitten der »Engstelle« eines tosenden Bergbachs, das Roithamer zu seinem Kegelprojekt inspiriert hat, gelingt es Höller, in einer archaischen Welt des Schweigens »in seiner Idee« zu leben.

Zum Verständnis der *Korrektur* ist es entscheidend, die Spannungen, Missverständnisse und paradoxen Beziehungen zwischen den drei zentralen Figuren zu beachten. Es sind nicht allein die Effekte der Übertreibung und des Kurzschließens von Gedankengängen, die wahnwitzigen Organisationsprobleme einer intellektuellen Hochleistungspraxis und die peinigenden Intrigen auf der schaurigen Heimatbühne Altensam, die für die komische Konstitution des Romans verantwortlich sind. Verantwortlich hierfür ist eine Darstellungsweise, die den Exzess des Roithamerschen Denkens zum Sprechen bringt, indem sie ihn aus der Warte der kontrastiven Welten doch zugleich hintergeht, nicht ohne Roithamer seinerseits gegenüber der Borniertheit des Epigonen und der Beschränktheit des Harmonisten ins Recht zu setzen. Mit den themenunabhängig wiederkehrenden Sequenzen einer durchaus unmittelbaren Sprach- und Situationskomik, die weder den Kalauer noch die Slapstickeinlage scheut; im unberechenbaren Rhythmus einer Syntax, die in ihren Dehnungen und Verkürzungen den panischen Duktus einer absoluten Reflexion imitiert und persifliert; vermöge eines Stils, der, was Tempus und Modus betrifft, einen bleibenden Standpunkt nicht kennt; durch das fortwährende Ineinanderschieben der bei aller Verwandtschaft krass differierenden Ideale eines rigoros authentischen Lebens: in der Verwendung dieser und weiterer Ausdrucksmittel ist der Gesamttext der *Korrektur* von einem Geist der ironischen Relativierung getragen, die jede Position und Perspektive fast augenblicklich in eine ihrer Kehrseiten umschlagen lässt, ohne diese Spannung am Ende ausgleichend zu relativieren.

5.

Gegen Ende des ersten Teils der *Korrektur* bereitet sich der Erzähler in der tosenden Stille der »Dachdenkkammer« des Höllerschen Hauses auf die Durchsicht von Roithamers schriftlichem Nachlass vor. Mit Blick auf die Werkstatt Höllers, den er bei der Arbeit beobachtet und von dem er sich seinerseits beobachtet fühlt, räsoniert er voller Unruhe, wie diese Aufgabe zu bewältigen sei. Dabei kommt es zu einem zunehmend wahnhaften Agieren des Nachlassverwalters, das seiner Rolle als Eckermann des genialen Freundes immer groteskere Züge verleiht:

»Die Hauptschrift Roithamers, nämlich jene *über Altensam und alles, das mit Altensam zusammenhängt, unter besonderer Berücksichtigung des Kegels*, in welcher schließlich, wie ich gleich bei der ersten Berührung mit dieser Schrift im Spital gesehen habe, alles, was Roithamer jemals gedacht hat, in der konzentriertesten und in der ihm entsprechendsten Weise niedergelegt und wie nichts anderes von ihm zur Veröffentlichung geeignet ist, werde ich so, wie sie ist, seinem Verleger zukommen lassen, die erste, also die achthundert Seiten lange Niederschrift, und die zweite dreihundert Seiten lange Fassung dieser Niederschrift und die dritte nurmehr noch achtzig Seiten lange Fassung der zweiten Niederschrift, *alle diese drei Fassungen der Niederschrift* Roithamers, denn alle diese Fassungen gehören zusammen, die eine jeweils aus der andern und sind ein Ganzes, ein über tausend Seiten umfassendes Ganzes, in welchem alles die gleiche Bedeutung hat und aus welchem man nicht das geringste herausnehmen darf, weil sonst alles nichts mehr ist, und ich dachte jetzt, wieder in der höllerschen Dachkammer hin und her gehend, daß Roithamer, indem er nach vieljähriger Arbeit die erste Fassung fertig gehabt und daran gezweifelt und diese erste Fassung durch eine zweite ersetzt und an dieser zweiten Fassung ebenfalls gezweifelt hatte und eine dritte Fassung hergestellt hatte, eine Fassung jeweils aus der vorangegangenen, an welcher er zweifeln mußte, und indem er zuletzt, kurz vor seinem Tod, also genau genommen schon auf der Fahrt von London nach Altensam, im Zuge dann auch noch die letzte Fassung, die Achtzigseitenfassung, zu korrigieren und aufzulösen begonnen und dadurch, wie er glaubte, zu vernichten angefangen hatte und indem er, wie er glaubte, diese letzte kürzeste Fassung auch noch einmal kürzen und eine noch kürzere Fassung hatte herstellen wollen, man denke, aus einem über achthundert Seiten umfassenden Material schließlich ein solches nurmehr noch zwanzig oder dreißig Seiten umfassendes, wie ich weiß, und dadurch, wie er glaubte, überhaupt das ganze Produkt, das er immer als sein wichtigstes Geisteshauptprodukt bezeichnet hatte, dann aber angezweifelt und vernichtet hatte, wie er glaubte, gerade durch diesen Vorgang des immer wieder Umwerfens alles

Denkens in dem Ganzen und Korrigierens und schließlich, wie er glaubte, vollkommenen Vernichtens auf der Reise zum Begräbnis der Schwester schon außerhalb von London, über Dover, Brüssel etcetera, wie ich aus seinen Korrekturen ersehen kann, daß durch diesen Vorgang, aus dem über achthundert Seiten umfassenden Ganzen, ein solches von nur vierhundert und dann nurmehr noch hundertfünfzig und dann nurmehr noch achtzig und dann endlich ein solches von nicht einmal zwanzig Seiten, ja in letzter Konsequenz überhaupt nichts mehr von dem Ganzen übrig zu lassen, *dadurch erst das Ganze entstanden ist, alles zusammen ist das Ganze,* sagte ich mir, während ich auf die Höllerwerkstatt hinunterschaute und den Höller beobachtete und gleichzeitig dachte, daß ich dieses Ganze, das ich im Rucksack aus dem Spital in die höllersche Dachkammer geschleppt habe, dieses sogenannte Hauptwerk Roithamers mit dem ganzen übrigen Nachlaß Roithamers in dem mir von meiner Mutter ins Spital gebrachten Rucksack und es ist grotesk, dachte ich, daß ich gerade in diesem Rucksack Roithamers Nachlaß aus dem Spital geschleppt habe, in welchem sonst nur der Hochgebirgsproviant unserer Familie befördert wird, in dem sonst nur Wollsocken und Würste, Schmalz und Fußbinden, Ohrenschützer und Schuhbänder, Zucker und Brot, und alles vollkommen durcheinander, befördert wird, gerade in diesem Hochgebirgsrucksack habe ich also den Nachlaß Roithamers in die höllersche Dachkammer hereingeschleppt und ich muß sagen *geschleppt*, denn es handelt sich um Tausende von Seiten, aber, so dachte ich, wie ich weiß, um Hunderte und Tausende von Bruchstücken, zusammenhängenden einerseits, überhaupt nicht zusammenhängenden andererseits, und wieder dachte ich, am Fenster stehend, überlegend, ob ich mich auf den alten Sessel setzen solle oder nicht, ich werde diese Bruchstücke aber nicht bearbeiten, ich werde diesen Nachlaß nicht bearbeiten, ich werde alles ordnen oder wenigstens den Versuch machen, Ordnung in diesen riesigen Haufen von Geschriebenem hineinzubringen, aber nichts bearbeiten, allein das Wort *bearbeiten* oder *Bearbeitung* verursachte mir immer schon Übelkeit. Tatsächlich hatte ich bei meiner Ankunft lediglich das sogenannte Hauptwerk Roithamers, die Schrift, die sich mit Altensam und allem, das mit Altensam zusammenhängt, unter besonderer Berücksichtigung des Kegels, in die Schreibtischlade gelegt, während ich den übrigen Nachlaß noch im Rucksack hatte, weil mir nicht klar gewesen war, wie ich den Nachlaß aus dem Rucksack herausbringe, um ihn nicht noch mehr durcheinanderzubringen, ich hatte das sogenannte Hauptwerk herausgenommen und in die Lade gelegt und den Rucksack neben dem Schreibtisch auf den Diwan gelegt, da auf dem Diwan lag jetzt noch immer der Rucksack, der, wahrscheinlich von meinem Vater, mit jetzt eingetrocknetem Hasenblut beschmutzt worden war, wie ich sah und ich überlegte jetzt, ob ich den Rucksack auspacken, den Inhalt des Rucksacks, diese Hunderte und Tausende von Seiten sorgfältig herausnehmen und im Schreibtisch unterbringen solle, ob sich nicht jetzt, in diesem doch schon beängstigenden Zustand, in welchem ich mich befand, in jeder Weise unschlüssig und in immer größerer Erregung über die Tatsache des hereingebrochenen Wetterumschwungs, die Gelegenheit böte, den Inhalt des Rucksacks aus dem Rucksack herauszunehmen, nach und nach, so sorgfältig und mit Verstand und in aller mir möglichen Ruhe der Hände, daß ich die, wie mir scheint, große Unordnung der Blätter nicht noch in eine viel größere Unordnung bringe, diese Überlegung, den Rucksack auszupacken oder nicht, brachte mich an den Rand der Verzweiflung und ich dachte einmal so, einmal so, einmal, ich packe den Rucksack aus, dann, ich packe den Rucksack nicht aus, schließlich ging ich auf den Rucksack zu und packte den Rucksack und leerte den Inhalt des Rucksacks auf den Diwan, ich hatte den Rucksack plötzlich gepackt und umgestülpt und den Inhalt auf den Diwan geleert. Das hätte ich jetzt nicht tun sollen, sagte ich mir und ich trat einen Schritt zurück und noch einen Schritt und dann noch einen Schritt und beobachtete vom Fenster aus, mit dem Rücken also am Fenster, den Papierhaufen, der sich jetzt, wie ich ihn vom Fenster aus beobachtete, noch bewegte, nach und nach rutschten noch ein paar Blätter des Nachlasses Roithamers von oben nach unten, wo Hohlräume in dem Papierhaufen waren, gaben diese Hohlräume nach, sah ich, und wieder gingen Blätter zu Boden. Ich hielt mir mit der flachen Hand den Mund zu, denn ich hatte aufschreien wollen und drehte mich, als ob ich Angst gehabt hätte, in dieser fürchterlichen, gleichzeitig fürchterlich-komischen Situation entdeckt zu sein, um. Aber tatsächlich und natürlich hatte mich niemand beobachtet. Der Höller hatte den riesigen schwarzen Vogel auf seinem Schoß und nähte ihn zu.«

Im Anschluss an diese Szene steigert sich der Erzähler immer weiter in eine Panik hinein, aus der er schließlich vom Auftreten des Höller erlöst wird. Hatte dieser zuvor Unmengen an Zellstoff in den Körper des toten Vogels hineingestopft, so verstaut der Erzähler die durcheinanderfallenden Papiere wahllos in die Schubladen des Roithamerschen Schreibtischs. Die Bewegung, die er hiermit vollzieht, verhält sich freilich umgekehrt zu derjenigen des Präparators. Lässt dieser, in Roithamers Worten, »aus reinen Naturgeschöpfen reine Kunstgeschöpfe« entstehen, so verwandelt die verzweifelte Operation des Erzählers das literarische Werk seines Freundes in eine Art Naturzustand zurück – in jene »uns lebenslänglich unbegreifliche und unverständliche Natur, in welcher alles Vernunft ist und in welcher gleichzeitig die Vernunft nichts zu suchen hat«, wie es in Roithamers Aufzeichnungen im zweiten Teil des Buchs heißt. Stringenz schlägt um in Kontingenz, höchste Konzentration in äußerste Panik, Ergebenheit in Aufsässigkeit, Pathos in Slapstick, Satz in direkten Gegensatz – und dies in permanenten Umschwüngen, die den Akteuren ein ums andere Mal die Kontrolle über die Natur ihres Daseins verwehren, nach der sie mit aller Macht streben.

6.

»Korrektur der Korrektur der Korrektur der Korrektur«, vom »sichtenden und ordnenden« Erzähler mit dem devot verkündenden und leise ketzerischen »so Roithamer« versehen, lautet eine der letzten Eintragungen des der letzten Konsequenz zuneigenden Helden. Die von ihm selbst heroisch verlängerte Kette der Korrekturen und Selbstkorrekturen zu durchschlagen, ist Roithamer am Ende entschlossen. Nicht länger die unabschließbare Korrektur des *Korrigierten*, nicht diese »Korrektur der Korrektur«, die Korrektur des *Korrigierens* soll sich im Anwesen der Lichtung ereignen, wenn der Zeitpunkt gekommen ist, den Sprung in die Schlinge des Unverborgenen einer letzten Gewissheit zu wagen. Weil das Geschehen der Korrektur für Roithamer letztlich nur ein Mittel ist, um jenseits der Korrekturen anzukommen, muss der Ausbruch aus der Isolationshaft der »Korrekturzelle« mit der Liquidation ihres Gefangenen enden. Selbst in dieser Konsequenz, der sich Roithamer unterwirft, drückt sich noch ein Wissen aus, dem sich die wahlverwandten Freunde weiterhin angestrengt verweigern: Auch das konsequenteste Leben könnte nicht mehr als ein konsequent inkonsequentes sein. Wer aufs Ganze geht, dem muss es versagt bleiben, sich in ein Ganzes zu fügen. Gerade diese Einsicht aber ist es, die Roithamers versengendem Glücksverlangen unerträglich ist; aus diesem Begehren macht er dem falschen Frieden und den beschränkenden Ordnungen seiner Umgebung und macht er schließlich sich selbst den Prozess. In der destruktiven Seite dieses Kampfs ist Bernhard hier wie andernorts mit seinem Helden durchaus solidarisch – nicht aber hinsichtlich der Strategien und Erwartungen, mit denen dieser ihn führt. Aufs Ganze gehen, ohne auf ein Ganzes zu gehen: Das ist das dissonante Echo, das die *Korrektur* der ersten Stimme ihres Texts verleiht. Ihr Humor ist Rettung des Pathos, ohne Pathos des Rettenden zu sein. Der Geist dieses Pathos entspringt der ästhetischen Kritik einer in sich selbst verliebten Rationalität, die sich in korrektiver Vollendung verzehrt.

7.

»Der Geist«, sagt Hegel in der Vorrede zur *Phänomenologie des Geistes*, »gewinnt seine Wahrheit nur, indem er in der absoluten Zerrissenheit zu sich selbst findet.« Unter den philosophischen Traditionsgütern, die in der *Korrektur* wachgerufen und verballhornt werden, steht dieser Gedanke an erster Stelle. Der fiktive Fall Roithamers lässt erkennbar werden, dass der Geist seine Wahrheit in dem Augenblick verlieren kann, in dem er aus der Zerrissenheit absolut zu sich finden will. Bernhard nimmt die vernunftkritischen Theoreme, auf die er anspielt, auf hinterhältige Weise wörtlich. Kein Autor – ob Montaigne oder Schopenhauer, Kant oder Nietzsche, Wittgenstein oder Heidegger – wird im genauen Sinn seiner Lehre assoziiert. Um die Gestalt eines Helden, der sich als empirisches Subjekt den erhabensten der einander durchkreuzenden Ideale der Vernunftkritik auf einmal verschreibt, errichtet der Roman ein Spiegelkabinett philosophischer Parodien. Bernhards negative Phänomenologie des Denkens spielt die Korrektur der Vernunft und die Vernunft der Korrektur nicht gegeneinander aus, sondern ineinander ein. Durch die Mimikry der humoristischen Imagination wird der Irrwitz einer solipsistischen Seinsermächtigung scheinbar überboten, um befreiend unterboten zu werden.

»Insofern ließe sich eine scheinbare Angrenzung des Humors an den Wahnsinn denken, welcher natürlich, wie der Philosoph künstlich, von Sinnen und Verstand kommt und doch wie dieser die Vernunft behält; der Humor ist, wie die Alten den Diogenes nannten, ein rasender Sokrates«, schreibt Jean Paul in §35 seiner *Vorschule der Ästhetik*. Die Chiffre der Korrektur wird in der *Korrektur* durchaus als eine, nach Jean Pauls Worten, »vernichtende Idee« gegen die erstarrten Konstellationen der Welt des Romans mobilisiert. Gleichzeitig ist die Idee der Korrektur eine durch den Roman vernichtete Idee, da der Gesamttext gegen das überbietende Telos der »eigentlichen Korrektur« komponiert ist, auf die er im Gang des Erzählten unaufhaltsam zusteuert. Im Widerspiel der Korrekturbewegungen entspricht dieser ungeheure Humor der Jean-Paul'schen Definition eines »umgekehrt Erhabenen« auf eine Weise, die dieser Bestimmung eine neue Bedeutung verleiht. Der Schock der reflexiv umschlagenden Komik bewirkt hier nicht mehr nur eine vorübergehende Desorganisation des endlichen Verstands. Er redet einer konstitutiven Irritation das Wort, die sich in der Organisation einer Intellektualität längst eingerichtet hat, die nicht mehr im Glauben an absolute Fundamente steht oder auf der unendlichen Suche nach ihnen ist. Bernhards modern zugespitzter Humor legt es nicht darauf an, den Verstand gewalttätig zu versetzen, »um vor der Idee fromm niederzufallen«, wie es bei Jean Paul heißt; es wird der versöhnenden Vernunft Gewalt angetan, um die Energie der Korrektur um den verheerenden Verstand der einen erlösenden Idee zu bringen. Gegen die Hoffnung auf eine definitive Korrektur der Freiheit – gegen den Glauben an ihre Vollendung – insistiert das polyphone humoristische Dementi auf der prekären Freiheit der Korrektur.

Gegen ihre falschen Propheten paktiert dieser Humor mit dem befreienden Drang einer unverklemmten Vernunft. Das noch gegen die Borniertheit ihrer einzelnen komischen Effekte empfindliche Lächerliche der *Korrektur* tanzt nicht einfach und nicht länger, wie es bei Ritter heißt, »auf dem Kopfe der Vernunft«; dieser Tanz findet jetzt in ihrem Haupt und ihren Gliedern statt. Eine lesende Wahrnehmung, die auf ein spekulatives Atemholen nicht verzichten will, kann hier die Lust einer korrektiven Vernunft erfahren, die insofern selbst humoristisch genannt werden kann, als die von ihr geleitete Praxis eine Form der Orientierung ist, die die verschiedenen Begründungsformen, die sie gegebenenfalls in Gebrauch nimmt, systematisch gegeneinander geltend macht, ohne diese Opposition sei es theoretisch, sei es moralisch, sei es ästhetisch in einen Begründungsgang integrieren zu können. Und ohne es zu wollen. Die Einheit dieser Vernunft ist nicht in die eine Perspektive des Vernünftigen zu bringen, weil die Rationalitätsformen, in die sie sich teilt, nicht in einer diskursiven Prozedur versöhnbar sind. Der Wunsch nach solcher Aussöhnung übersieht, dass die theoretische Wahrheit über den Zustand der Welt, die praktische Wahrheit über die Angemessenheit des individuellen und kollektiven Handelns und die ästhetische Wahrheit über die Eminenz weltbildender Erfahrungen sich mit Notwendigkeit auf Voraussetzungen stützen, die nur jeweils anhand der alternativen Wahrheitsfragen geklärt werden können. Wie der Humor in seinen Verfahren können auch das vernünftige Überlegen und Handeln keine der Positionen, auf die sie sich gleichwohl stützen müssen, unantastbar für sich bestehen lassen. Wie die literarischen Gattungen unter dem Druck der humoristischen Detonation ihre wohlumrissenen Begrenzungen verlieren, löst sich die Festung der Vernunft in der selbstkritischen Moderne in ein nicht wieder synthetisierbares Feld mehrseitiger Kontrastierungen auf. Die Überschreitung *der* Vernunft, das heißt jetzt: der einzelnen Formen der Begründbarkeit, die in kritischer Abhängigkeit und daher nur relativer Autonomie ineinander verzahnt sind, wird erkennbar als Vernunft der Überschreitung. Denn vernünftig ist und befreiend wirkt, was im jeweils Geltenden das Nichtige und im jeweils Nichtigen das Geltende geltend macht, ohne ein angeblich Geltendes in Anspruch zu nehmen, das Gelten und Nichtigsein unendlich übergreift.

8.

Ist der Streit zwischen der Vernunft in ihrem Sagen und der Komik mit ihrem Lachen nach dieser Verkündung ausgestanden? Nicht doch – er hat sich nur gewandelt. Diese Verwandlung hat die hergebrachten Parteien geschwächt und gestärkt. Die Vernunft hat ihren Panzer verloren und dafür ein reflektiert komisches Selbstbewusstsein gewonnen. Die Komik hat ihren Spielplatz verlassen müssen und dafür den Ernst einer Muse der Befreiung gewonnen. Wer von beiden die Schönere sei, interessiert die beiden nicht mehr. Um Schönheit, um Anmut, um Würde, so offenbart sich jetzt, ist es in der Konkurrenz, von der hier zu erzählen war, im Grunde nie gegangen. Darum ging es, wer von beiden, Vernunft und Komik, die Erhabenste im Lande des Menschlichen sei. Es ging also darum, welche von beiden nicht die schönste Wirklichkeit, sondern die ergreifendste Möglichkeit der Menschen repräsentiere. Darum aber geht es nicht mehr, seit die Agenten der beiden Konkurrentinnen ihr jüngstes Kommuniqué bekanntgegeben haben, das die empfindliche Kollaboration der beiden besiegelt. Erster Paragraf: Die Erhabenheit der Vernunft ist die Erhabenheit ihrer humoristischen Konstitution. Zweiter Paragraf: Die Erhabenheit der humoristischen Komik ist die Erhabenheit ihres vernünftigen Unglaubens gegenüber nur einer Vernunft. Was jetzt, was nach diesem Abkommen beginnen könnte, ist der Streit, ist das Gespräch einer Vernunft, die im Streit ihrer Sprachen die Wachheit des Lachens nicht länger verschmäht. Dieses unser Gespräch mit dem Fremden am Vertrauten und dem Vertrauten am Fremden sieht sich auf viele Stimmen verteilt und ins Gerede mehrgeschlechtlicher Beziehungen gebracht. Die vertrauten Paare sehen sich, lose gebunden, unter lose verbundene Paare gemischt. Hier verwirrt die Heiterkeit der ernsten Kunst die blasse Lässigkeit der Theorie; dort betört die rauhe Stimme der Moral die Reinheit einer müden Lust; im Schatten drüben erzürnt der Traum der Trägheit den kühnen Schwarm der Phantasie …

Versagen wir es uns, das neu erwachte Leben ins kalte Licht der alten Übersichtlichkeit zu tauchen. Grüßen wir zum Abschied noch den guten praktischen Humor, der tapfer trotzdem mit uns lacht, wenn das Treiben manchmal doch zu bunt und allzu grausam wird. Auch dieser Humor ist ja auf seine Weise eine Kunst, mit der die Kunst des ästhetischen Humors ihre heiklen Händel treibt. Ist jener die Kunst, nicht mit dem zu hadern, wogegen alles Hadern und Nörgeln nicht hilft, ist dieser die Kunst, mit der Beschaulichkeit zu hadern, die alles scheinbar Unvermeidliche als Übermacht des stummen Schicksals nimmt. Und wie der ästhetische Humor verflacht, wenn er sich mit der Befangenheit im Wirklichen versöhnt, so wird der praktische Humor zur falschen Praxis, wenn er sich im Trost seines Lachens von allem Prinzipiellen unbefangen wähnt. Auch mit bloß einem dieser feindlichen Gesellen wird die humoristisch verjüngte Vernunft sich nicht gemein machen wollen. Sie, die ja ihrerseits nur die Protektorin der Freiheit (nicht der ihren, der unseren!) ist, kann die Befreiung aus aller Befangenheit auf Dauer so wenig verlockend finden wie die Befangenheit in nur einer Form der Befreiung. Diese Weisheit hat die Erfahrung mit dem Humor der *Korrektur* sie gelehrt. Dieser Humor, mit einem Wort, verspricht eine Ethik der Rationalität, die keiner ihrer Temperamente und keiner ihrer Spielarten, nicht der moralischen und auch der ästhetischen nicht, allein anvertraut werden darf.

16. *Mein Jahr in der Niemandsbucht.*
Peter Handkes
Komödie der Kontemplation

»An einem lauen Sommerabend überquerte ein Mann die Place de l'Opera in Paris. Er hatte beide Hände seitlich in die Hosentaschen seines sichtlich noch neuen Anzugs gesteckt und ging zielbewußt auf das Café de la Paix zu. Der Anzug war hellblau; dazu trug der Mann weiße Socken und gelbe Schuhe, und eine locker gebundene Krawatte schwang im schnellen Gehen hin und her ...«

Der Mann, der hier zu einem Rendezvous mit einer Unbekannten unterwegs ist, heißt Gregor Keuschnig. Die Sätze, mit denen er in die Distanz eines beliebigen Passanten gerückt wird, bilden den letzten, vom übrigen Text getrennten Absatz in Peter Handkes Erzählung *Die Stunde der wahren Empfindung* aus dem Jahr 1975. Fast zwanzig Jahre später macht Handke diesen Keuschnig zum Helden eines weiteren, ungleich längeren Erzählversuchs.[1] Der Held ist fünfundzwanzig Jahre älter geworden. Er hat die diplomatische Laufbahn zugunsten des Schriftstellerberufs aufgegeben. Er ist ein Bewohner der »Niemandsbucht«, wie Handke mit einer der geografischen Metaphern sagt, die er seit der 1979 erschienenen *Langsamen Heimkehr* – ein Buch, dessen Entstehung in dem neuen Buch auf eine verfremdete Weise erzählt wird – häufig bemüht. Diese Bucht ist ein nach allen gängigen Kriterien unscheinbarer, zersiedelter Landbezirk auf den Seine-Höhen um Paris, in denen der Schriftsteller Keuschnig über zehn Jahre hinweg an wechselnden Orten gelebt hat. Die Gegend, in der er zur Zeit des Romans lebt – man schreibt das Jahr 1997 –, hat er aufgesucht, um für ein Jahr von seinem Jahr in einer solchen Peripherie zu schreiben. Von diesem Schreib-Jahr und allem, was damit für ihn biografisch und politisch zusammenhängt, berichtet Keuschnig in der Rolle des Ich-Erzählers, unterbrochen von sieben Geschichten, in denen er die Suchbewegungen seiner sich mehrheitlich auf Wanderschaft befindenden Freunde imaginiert. *Mein* Jahr in der Niemandsbucht, das ist Gregor Keuschnigs Jahr, nicht etwa Handkes. Handke erfin-

1 P. Handke, Mein Jahr in der Niemandsbucht. Ein Märchen aus den neuen Zeiten, Frankfurt/M. 1994.

det eine Figur weiter, die er neunzehn Jahre zuvor auf dem Weg ins Café de la Paix hatte gehen und stehen lassen.

In den Schlachten, die in der deutschsprachigen Kritik um dieses neue Werk geschlagen wurden, ist die Möglichkeit einer Distanz des Textes zu seinem Ich-Helden wenig beachtet worden – und damit vielleicht die beste Möglichkeit dieses Buchs überhaupt. Literarische Werke geben Lesarten frei, unter denen sie ihren Lesern als gelungen oder missraten erscheinen. Es sei daher eine Lesart vorgeschlagen, die es erlauben würde, Handkes dickstem literarischem Kind zuzustimmen, ohne in den Tiefsinn seiner professionellen Bewunderer zu verfallen.

Es geht um »Verwandlung«. Einmal in seinem Leben hat Keuschnig schon eine Verwandlung erfahren, er spürt jedoch, dass sie sich verbraucht hat, und erwartet eine neue. Eine – in der *Niemandsbucht* nicht mitgezählte – Verwandlung hatte bereits der frühere Keuschnig erfahren. Schon die damalige »Stunde der wahren Empfindung« war ein (mit Hilfe eines Benjamin-Zitats gedeuteter) Moment der Entrückung gewesen, des Heraustretens aus jeder funktionalisierenden Fasslichkeit der Welt. In ihm wurde alles Sichtbare zu einer in sich selbst ruhenden Erscheinung und alles Tun zu einer in sich selbst ruhenden Wahrnehmung. »Verwandlung« ist für den Erzähler das Wort für das Einrücken in solche Entrückung. Aus ihr soll die Fähigkeit entspringen, ein kontemplatives Leben zu führen, dem alles gleich viel gilt und gleich viel zählt. Es wäre ein Leben in angespannter und doch gelassener Aufmerksamkeit für alle Begebenheiten dieses Lebens. Damit ist zugleich der moralische Anspruch verbunden, als unbeteiligt-beteiligter Zuschauer – als »Beisitzer« im Weltgericht – der Gegenwart zu helfen, aus zahllosen Bürgerkriegen, von denen immer wieder die Rede ist, in einen versöhnten Zustand zu finden.

Auf solche Verwandlung ist der Ich-Erzähler aus, wohl wissend, dass sie sich nicht intendieren, nicht mit Willensgewalt herbeiführen lässt. Sie muss sich ereignen. Damit sie sich aber ereignen und damit die erhoffte Veränderung Bestand haben kann, sind Vorkehrungen zu treffen, vor allen Dingen: die Vorkehrung des Schreibens. Denn nur im Schreiben – allerdings: einem ganz bestimmten, wie von selbst geschehenden, von nichts handelnden, alles aus sich heraus schöpfenden, seinerseits ganz in sich selbst ruhenden – ist jene Intensität der Weltempfänglichkeit zu verwirklichen, auf die es dem Autor-Helden ankommt. Nur das Schreiben, so meint er, vermag aus der wahllosen Erscheinungsvielfalt des kontemplativen Zustands – aus der »panischen Welt« einer permanenten »Durcheinanderschöpfung« – doch wieder einen erzählenden Gang, einen Rhythmus zu schaffen, der eine durchweg wahrnehmungsfähige Existenz tragen könnte.

Aber dieser erlösende Rhythmus ist schwer zu finden – im Leben wie im Schreiben. Über weite Strecken erzählt *Mein Jahr in der Niemandsbucht* vom Scheitern des existentiellen Projekts, von dem aus der Perspektive der Ich-Figur berichtet wird. Schon Aristoteles bemerkte, dass das kontemplative Leben – das er freilich nicht primär als anschauende, sondern als denkende Betrachtung bestimmte – zu sehr ein göttliches sei, als dass es von den Menschen auf Dauer realisiert werden könne. Der Roman lässt sich lesen als eine Illustration dieses Satzes. Der Held versucht, in einer durchaus ungöttlichen, von Kriegen, den eigenen Launen, lärmenden Nachbarn und störrischen Frauen zerrütteten Welt ein göttliches Leben zu führen, in dem der Widerstand des Wirklichen überwunden wäre. Das kann nicht gutgehen. Wie der Held stets von neuem die allseits aufmerksame Haltung verliert, so müssen auch seine Schreibprojekte, in denen sie geübt und gefestigt werden soll, stets von neuem misslingen. Die Geschichte dieser scheiternden Projekte gehört zu den stärksten Passagen des Romans, zusammen mit den durch den Gesamttext irrlichternden Episoden der immerfort in die Brüche gehenden Ehe des Helden mit der ganz unkontemplativen Katalanin Ana. Die »Fülle der Welt« will sich nicht einholen lassen. Die schreibende und die existentielle Aufmerksamkeit kommen einander ebenso beharrlich in die Quere wie das wahrnehmungsversessene Alleinseinwollen mit dem Verlangen nach einem lebendigen Gegenüber.

Schon in der *Stunde der wahren Empfindung* fanden sich – wie seither bei Handke immer wieder – Momente einer scheiternden Kontemplation, zugleich einer Parodie jener Wahrnehmungsprosa, die Handke wie kein anderer zu schreiben vermag. »Er schaute auf die Esplanade des Invalides hinaus: nichts Bezeichnendes; nichts für ihn. Er zwang sich, etwas zu betrachten, damit die Herzschmerzen aufhörten: die Bauhütten zum Beispiel, errichtet für die Verbindung zweier Métrolinien? Sie waren so klein, daß die Arbeiter gebückt, im Rückwärtsgang, daraus hervorkamen. Aha, dachte er. An den Laubbäumen auf dem großen Platz waren schon viele Blätter gelb und zerfressen: so. Oder der blasse Mond am östlichen Himmel? Warum nicht. Eine der Fensterscheiben des AIR FRANCE-Busbahnhofs weit weg am anderen Ende des Platzes blendete jetzt wie üblich in sein Zimmer hinein, nur etwas früher als gestern. Schon gut, dachte Keuschnig.«

Sosehr der ältere Keuschnig möchte, dass die Welt ins Lot seiner höchsteigenen Empfänglichkeit für ihre Erscheinungen komme, es soll nicht sein. Sosehr es ihm um das Vollbringen der Verwandlung geht, im Roman geht es um das Verfehlen dessen, worum es seinem Helden geht. Es geht um die Unmöglichkeit einer durchgehaltenen kontemplativen Lebensform, zugleich um die Unmöglichkeit einer Erzählung, die ihren Sinn ganz in sich selber hätte. Keuschnigs ersehnte Weltfrömmigkeit, die sich gern auch mit verfärbten Zeichen einer christlichen Frömmigkeit schmückt, ergibt keine bleibende Haltung. Sie mündet vielmehr in eine Haltungslosigkeit, die Handke in seinem *Versuch über den geglückten Tag* einmal als Bedingung des Gelingens benennt: »Ich bin ohne Maß für ein Glücken des Tags. Ja, es ist, als gehörten dazu eine besondere Ironie, angesichts meiner selbst wie der tagtäglichen Gesetzlichkeiten und Zwischenfälle – Ironie aus Zuneigung –, und noch, wenn schon eine Art von Humor, der nach dem Galgen benannte.« Haltungslosigkeit war das Stichwort, unter dem seinerzeit Hegel die romantische Ironie wortreich beschimpfte, freilich nicht ohne hinter vorgehaltener Hand zuzugeben, dass das moderne Subjekt hierin einen Spielraum nutzt, in dem es erst die volle Würde einer individuellen Weltaneignung gewinnt. Das Subjekt gewinnt eine freie Haltung zu sich und der Welt im Scheitern einer einzigen verbindlichen, absoluten, irrelativen Haltung. Das ist auch Keuschnigs Schicksal, wie sehr er sich dagegen auch sträuben mag. Das Buch, so gelesen, wird zu einer Komödie des kontemplativen Lebens.

Der praktische Humor aber, auf den sich der Held in seinen hellsten Momenten besinnt, darf nicht mit der ästhetischen Ironie gleichgesetzt werden, mit der der Roman – über weite Strecken – die Kalamitäten seines Helden vorführt. Die ästhetische Ironie ist *Schauspiel* der nicht zu bereinigenden praktischen Schwierigkeiten des Helden, die ja ihrerseits – der Mann ist Schriftsteller – immer auch eminent ästhetische Schwierigkeiten sind. Das Buch im Ganzen ist keinesfalls ein Bild jener Einheit, die es seinem Helden verweigert. Der Text ist durchaus disparat, von immer wieder neuen Anläufen geprägt, die die aporetischen Suchbewegungen des Helden reproduzieren, verdoppeln und konterkarieren. Auch formal also ist *Mein Jahr in der Niemandsbucht* ein Buch der Unmöglichkeit jener Einheit von Lebenseinheit und Erzähleinheit, deren Idee es erzählt. Die ganze vermeintliche Heiligkeit des späteren Handke ist eine abgebrochene Heiligkeit. Sein umfangreichstes Buch hat die Form eines riesigen Torsos; es besteht aus disparaten Erzählversuchen unter beharrlicher Verweigerung der großen sinnstiftenden Erzählung, die von seinem Helden herbeigeredet wird. Es ist ein durchaus »unganzes Ganzes«.[2]

In dieser Verfassung entwirft das Buch eine ganz andere Idee von Weltvertrauen als Keuschnig sie hat. Er imaginiert ein von pragmatischen *und* kontemplativen Fixierungen freies Verhalten zur Welt. Der Rhythmus seiner Sätze hat wenig mit dem vom Helden erträumten Gleichmaß zu tun. Der Text im Ganzen ist von einem – zumal in den vorausgehenden *Versuchen* erprobten – Gestus der Revision, des Umwerfens, des Neuansatzes geprägt. Es gibt – außerhalb der reinen Beschreibungssequenzen – fast keinen Satz, der seiner selbst sicher wäre. Alle Worte, die gebraucht werden, werden unter Vorbehalt gebraucht. Jede bleibende, balancierte, austarierte Stillage bleibt ausgespart. Handkes Rede ist ein interruptives Sprechen, das jeden Satz unübersehbar als Satz vor seinen Inhalt stellt, ihn damit zugleich in seinem Aussage-Anspruch zurücknimmt, um die Selbständigkeit des durch ihn Angesprochenen zu wahren. Diese Sprache lässt die Zweiheit zwischen Satz und Sache bestehen. Sie lässt sich selbst und ihre Gegenstände sehen, ohne einen bleibenden Standpunkt zu finden. Die fehlende Sicherheit des Stils erscheint so als erste Bestimmung allen Stils, die fehlende Sicherheit des Glücks als erste Bestimmung des Glücks. Literatur erweist sich hier als ein Medium, das seine eigenen Konstruktionen relativiert, um die Freiheit einer konstruktiven Weltwahrnehmung zu wahren. Der aus der Perspektive des Helden vorgebrachte Absolutheitsanspruch geht mit einem artistischen Relativitätsbewusstsein einher, das in fast jedem Satz auf Distanz zur Erfüllung der Versöhnungswünsche des Protagonisten geht.

2 U. Wolf, Jenes Tages bleibender Umriß. Eine philosophische Lektüre von Handkes Versuchstrilogie, in: L. Nagl / H. J. Silverman (Hg.), Textualität der Philosophie. Philosophie und Literatur, Wien 1994, 33-52.

Ein Beispiel. Der Held im *Versuch über die Jukebox* erinnert sich, wie es war, als in seiner Jugend in einem Café aus der Jukebox der von ihm gewählte Titel erklang: »Auf einmal, nach einer Plattenwechselpause, die, mitsamt ihren Geräuschen – dem Klicken, dem Suchsurren, hinwärts und herwärts durch den Gerätbauch, dem Schnappen, dem Einrasten, dem Knistern vor dem ersten Takt –, gleichsam zum Wesen der Jukebox gehörte, scholl von dort aus der Tiefe eine Musik, bei der er zum ersten Mal im Leben, und später nur noch in Augenblicken der Liebe, das erfuhr, was in der Fachsprache »Levitation« heißt, und das er selber mehr als ein Vierteljahrhundert später wie nennen sollte: »Auffahrt«? »Entgrenzung«? »Weltwerdung«?

Die mimetische Deskription wird abgebrochen zugunsten einer Sprachbefragung, dies aber in ein und demselben Satz, der mit seiner Geste beides, das nachfühlende Anschmiegen und das ausschweifende Betrachten, zusammenbringt, so dass weder die sinnliche Nähe noch die übersinnliche Erhebung das letzte Wort behält. Im Konflikt zwischen sinnfremder Sinnlichkeit und metaphysischem Bedürfnis obsiegt die artistische Kompetenz, die ihn entfacht. Hätte Handke dieses sprachliche Spiel, das an vielen Stellen Triumphe feiert, einmal ein Buch lang durchgehalten, so wäre *Mein Jahr in der Niemandsbucht* tatsächlich das große Buch, von dem viele meinen, es sei es.

Aber er hält es nicht durch. Ein hoher Ton macht sich breit und nimmt überhand, der beinahe alles zerstört. Nach 820 Seiten mündet der bis dahin stockende und mäandrierende Erzählzusammenhang, wie im Untertitel schon angedroht, in ein Märchen, das bis zum guten Ende auf Seite 1067 alles Vorherige mit dem Licht einer penetranten Harmonie überzieht. Am Rand eines Tümpels, an dem er wie überall seine Wahrnehmungswunder zelebrieren kann, gelingt dem Helden die Einheit von Leben und Schreiben schließlich doch. Dieses Gelingen ist fatal für das Gelingen des Romans. Indem er seinem Helden den Rücken stärkt, fällt der Autor seinem Text, schlimmer noch, seiner Sprache in den Rücken. Die komischen Kontraste verlöschen. Das Pendeln der Sätze bleibt aus. Es geschehen Zeichen und Wunder, deren Kitsch ungebrochen bleibt. Die Wahrnehmungserscheinungen, die auch hier noch Sprache werden, werden als Offenbarungen eines inneren Sinns angeboten, für die es ästhetisch keinerlei Evidenzen gibt. Die zweite Verwandlung gelingt. Am Maßstab des bisherigen Texts aber ist nichts verlogener als das. Gewiss, die Dichter dürfen lügen. Aber in ihrer Sache, nicht in ihrer Sprache. Handke lügt, weil er mit dem, was er da im letzten Viertel seines nunmehrigen Märchens erzählt, die Heterogenität, die Unausgewogenheit, das Zaudern und Zögern, Zucken und Stottern seiner Sprache verrät. Er stellt diese Sprache in den Dienst einer Feierstunde, in der eine kontemplative Seligkeit scheinbar kostenlos Wirklichkeit wird. Die Kontemplation wird dem Leser als Kontakt mit einem eigentlichen Sein verkauft, in dem alles mit »rechten Dingen« zugeht, und verliert damit ihren irregulären, ekstatischen, unterbrechenden Sinn. Sogar die widerspenstige Gattin wird in den verklärenden Schlussreigen integriert. Es ist schrecklich. Handkes Roman der Unmöglichkeit eines in heiler Betrachtung vollzogenen Lebens verkommt zum Weihespiel der heilenden Betrachtung.

Die hier zunächst vorgeschlagene Lesart des Romans, bedeutet das, ist nicht wirklich zu halten. Aber was bedeutet das für Lesende schon. Schließlich haben auch unhaltbare Lektüren ihren Reiz und ihr Recht. Das Buch ist stark genug, um als Handkes ungöttliche Komödie *gelesen* zu werden, auch wenn es nur zu drei Vierteln diese Komödie tatsächlich *ist*. Manchen Büchern gegenüber ist nur eine ungerechte Lektüre gerecht.

17. Einiges zum Lob der Lakonie. Beim Lesen von Botho Strauß' *Die Fehler des Kopisten*

Der Widerpart des »hohen« Stils ist nicht der niedere oder gar keiner, sondern ein sparsamer, karger, lakonischer Stil. Er ist sparsam mit Worten, vor allem mit großen Worten, erst recht mit langen Reden. Er spricht alles an, aber kaum etwas aus.

In Platons *Protagoras* stellt Sokrates eine verrückte Behauptung auf. Die meisten Weisen [sophistai], sagt er, seien unter den für ihren Körperkult verschrieenen Spartanern zu finden. Die Spartaner aber »bestreiten es und gebärden sich ungebildet, damit es nicht offenbar werde, daß sie an Weisheit die Griechen überragen, wie jene, die Protagoras die Weisheitslehrer nannte, sondern damit es so scheine, als seien sie nur im Kämpfen und in der Tapferkeit überragend, weil sie meinen, wenn erkannt würde, worin sie überragend sind, würden sich alle darin üben, in der Weisheit. Nun aber haben sie, indem sie es verbergen, jene getäuscht, die sich in anderen Städten lakonisch [lakonizontas] geben, und jene zerfetzen sich die Ohren, wenn sie sie nachahmen, und umschnüren sich mit Riemen und wetteifern in der Gymnastik und tragen kurze Mäntel, als ob nun wirklich dadurch die Lakedämonier die Griechen überwänden.«

Das Vorbild der Lakedämonier hält Sokrates wortreich einer geschwätzigen intellektuellen Kultur entgegen, die Weisheit und Tiefe zwar erfolgreich, aber doch nur prätendiert. Wirkliches Wissen dagegen äußert sich in spartanischer Kommunikation. »Wenn nämlich jemand bereit ist, sich mit dem gewöhnlichsten Lakedämonier zu treffen, wird er zumeist während der Diskussion herausfinden, daß er wie ein ganz gewöhnlicher Mensch aussieht, dann aber, wo es um das Besprochene geht, wirft er kurz und bündig einen bedenkenswerten Ausspruch ein, wie ein schrecklicher Speerwerfer, so daß, wer mit ihm diskutiert, um nichts besser aussieht als ein Kind.«

»Man ist der Sohn seines Kindes, das ist das ganze Geheimnis.« Ein griechischer Autor hätte diesen Satz nicht schreiben können – Kind zu bleiben, war wenig erstrebenswert, Kind zu werden noch weniger, erst recht nicht, Kind des eigenen Kindes zu sein. Der

Satz ist ein Zitat des Dichters und Essayisten Yves Bonnefoy; Botho Strauß stellt ihn dem ersten Teil seines Notizenbuchs *Die Fehler des Kopisten* voran.[1] Damit bereits, mit dem allerersten, gar nicht mal eigenen Satz begeht der Kopist seinen ersten bemerkenswerten Fehler. Allen Demutsgesten gegenüber der antiken Tradition zum Trotz feiert Strauß die Wahrnehmungslust, die Weltfrömmigkeit, das Neugierspiel des Kindes, jedenfalls dieses Kindes, das das seine, oder eben: dessen Kind er geworden ist.

»Man ist der Sohn seines Kindes, das ist das ganze Geheimnis.« Die Spartaner, die keine Dichter waren (weswegen sie ja von Sokrates gehätschelt werden), hätten es noch kürzer sagen können. Sie hätten den zweiten Satzteil gestrichen: »Man ist der Sohn seines Kindes.« (Sokrates bei Platon: »Sie sind sogar gemeinsam hingegangen und haben ein Weihgeschenk ihrer Weisheit für Apollon errichtet im Tempel zu Delphi, wobei sie darauf eingravierten, was ja alle rühmen: ›Erkenne dich selbst!‹ und ›Nichts zu sehr!‹ Weshalb eigentlich sage ich dies? Weil dies, die Kunst der kurzen Rede [brachylogia], die Form des Weisheitswettseifers bei den Alten war.«)

Der Unterschied zwischen der langen und der kurzen Form des kurzen Satzes aber macht einen großen Unterschied. »Man ist der Sohn seines Kindes« – auch das ein wunderbarer Satz, und er ist wunderbar klar. Man wird vom Kind an die Hand genommen und in eine neue Welt geführt; es bringt einem das Sehen und das Hören, das Fühlen und das Sprechen neu bei. Erst recht ist der um einen Nachsatz erweiterte Satz von Bonnefoy ein betörender Satz – denn er ist wunderbar unklar. Er verrät nicht, worin das Geheimnis besteht, das zu lüften er vorgibt. Die Floskel »das ist das ganze Geheimnis« tut nur so, als sei mit den vorangegangenen sechs Worten alles gesagt. Aber dass es mehr nicht zu *sagen* gibt, bedeutet hier, dass es in der Begegnung eines Vaters mit seinem Sohn sehr viel mehr *gibt*. Hier, in dieser Begegnung, und in der verwandelten Weltbegegnung, die sie bewirkt, liegt das wahre Geheimnis – in einer wiedergewonnenen Rätselhaftigkeit der Welt, die immer neu entsteht, wo ein Kind einen Erwachsenen in seinen Bann schlägt.

Aber ist der längere Satz überhaupt lakonisch? Bringt er nicht eine lakoniefremde Emphase ins Spiel? Ja und Nein. Nicht länger handelt es sich um theoretische oder ethische Lakonie, sondern um eine poetische, für die Bonnefoys Sentenz ein erstes Beispiel

1 B. Strauß, Die Fehler des Kopisten, München 1997.

ist. Aber: Wenn von poetischer Lakonie gesprochen werden kann, bricht dann nicht die Differenz zwischen dem hohen und dem lakonischen Ton in der Literatur zusammen? Ja und Nein. Wir können »Widerpart« jetzt nicht länger im Sinn von »Gegenpart« verstehen. (Schließlich ist es für alle Dichtung kennzeichnend, dass sich ihre Töne und Lagen nicht säuberlich trennen.) Wir können poetische Lakonie als ein Verfahren denken, das ähnliche Impulse aufnimmt wie der hohe und sehr hohe Stil, nur auf leisere, lässigere, gelassenere Art, ohne die Gefahrenschilder, die einem hinter jeder Biegung »Vorsicht Höhe!«, »Vorsicht Tiefe!« zurufen, wobei es doch nur durch Wortgeröll weitergeht.

Botho Strauß zum Lob des hohen Stils: »›Das mystische Wabern‹, ›der hohe Ton‹ [...], sie markieren gegenwärtig die einzige Grenze, die noch feste Parteiung schafft und antagonistische Qualität besitzt. In dem Moment, da die Sprache bereit ist für das Unvermittelbare, für An-spruch und An-klang, wird sie unverzüglich auf den erbitterten Widerstand der Kommunikationsangestellten stoßen. Doch daß diese Bereitschaft, diese Öffnung nicht mit gefälliger Ironie und sprachlicher Geschicklichkeit zu bestreiten ist, müßte sich eigentlich von selbst verstehen.« – Letzteres leuchtet ein. Literatur verweigert sich dem Geschäft der Kommunikation; sie hat es mit Worten zu tun, die sie zusammensetzt, um von etwas zu sprechen, das sich inkommensurabel zu dieser Zusammensetzung verhält. (Das ist auch so, wenn sie nur von ihren eigenen Worten spricht.) Nur braucht es dazu keinen hohen Ton. Anspruch und Anklang – dafür genügen die leichten Instrumente der Lakonie.

»Ich vergesse aber«, fügt Strauß dem eben zitierten Stück hinzu, »daß ich es nur mit Neuerscheinungs-Exegeten zu tun habe, die den Namen Hamann oder Franz von Baader oder Hugo Ball vielleicht gar nicht zur deutschen Literatur zählen. *Ich* aber bin ihr Medium, durch mich leben sie und leben besser als im Hauche gelegentlicher Gedenkartikel zu Geburts- und Todestagen.« – So wie in diese Unterwürfigkeitsadresse eine erfrischende Arroganz eingebaut ist – Ihr Alten, nur durch mich seid ihr noch am Leben! –, so macht der Kopist fortwährend Fehler, die die Abschrift in einen Text eigenen Rechts verwandeln. Das ist das poetische Programm des Buchs: Fehler zu machen, die den Bewahrer zu dem, was er bewahren will, in ein freies Verhältnis setzen, so wie ihn das

Kind, dem er das Überlieferte anvertrauen will, zu sich in ein neues Verhältnis setzt.

Ich rede hier nicht von dem Strauß, der seine kulturkritischen Meinungen gegen andere kulturkritische Meinungen stellt, mit einer weinerlichen Verachtung für das kulturkritische Meinen. Ich rede nicht von seinen lauen Worten zum Sonntag und seinen verstaubten Klagen über das Zeitalter. Ich rede nicht von dem Strauß, der uns mitteilt, »Mit Aristoteles und dem Papst teile ich die Überzeugung, daß...«. Ich rede hier auch nicht von dem Strauß, der die Sprache für die öffentlichen und die privaten Dinge aufrauhen möchte und dabei, als eine Stimme unter Stimmen, willens oder nicht, die höchst demokratische Tugend eines zivilen Ungehorsams gegenüber den Gesetzen des sprachlichen Austauschs übt. Ich rede von dem Autor Strauß, der sich unter der Tarnkappe des Kopisten ein freihändiges Schreiben leistet, das aus heterogenen Reflexen kurze und bündige Texte gewinnt.

Die Ingredienz der Lakonie ist dabei vielerorts im Spiel. »Märchen und Gedanken müssen schmucklos und suggestiv sein«, heißt es einmal. »Märchen und Gedanken«: eine mit links gezogene Parallele, der die Leser nachgehen dürfen. – »Aus formloser Friedfertigkeit ging formlose Gewalt hervor«: eine scharfe Analyse, die auch denen zu denken gibt, die eine andere Moral aus der Beschreibung des Autors ziehen. – »Ein Arkadien der Arbeit wird man uns versprechen«: schöne Vertauschung, die mit sanftem Zynismus im Futur sagt, was längst gang und gäbe ist. – Strauß' lakonische Töne sind aber nicht auf die kommentierenden Passagen begrenzt; nahezu alle Motive werden immer mal wieder mit knappen Intermezzi traktiert. Über den Nebel: »Beinah alles, was wir sonst in vertrauten Distanzen erblicken, hüllt er ins Unbekannte, entzieht es nicht, sondern rückt es, verschwunden, uns näher.« – Über den Verfall der Mutter: »Wenn das das Gewöhnliche ist, dann heißt es so, weil niemandem die Zeit bleibt, sich daran zu gewöhnen.« – Eine »Philosophie des Noch« wird entworfen, die der Lebenszeit des Menschen unendlich mehr entspricht als die Blochsche Leier des Noch-Nicht: »Noch sehe ich die Windstille in den Bäumen. Noch werden ringsum die Felder bestellt. Noch gilt das Gesetz. Noch heilt der Arzt. Noch ist alles. Und dieses Noch macht jetzt das Noch-Nicht des Utopisten überflüssig. Es ist an dessen Stelle getreten. Im Noch erfüllt sich alle Hoffnung.« – Beim Einschalten der

Außenlichter seines Hauses: »Auch wenn ich auf einmal alle einschalte: es funzelt nur auf mich zurück... Der Dunkelheit nimmt es nichts. Es dringt kaum ein paar Meter in sie vor. Es bricht keinen Zacken aus der Krone.« – Und doppelbödige Theologie: »Die Gewalt des Gottes: daß er uns sein läßt.« Auch das ist nicht einfach über eine Sache, sondern zuerst aus der Sprache gesagt. Hier spricht nicht der gescheite Mensch, der alles wohl studiert hat, hier spricht einer, der vermag, was nun einmal die Sache des Dichters ist: die Sprache sein zu lassen.

(Peter Handkes Erzählung *Die Abwesenheit* schließt mit einem Satz und einer Szene, in der das Seinlassen des Dichters, der seine Sprache, und des Erzählers, der seine Helden bleiben lässt, in vollendeter poetischer Lakonie ausgesprochen ist: »Für eine kleine Weile saßen wir da und ließen uns einfach sehen.«)

Lakonie ist nicht der einzig wahre Stil, weder bei Strauß noch sonstwo; »einzig wahrer Stil« wäre Unsinn. Sie ist nur der beste hohe Stil – die genaueste Rede von den Dingen, die der hohe Stil mit Macht verfehlt. Das ist nicht immer so gewesen, aber so ist es gekommen, und so wird es bis zum sprachlichen Beweis des Gegenteils bleiben – ein Beweis, den weder Strauß noch Handke erbringen können (und den sie nur in ihren schwächsten Momenten erbringen wollen). Lakonie, Widerpart des erhobenen Sprechens, ist der wahre hohe Stil, weil sie allen Gestus des Hohen meidet. Sie meidet den Anschein, als seien ihre Sätze so hoch oder so tief wie die Freuden und Gefahren, von denen sie spricht. Im Erscheinen ihrer wenigen Worte tritt sie vor der angetippten Sache zurück, weicht ihr aus, gibt sie der Betrachtung des aufgestörten Lesers frei: der Stierkampf, das blitzschnelle Wortgefecht, der »schreckliche Speerwurf« der Lakonie.

Als *Ingredienz*, habe ich gesagt, ist diese Stilart dem Buch von Strauß beigemischt. Das genügt vollkommen, um sie weitgehend von jenem Wabern freizuhalten, zu dem sich der Autor trotzig bekennt. Nicht alles jedoch, was ihm gelingt, ist mit dem Element der Lakonie versetzt. Es finden sich starke Stücke, die die Grenzen aller noch so funkelnden Knappheit sprengen, die sich zu einem exaltierten oder ekstatischen Sprechen steigern, dem der grübelnde Tiefsinn so fern steht wie die erhabene Pose. Strauß ist am besten, wenn er seine Sätze zügelt – oder wenn er sich zügellos sich selbst überlässt.

»Hellblau die Öl-Leinen-Felder und am Waldrand ein feuerroter Streif von blühendem Sauerampfer. Ich konnte nicht oft genug vors Haus treten am Abend in der Schönheit des Dämmerlichts. Es war, als empfingen mich Ovationen für meine Existenz, jedesmal wenn ich über die Schwelle kam, vom Rang und den lichten Balkonen des Himmels und aus dem Parkett der sanften Wiesen.« – Eingebildeter Affe!, Fatzke!, möchte man dem Autor entgegenrufen: und doch wäre das, wenn es dabei bliebe, eine stumpfe Reaktion. (Eine stumpfe Reaktion wie alle die sprachlich blinden, aber politisch korrekten Ermahnungen mitsamt der Entweder-Strauß-oder-Handke-Schlachtrufe, in die sich die öffentliche Kritik des Frühjahrs[2] hat hineingleiten lassen.) Denn sie übergingen einen winzigen grammatischen Unterschied, aus dem die kleine Notiz ihr ganzes Leben bezieht. Es heißt nicht: »Es war, als *empfinge ich* Ovationen für meine Existenz«, sondern: »Es war, als *empfingen mich* Ovationen für meine Existenz…« Das Subjekt, dass sich maßlos überhöht, erfährt sich zugleich in einer ganz passiven, dem unerwarteten Erscheinungsspiel ausgelieferten, ihm gegenüber wehrlosen Position. Wer diese Ambivalenz nie gekostet und nie einmal ausgekostet hat, ist für die Wahrnehmung des Naturschönen verloren.

Einer äußerst subjektiven Reaktion überlässt sich Strauß auch, wo er von einer Begegnung mit zwei soeben von gewaltsamen Entführern Freigelassenen berichtet, die ihm abschreckend banal, trotz ihrer außergewöhnlichen Widerfahrnisse vollkommen gewöhnlich erscheinen. In einer sprachlichen Abwehrbewegung gegen dieses Erlebte besingt er das eigene Sehen- und Fühlenkönnen auch dort, wo rein gar nichts geschieht, das erotische Gegenwärtigseinkönnen auch dort, wo keine sexuelle Handlung geschieht, teilt in wilder (aber sprachlich beinahe wieder lakonischer) Verallgemeinerung die Menschheit in zwei neue Hälften ein: »Es ist eine Teilung, die noch sehr viel auffälliger werden wird: die zwischen Geschöpfen der Lust und Geschöpfen der Unlust.«

Jenseits der poetischen Lakonie schließlich stehen Sequenzen eines absichtslosen Beobachtens, das Aquarelle malt und Allegorien andeutet, ganz ohne ihnen die Prägung einer Sentenz, einer Moral, einer Weisheit zu geben. Um dem Missmut über einen unerfreulichen Tag zu entkommen, sagt der Schreiber, »muß man irgendwann seine Freude daran finden, wenn ein Ahorn-Flügel am

---

2 1997.

Fenster vorbeipropellert mit einer kleinen Kugel dran. Oder wenn ein Blatt, das birnengelbe einer Eiche, zu Boden fällt, zu seiner Ruh und dabei heftig zu flattern beginnt, als wollte es fliegen, als spürte es fallend sich endlich von allen anderen Blättern befreit und möchte vor Übermut schaukeln, kreisen, gleiten und steigen – alles allein, endlich allein! Dem vergilbten Blatt ist Sinken aus der dichten Kohorte die himmlische Freiheit, und es dehnt sich, es atmet auf bei diesem kurzen Tanz, der seine Lösung und sein Ende ist.«

18. Das Anti-Terror-Gesetz der Komik.
Christoph Schlingensief verweigert den Ausbruch der Kunst aus der Kunst

1.

Eine der bizarrsten Blüten, die die Deutung der Ereignisse des 11. September 2001 hervorgebracht hat, ist die Behauptung, es habe sich hierbei um eine Art Performance gehandelt. Karlheinz Stockhausen hat mit seinem Gedankenblitz, es habe sich hier um das »größte Kunstwerk aller Zeiten« gehandelt, einen Anstoß gegeben, der dem ästhetischen Denken noch immer zu denken gibt. Das Kolleg, das der Dramaturg Carl Hegemann im Dezember 2002 für Christoph Schlingensief an der Berliner Volksbühne veranstaltet hat, um über den Stand der Kunst nach den Attentaten in New York und Washington zu räsonieren, wusste mit dieser Vorlage etwas anzufangen. Das Programmheft zu Schlingensiefs Produktion *Atta Atta – Die Kunst ist ausgebrochen* gibt dem Bedürfnis, einen wie Mohammed Atta als modernen Künstler zu denken, leichtfüßig nach. Glaubt man Peter Weibel und Boris Groys, so waren die Anschläge auf das World Trade Center eine künstlerische Performance. Zum einen deshalb, weil sie als ein mediales Spektakel, nämlich als weltweit unübersehbare Inszenierung der Verletzlichkeit der Großmacht USA konzipiert waren. Zum andern darum, weil hierbei die Grenzen von Kunst und Realität entschieden missachtet wurden. Riskiert wurde ein Ausbruch der Kunst aus der Sphäre der Kunst. Nach Weibel macht es die ganze Obsession eines modernen Künstlers aus, mit künstlerischen Mitteln einen Ausbruch aus dem Kunstsystem zu bewirken, hinein in die Welt, um dort, wie Peter Sloterdijk, ein anderes Mitglied des ästhetischen Kollegs, es formuliert, »das große Ding zu machen«. So wird der Terrorist zum Modellfall eines Künstlers, der mit der Selbstaufhebung der Kunst wirklich ernst gemacht hat. Bei Groys gipfelt diese Diagnose in dem Satz: »Der Terrorist ist ein moderner Künstler unter der Bedingung, dass das moderne Kunstsystem fehlt.« Unausgesprochen allerdings bleibt das logische Komplement dieses Satzes: Der moderne Künstler ist ein Terrorist unter der Bedingung, dass die Logistik eines terroristischen Netzwerks fehlt.

Christoph Schlingensief hat genug anarchischen Instinkt, um seine Aktionen nicht geradewegs in den Sand solcher Thesen zu setzen. Denn diese sind natürlich abwegig. Schon dass das Großrauskommenwollen der stärkste Impuls des künstlerischen Handelns sei, ist zweifelhaft; denn es würde bedeuten, dass alle, die groß rauskommen wollen, Künstler sind. Davon abgesehen war bei den Anschlägen vom 11.9. keinerlei künstlerische Intention im Spiel; es handelte sich um eine durch und durch instrumentelle Aktion, die auf die Zerstörung der symbolträchtigen Gebäude und den Tod möglichst vieler Menschen gerichtet war. Die Dimension der Zerstörungen hatte das ästhetische Ereignis der weltweiten medialen Bilder *zur Folge* – anders als bei jeder Performance, bei der das Rätsel des eigenen Erscheinens den Kern der Aktionen bildet. Die Terroristen wollten ein real und symbolisch eindeutiges Zeichen setzen – und sie haben es gesetzt. Mit Kunst hatte das nichts zu tun. Also auch nichts mit einem Ausbruch der Kunst aus dem eigenen Gehege. Denn die Kunst kann die Enge ihrer Welt zwar weiten und dabei die Grenzen zur übrigen Welt verwischen, aber sie kann als Kunst nicht aus der Intensität ihrer Spiele heraus.

2.

Dass die Kunst »ausbricht«, muss aber gar nicht heißen, dass sie sich ihrer selbst entledigt; es kann einfach bedeuten, dass sie ihre Energien in unvorhergesehener Weise entfesselt. Das ist es, worauf Schlingensiefs Aktion auch dieses Mal zielt. Der Name Atta und alles, was damit assoziierbar ist, fungiert als Stichwort für eine Revue, die vielfache Gewaltzusammenhänge der Gegenwart halluziniert. Die Plattform, um die sich alles dreht, bildet das, was im Jargon der siebziger Jahre der »Terrorzusammenhang der Kleinfamilie« hieß. Wir sehen den von Schlingensief selbst gespielten jungen Christoph im Kreise seiner Spießerfamilie, die von Irm Hermann als Mutter und Josef Bierbichler als Vater mit souveräner Demenz gegeben wird. Der von Desinteresse und autoritären Gesten terrorisierte Sohn terrorisiert seine Familie mit Action-Painting und Kettensägearbeiten, die seine Eltern vergeblich als »Kunst« zu bannen versuchen. Der blinde Onkel Willi (Michael Gempart) sitzt nur da, hört Musik und lallt sich etwas, das von ferne an den Gesang der Muezzin erinnert. Hermann Nitsch – dargestellt von Friedrich Kuhlbrodt – gibt Anleitungen zum Ungehorsam und lässt sich auf einem Häuflein Tomaten nieder, so dass statt Blut diesmal nur Gemüsesaft rinnt. Mit einer Truppe von Jungfilmern scheitert Christoph vor dem strengen Videoauge der Oberhausener Kunstrichter. Später verlagert sich die Szene auf einen Campingplatz, wo die organisierte Unterhaltung gegen das Chaos des alltäglichen Trübsinns kämpft. Gelegentlich verwandelt sich das Areal in ein fundamentalistisches Trainingslager, dessen Insassen sich in undefinierbaren Formen religiöser Erweckung versuchen. Unterbrochen wird das Geschehen mehrmals von tosender Musik und frenetischem, nicht enden wollendem, unüberbietbarem Beifall, so als hätten die Akteure endlich von und vor aller Welt die Anerkennung gefunden, auf die sie ansonsten vergeblich warten. Begleitet wird alles von einem zweifach in den Bühnenhimmel projizierten Film, in dem der Schauspieler Herbert Fritsch eine Gruppe prominenter Film- und Theatermenschen durch den Hades diverser Berliner Nobelherbergen führt. Irgendwann wird auf der Bühne der Krieg als Erlösung von allen Übeln ausgerufen, was die Kleinfamilie in Stücke reißt und den Sohn in einem Tümpel zur feuchten Vereinigung mit der Mutter treibt. Bevor die Zusammenhänge sich ganz auflösen, wird einem Beuysschen Hasen das Wesen des Theaters erklärt. Schließlich wird auch das Theater als Zwangsanstalt entlarvt, als Herbert Fritsch zu einer vehementen Kollegenbeschimpfung auftritt, bis auch ihm nichts anderes übrig bleibt, als ein Liedchen zu singen und die Bühne durch den Bühnenausgang zu verlassen. So gelingt der Ausbruch aus dem Gefängnis der Welt nicht einmal in der Welt der Kunst.

3.

Das läuft in vielen Phasen auf eine klischeehafte Selbstbespiegelung des Regisseurs hinaus, gepaart mit einer politisch verbrämten Jeremiade über das Jammertal eines Lebens, in dem die Herkunft die Zukunft und diese die Gegenwart verstellt. Doch zum Glück wird die verkrampfte Zeitdiagnose ein ums andere Mal von virtuosen Sequenzen unterbrochen, in denen sich Erdenschwere und deutscher Tiefsinn in Luft auflösen. Dann kommt es zu einem Ausbruch – zwar nicht der Kunst, aber der Komik. Das beginnt mit einer Tirade von Schlingensief auf den ästhetischen Standort Berlin. Alle seien hier so toll, und alle wüssten, wie toll alle seien, richtig gemütlich sei es daher am Prenzlauer Berg: Das Lob der Metropole klingt plötzlich wie das Lob der Vorstadt, der man sich entronnen glaubte. Auf hintersinnige Weise wird aus Niklas Luhmanns *Die Kunst der Gesellschaft* zitiert, einem Werk, das mit der Idee einer Aufhebung der Kunst gar nichts, mit der ihres nicht auf die Welt übertragbaren Eigensinns aber alles zu tun hat. Mitten im schönsten schockierenden Action-Painting macht sich eine überlebensgroße Farbtube auf den Weg ins elterliche Wohnzimmer, um dort mit strengen Worten wieder hinauskomplimentiert zu werden: ein selten surrealistischer Moment, bei dem man nur noch die fällige Tanzeinlage vermisst. Höhepunkt der Szenen auf dem Campingplatz ist ein so behende wie abwesend Holz hackender Bierbichler, der fortwährend über das triste Glück seines Ehelebens nölt. Überboten wird diese depressive Litanei nur von dem gegen Ende eingespielten Singsang aus einer Performance von Beuys, in dem sich dreifache maulende Bejahung und Verneinung endlos wiederholen. »Ja, Ja, Ja – Näe, Näe, Näe«: eine Gebetsmühle der Resignation, von der alle widerständigen Energien zermahlen werden. Gegen die Folter dieses Lamentos richtet sich der furiose Auftritt von Herbert Fritsch, der sich in einer wortreichen und handgreiflichen Wut über die ganze Szenerie ergeht, über den Regisseur, den Intendanten, die Regie, die Requisiten, die Kostüme, die Kollegen, die eigene Rolle – um sich schließlich doch vom Publikum für zehn Sekunden zu einem Spiel im Spiel – zu einer Mini-Elvis-Nummer – herumkriegen zu lassen. Der Kunst entkommt hier keiner. Je stärker sie dementiert wird, zu desto größerer Form läuft sie auf. Und desto komischer wird sie. Wenn es aber auf dieser Welt ein wirksames Anti-Terror-Gesetz gibt, dann ist es das einer Komik, die für sich selbst keine Ausnahme macht.

4.

Zu den Lachnummern der Inszenierung kann man auch Teile der Theorie zählen, die dem Ensemble zur Inspiration gedient haben. Das gilt vor allem für den eigens für diese Produktion erfundenen »Attaismus«, in dem Mohammend Atta mit dem Scheuermittel Ata, der politische Terror mit dem Reinheitszwang und der Dadaismus mit dem Szientismus in eine verquere Beziehung gesetzt werden. Das hat Witz, solange man die makabren Scherze nicht für bare Münze nimmt. Einen unter denen, die während der Proben zur Diskussion geladen waren, hat das frivole Zusammenrücken von Kunst und Terror denn doch nervös gemacht. Als Christoph Schlingensief in einem im Programmheft abgedruckten Interview nicht aufhören will, von der »Kunst als Waffe« zu schwärmen, weist Péter Nádas ihn darauf hin, dass die Rede von der künstlerischen Gewalt nur in einem übertragenen Sinn einen Sinn ergibt. Dieser scheinbaren Abschwächung seines rabiaten Kunstwollens versucht sich Schlingensief zu widersetzen. Nádas kontert: »Ich verstehe das, ich verstehe das. Aber als ein Mensch, der sich mit Worten beschäftigt, ist mir doch etwas Unerklärliches darin. Etwas, das mir die Sache sehr verdächtig macht.« Als Schlingensief immer noch nicht von seiner »Waffe« lassen will, ist Nádas die Wortspiele leid. »Aber Sie produzieren keine Waffen, sondern Sie produzieren Bilder. Sie produzieren Situationen, und diese Situationen sind in Bilder eingefangen und werden durch beliebige Medien vermittelt. Was Sie eigentlich produzieren, sind Situationen und Bilder, aber das sind keine Waffen. Warum verwenden Sie das Wort Waffe? Sie haben einen Grund dazu. Sie hatten jetzt eine Grunderfahrung mit der Politik, und Sie hatten – allem Anschein nach – die stärkere Waffe, im übertragenen Sinn. Aber Sie hatten gar keine Waffe, das ist eine Selbsttäuschung.«

Diese Täuschung entsteht, wenn man es sich mit der Auffassung einer inneren Affinität von Kunst und Gewalt allzu einfach macht. Seit jeher hat Kunst eine starke Tendenz zur Darstellung von Gewaltvorgängen und Gewaltverhältnissen – einfach weil Gewalt eine der Situationen ist, die den Menschen am meisten bedrängen. Darin aber liegt nicht das Problem. Das Problem betrifft die Frage, ob die künstlerische Darbietung, was auch immer ihr Gegenstand sein mag, *selbst* zu Gewaltförmigkeit und Gewalttätigkeit neigt.

Nur wenn das so ist, stellen künstlerische Operationen selbst eine Form der Gewalt dar. Häufig *ist* das so – jedoch mit einer von Nádas hellsichtig markierten Einschränkung. Die Verfahren der Kunst haben eine Affinität zur Gewalt, aber sie haben sie allein in einem *übertragenen* Sinn. Kunst erschüttert, fesselt, überwältigt, erschreckt, verstört, berührt, entführt und verführt ihre Betrachter auf vielerlei Weise. Aber sie tut ihnen nichts an. Buchstäbliche Gewalt übt sie keine aus. Sonst wäre es keine Kunst; sonst wäre es keine Handlung, die zur Anschauung und Reflexion über die Gegenwart ihres Geschehens verleiten würde. Es ist eine fixe Idee, zu glauben, es sei ein Nachteil der Kunst, dass sie im Vergleich mit der Wirklichkeit, in der es um Leben und Tod geht, nicht real genug sei. Denn sie ist selbst sehr real: Sie eröffnet eine Zeit der Sensation und Imagination, die es anderswo weder gibt noch geben kann. Im Unterschied zur terroristischen Kommunikation, die umso besser gelingt, je mehr Leichen angehäuft werden, will Kunst nicht mit Gewalt, sondern durch die *Erscheinung* von Gewalt berühren; sie will Gewalt erfahrbar machen, ohne doch buchstäblich Gewalt erfahren zu machen; sie will Gewalt nicht ausüben, sie will an die in allen menschlichen Verhältnissen wo nicht tätige, so doch lauernde Gewalt erinnern.

Jede gelungene künstlerische Aktion macht auf ihre Weise Unmögliches möglich; sie lässt etwas wahrnehmbar werden, was bis dahin niemand für machbar und denkbar gehalten hätte. So viel hat die Kunst mit Mohammed Atta und seinen Getreuen gemein. Aber die Kunst operiert mit unvorhersehbaren Möglichkeiten, ohne nur *eine*, und vor allem: ohne nur *ihre* Wirklichkeit gelten zu lassen. Zum Fundamentalismus fehlt ihr das Talent. Es ist der schiere Aberwitz, dem Künstler eine habituelle Verhärtung zuzuschreiben, von der aus er nicht anders kann, als auf die Blindheit eines erfolgreichen Terroristen neidisch zu sein. Die Haltung hingegen, nur die eigene Wirklichkeit gelten zu lassen, bezeichnet den Wahn der terroristischen Gewalt. Diese will den Widerstand der Welt brechen, indem sie mit ihren Waffen in die Position der anderen eindringt. Man darf ja nicht vergessen, dass der Terror draußen im Unterschied zu dem in der Volksbühne eine sehr, sehr humorlose Sache ist. Zu aller Komik – und vermutlich zu aller Kunst – gehört das Vermögen, die eigene Position zur Disposition stellen zu können. Diesen Spielraum gibt der Terrorist preis. Er will die Position der anderen ein für alle Mal wegräumen, beseitigen, damit er sich selbst nicht zur Disposition stellen muss. Es gibt keine echte Affinität von Kunst und Terror, wie nahe die beiden auch im Spiel der Kunst zusammenrücken mögen. Wenn im Gelächter über *Atta Atta* so viel deutlich geworden wäre, bräuchte man sich über die ausgefallenen Theorien vom Tage keine Sorgen mehr zu machen.

19. Das Wagnis des Scheiterns.
Fassbinder-Notizen

1.

Im Frühjahr 2005 wäre Rainer Werner Fassbinder 60 Jahre alt geworden. Geboren am 31.5.1945, gestorben am 10.6.1982, führte er ab 1969 in über 40 Spielfilmen Regie. Es gab eine große Retrospektive in Paris, eine kleine Feier in Bonn, die Ausstrahlung einiger Filme bei Arte, eine kurze Reminiszenz bei der Lola-Verleihung in Berlin, aber das war es dann schon. Eher lustlos hat man sich in Deutschland an einen herausragenden Künstler der Nachkriegszeit erinnert. Warum? Weil der Film noch immer als Kunst zweiter Klasse gilt? Weil Fassbinders Werk so heterogen ist, dass es sich wie dasjenige von Pablo Picasso oder Miles Davis einer griffigen Einordnung entzieht? Wegen seiner manchmal penetranten Geschichten über die Vergeblichkeit des Strebens nach Glück? So sehr diese Gründe zählen mögen, ausschlaggebend sind sie nicht. Entscheidend dürfte sein, dass in Fassbinders Filmen eine Kraft wirksam ist, die uns fremd geworden ist – eine imaginative und intellektuelle Intensität, die unser weithin sediertes Vorstellungsvermögen sprengt. Hier ist eine Energie am Werk, die teilhat am Aufbruch der sechziger und siebziger Jahre, der dem kulturellen Leben der Bundesrepublik längst vergangen ist. Der Künstler wagt zu scheitern, wie kein anderer zu scheitern wagt, hat Samuel Beckett einmal gesagt. Fassbinder hat dieses Risiko mit jedem seiner Filme gesucht und hat es in seinem kurzen Leben mit dem Gelingen seiner besten Produktionen bezahlt.

2.

Der wichtigste Treibriemen der Wiederbelebung des deutschen Kinos ist einmal das öffentlich-rechtliche Fernsehen gewesen. Es übernahm diese Rolle nicht nur in der ökonomischen Unterstützung vieler Produktionen, sondern vor allem durch deren beinahe rituelle Ausstrahlung in Nachtprogrammen, von denen man heute nur träumen kann. Meiner Erinnerung nach sendeten ARD und ZDF in regelmäßiger Folge abends um elf – meine Eltern waren glücklicherweise schon im Bett, da vieles davon als sittlich heikel galt – die neuesten Filme von Fassbinder, Werner Schroeter, Wim Wenders, Alexander Kluge, Werner Herzog und anderen. Eine bessere Verführung der Jugend als durch diese Schule des Sehens und Hörens hat es selten gegeben. Ästhetische Erziehung war hier von jeder pädagogischen Zumutung frei, was dazu führte, dass für junge Menschen zu jener Zeit der Film – trotz einer harten Konkurrenz – ganz selbstverständlich die aufregendste Kunstform war.

3.

Das Wort »Kunst« freilich sollte im Zusammenhang mit dem Film nicht zu dick unterstrichen werden. Nicht der *Kunstfilm* oder was sich so nennt, sondern der *Film* ist eine Kunstform, die – nicht anders als in den anderen Künsten – ihre mal vielstimmigen und oft eintönigen Ausprägungen findet. »Der Film wird Kunst sein oder er wird nicht sein«, hieß es in einem überflüssigen Manifest zum Abschluss eines »Festivals des deutschen Films«, das im Sommer 2005 auf der Parkinsel in Ludwigshafen am Rhein stattgefunden hat. Den Kunstanspruch so vor sich herzutragen ist im Kino eine der sichersten Arten, ihn zu verfehlen. Nicht weniger albern wäre es, jemanden wie Fassbinder gegen das Hollywoodkino auszuspielen – gehört doch Hollywood und seine Peripherie neben dem französischen Kino zu den wichtigsten Inspirationsquellen dieses Regisseurs. Sieht man sich eine größere Anzahl seiner Filme nach plus/minus 30 Jahren der Reihe nach wieder an, stellt man mit Erstaunen fest, dass sein filmisches Werk von Anfang bis Ende eine Familienserie bildet, die an Windungen und Wendungen vieles übertrifft, was das Fernsehen unter diesem Namen anzubieten hat. Nur ist es hier keine bürgerliche Familie, in deren Alltag es im Fünfminutentakt auf und ab geht, sondern eine Künstlergruppe, die sich immer wieder neu zusammengestellt findet. In den Spannungen der jeweiligen Geschichte spiegeln sich auch die im jeweiligen Team. Jeder Film, welche Geschichte er auch hat, erzählt die Geschichte der Fassbinder'schen Filme neu. Es ist ein ständiges Kommen und Gehen alter und neuer Darstellerinnen und Darsteller, die in neuen

Filmen in ihre alten und manchmal in überraschend neue Rollen finden. Man denke an die immer wiederkehrenden Harry Baer, Günther Kaufmann, Klaus Löwitsch und Gottfried John; an Kurt Raab, Peter Kern, Vitus Zeplichal und viele andere, die markante Spuren hinterlassen; an Darsteller wie Karlheinz Böhm, Ivan Desny oder Günther Lamprecht, die von außen kamen und das Panorama der männlichen Figuren erweiterten; an Fassbinder selbst, der einige der früheren Filme trägt und durch andere irrlichtert, an Carla Aulaulu, die man gern länger gesehen hätte, und die Reihe der großen Frauen: Irm Hermann, Ingrid Caven, Margit Carstensen, Barbara Sukova, die etwas ganz Neues, nämlich Lebensfreude, ins Spiel brachte, und Hannah Schygulla mit ihrer somnambulen Präsenz.

4.

Ein Prinzip der Serialität beherrscht Fassbinders Werk nicht, weil er sich auch im Format der Serie versucht hat (*Acht Stunden sind kein Tag*, 1972-73), sondern ihm alles, was er machte, zu einer Reaktion auf das Bisherige und einer Probe auf das Kommende geriet. Keiner von Fassbinders Filmen steht für sich allein. Jeder steht in Resonanz zu vielen anderen. Fassbinder hat einen filmischen Kosmos aus Filmen geschaffen. Das ist sein Werk. Selbst die herausragenden Einzelstücke stehen als Nebenprodukte in einem Bezugssystem da, in dem jedes Element mit vielen anderen korrespondiert. Zwar gibt es andere Regisseure, von denen man Ähnliches sagen kann, doch John Ford, Alfred Hitchcock, Eric Rohmer, Jean-Luc Godard, Martin Scorsese, Wim Wenders und erst recht der biedere George Lucas sind weniger weit gegangen als Fassbinder. Man muss sich schon an D. W. Griffith und Erich von Stroheim erinnern, um etwas Vergleichbares zu finden. Die Rastlosigkeit von Fassbinders Produzieren ist immer wieder biografisch erklärt worden, doch greift dies wie immer zu kurz. Denn sie ist die Folge einer nachhaltig künstlerischen Obsession. Variation ist das Grundprinzip seiner Filme. Zusammen bilden sie einen Organismus, der mit jeder neuen Blüte sein Erscheinen verändert.

5.

Fassbinders Kino ist Genrekino durch und durch – aber nicht, weil er wie Howard Hawks die Gesetze ganz unterschiedlicher Gattungen mit Bravour erfüllt hätte, sondern weil er sich alle möglichen anverwandelt und sie damit verwandelt hat. Er spielt mit Gattungen und spielt ihnen mit. Seine Geschichten sind Wiedergänger und nicht selten Kreuzungen älterer Kinogeschichten, woraus dem Kino neue Formen entstanden sind. Inspiriert von Douglas Sirk hat er in Filmen wie *Händler der vier Jahreszeiten* (1971-72), *Die bitteren Tränen der Petra von Kant* (1971-72), *Angst essen Seele auf* (1974), *Faustrecht der Freiheit* (1974-75) bis hin zu *Die Sehnsucht der Veronika Voss* (1981-82) das Melodram neu erfunden. Der zusammen mit Michael Fengler realisierte Film *Warum läuft Herr R. Amok?* (1969-70) ist eine quälende, am Ende tödliche Doku-Soap avant la lettre, die mehr Realitätsgehalt hat als alles, was sich seitdem unter diesem Namen breitgemacht hat. *Welt am Draht* von 1973 ist ein zweiteiliger Science-Fiction-Film, der trotz eines uninspirierten Ausgangs die Imagination einer simulierten Welt um vieles subtiler entfaltet als die *Matrix*-Schaumschlägerei der Brüder Wachowski mit ihrem theologischen Synkretismus und dem ganzen Martial-Arts-Gekasper. Der Kameramann Michael Ballhaus hat hier eine Bildlandschaft erzeugt, in der es zu einer permanenten Vertauschung von Bild und Spiegelbild kommt, wodurch der Zuschauer in jene Unsicherheit des Bewusstseins hineingezogen wird, die auch den Realitätssinn der Protagonisten zerfrisst. So macht man das.

6.

Das Abgleiten des Bildes ins Spiegelbild ist ein Leitmotiv auch schon in der elegischen, von Fassbinders verhaltener Lesestimme orchestrierten Verfilmung der *Effi Briest* (1972-74), in der Realität und Traum bis zum bitteren Ende immer weiter auseinandergleiten. *In einem Jahr mit 13 Monden* (1978) ist ein halluzinatorischer, zwischen Verklärung und Kälte taumelnder Film, ein surreales Wunderwerk, das nicht einmal David Lynch sich hätte träumen lassen können. Mit *Die Ehe der Maria Braun* (1978-79) und *Lola* (1981) hat Fassbinder hochartifizielle Gesellschaftskömodien erfunden, die die spätere Komödienseligkeit des deutschen Kinos so gänzlich harmlos aussehen lassen. Mit *Lili Marleen* (1980-81) riskierte er eine grellbunte Kontrafaktur des Nazi-Kinos, die versucht, die Attraktion der Unterhaltungsindustrie des Dritten Reiches in einem Atemzug auflodern zu lassen und zum Ersticken zu bringen. Es ist nicht schwer, diesen Film so missraten zu finden, wie die linksliberale Kritik ihn damals fand, aber *wie* er missraten ist, wie er immer dann doch Zäsuren setzt, den Rhythmus bricht, den Bildfluss zerstört, wenn er von der filmischen Konvention verschlungen zu werden droht, das ist aller Achtung wert.

7.

In anderen Filmen ist diese Rettung nicht gelungen. Der frühe Film *Die Götter der Pest* (1969-70) verliert sich in seinem retardierenden Gestus und vermag der alles beherrschenden Lethargie nur wenig Atmosphäre zu geben. Der enervierenden *Warnung vor einer heiligen Nutte* (1971), einer polemischen Psychopathologie der Filmemacherei, fehlt der von Fassbinder erst später entdeckte Sinn für Komik. *Mutter Küsters' Fahrt zum Himmel* (1975), ein Remake von Piel Jutzis politischem Film *Mutter Krausens Fahrt ins Glück* von 1929, erliegt dem Sozialkitsch wie die späte Verfilmung von Genets *Querelle* (1982) dem homoerotischen Kulissenzauber eines düsteren Dramas um Betrug und Gegenbetrug. Missraten ist auch der larmoyante Exhibitionismus in Fassbinders Beitrag zu dem 1977-78 produzierten Episodenfilm *Deutschland im Herbst*. Noch diese Beispiele aber machen die extreme Spannweite der Filme Fassbinders deutlich. Nie hat er sich bei einer einmal gefundenen Form beruhigt. Wer seinen Stil gefunden hat, hat seinen Stil verloren: Diesem strengsten aller Gesetze der Kunstproduktion hat sich Fassbinder mit einer Bereitschaft zum Versagen unterworfen, ohne die es keine artistische Wahrheit gibt.

8.

Als Regisseur geboren wurde Fassbinder nicht mit seinem ersten Spielfilm, dem manchmal noch dilettantischen *Liebe – kälter als der*

Tod von 1969, dessen beste Szene ihm Jean-Marie Straub geschenkt hat, sondern mit *Katzelmacher* aus demselben Jahr. Der Film ist eine Adaption des eigenen, in literarischer Anknüpfung an Ödön von Horváth und Marieluise Fleißer verfassten Theaterstücks gleichen Namens. Den äußerst limitierten ökonomischen und technischen Mitteln gewinnt er hier eine rondohafte, an wiederkehrenden Schauplätzen und in periodisch wiederholten Sequenzen sich sammelnde Form ab, die bis zum hoffnungslos offenen Ende durchgehalten und von der durch Peer Raben organisierten Musik getragen wird. Ein statischerer und zugleich musikalischerer Film ist nie gedreht worden. Hier ging die Saat auf. Hier entstand aus der kargen Konfiguration von Einstellung, Schnitt, Blicken, Worten, Gesten und Klängen eine innere Bewegtheit, wie sie im Film das Ein und Alles ist.

9.

In *Faustrecht der Freiheit* gibt es eine unscheinbare Szene, in der der von seinen schwulen Freunden hintergangene, von Fassbinder selbst gespielte Franz Biberkopf in dem Sportwagen sitzt, der ihm von seinen Reichtümern aus einem Lottogewinn allein geblieben ist. Niedergeschlagen schaut er durch die im Außenlicht spiegelnde Frontscheibe. Mit einer leichten Bewegung betätigt er den Scheibenwischer, der einmal über die trockene Scheibe hin und her wischt – das lautlose Bild einer Ausweglosigkeit, in dem die letzte Zärtlichkeit, das Abwischen der Tränen, die der Held nicht mehr zu weinen vermag, von der Geste einer Maschine übernommen wird.

10.

In einem Jahr mit 13 Monden enthält eine Serie von Metaphern, die den Zustand der von Volker Spengler gespielten, aus ihrer und schließlich aller Welt gefallenen Heldin Elvira in dichte Bilder fassen. Eine davon ist eine Szene in einer Spielhalle. Die Kamera verfolgt die Figur durch den dunklen, von bunten Glasflächen unterteilten Raum. Hin und wieder gibt sie den Blick frei auf das Geratter der Spielautomaten und das Gewusel infantiler Videospiele, deren lärmendes Knattern, Krachen, Zischen und Pfeifen, unterlegt von einem depressiven Popsong, den Seelenzustand der Heldin dissonant komponiert. Eine Sequenz später wird der Zuschauer in die Wohnhöhle eines Stadt-Eremiten geführt, einem nur von Kerzenlicht erhellten, mit Bildern, Notizen und Krimskrams dekorierten, von Fernsehgeräuschen und psychedelischer Musik erfüllten, von Monologen und Dialogfetzen durchzogenen Klangbildraum, in dem sich die Darsteller wie im Innern ihrer selbst bewegen: eine Video-Installation im Breitwandformat, mit einer suggestiven Macht, wie man sie bei denen in unseren Ausstellungshallen meist schmerzlich vermisst.

II.

Klangcollagen, die sich in den Dialog der Figuren einmischen und ihn überlagern, finden sich bei Fassbinder immer wieder. Die Tonspur gewinnt hier gelegentlich ein Eigenleben wie sonst nur beim späten Godard. Sie erweitert den bildlichen Handlungsraum um einen akustischen Raum, der auf vielfache Weise mit jenem interferiert. In *Die Ehe der Maria Braun* ist es der Radioton, mit dem die politische Welt die der privaten Kämpfe durchdringt, in *Lili Marleen* der akustische Terror des Kriegsgeschehens, der die Illusionen persönlicher Erfüllung sprengt. In anderen Filmen ist es einfach das Geräusch der Welt, das mit seinem Rauschen oder dessen Negativ, einer plötzlichen Stille, die Artikulationsversuche ihrer Protagonisten überdröhnt. Fesselndes Kino entsteht, wenn die Dimensionen der bildlichen und der klanglichen Bewegung in einer relativen Selbständigkeit miteinander interagieren, wenn sie gemeinsam ein Timing entfalten, das alle Phasen des Klangbildgeschehens durchdringt. Worum es in dem Film denn gehen sollte, wurde der junge Fassbinder 1970 bei der *Berlinale* anlässlich der Vorstellung von *Liebe – kälter als der Tod* von ratlosen Kritikern gefragt. »Es geht um Gefühle«, antwortete er in seiner schüchtern provozierenden Art. Um Gefühle oder überhaupt um etwas, das zu verfolgen sich lohnt, aber geht es im Film nur, wenn seine Bewegung ein Gefühl und das heißt eine Binnenspannung aufbaut, die uns im Betrachten bewegt. Der Film wird Musik sein oder er wird nicht sein: Das wäre ein brauchbarer Satz für ein Kino-Manifest, wofür freilich wenig Bedarf besteht, da es schon zu Stummfilmzeiten nicht anders war.

12.

In der Folge seiner Filme hat Fassbinder der Bundesrepublik der siebziger und frühen achtziger Jahre eine Melodie vorgespielt, die unerhört war und es weithin geblieben ist. Mit einer oft traumwandlerischen Sicherheit bewegen sich seine Produktionen auf einem Grat zwischen der Affirmation des Geistes von 1968 und einer Kritik an seinen Verblendungen. Ressentiment und Repression, Verdrängung und Verklemmtheit der Nachkriegszeit führt er mit einer nicht selten polemischen Lust vor. Doch bleibt dies stets mit einer kompromisslosen Distanzierung jener linken Romantik verbunden, die glaubte, einer heilen Welt auf der Spur zu sein – einer Welt, in der Liebe ohne Schmerz, Sehnsucht ohne Verzweiflung, Leben ohne Leiden vorstellbar wären. Mit *Die dritte Generation* (1978-79) hat Fassbinder denn auch eine bitter-ironische Persiflage auf den vermeintlich revolutionären Kampf der RAF und ihrer Nachfolgeorganisationen gedreht. Er hat das aufgeklärte Bewusstsein an die Erfahrung von Vergeblichkeit und Tod erinnert. Bei aller Sentimentalität bleiben seine Filme in diesem Punkt unsentimental. Er hoffe, sagt er in einem Interview, das *In einem Jahr mit 13 Monden* beim Herumzappen zwischen einem politischen Bericht aus Chile und einem Film von Claude Chabrol aus dem Fernseher erklingt, dass er mit seinen Filmen, »soweit das in meinen Möglichkeiten drin ist, viel verändere«. Und fällt sich lakonisch ins Wort: »Nur mit der Veränderung ist das so eine Sache – man verändert sich halt sehr viel langsamer, als man denkt.«

13.

Mit der 15-stündigen, in 13 Folgen und einem Epilog im Herbst 1980 in der ARD ausgestrahlten Verfilmung von Alfred Döblins *Berlin Alexanderplatz* hat Fassbinder auf dem Höhepunkt seiner Karriere seine persönliche Bibel verfilmt. Es wimmelt in seinen Filmen von Figuren mit dem Namen Franz; nicht umsonst lautet das

Pseudonym, das er oft benutzte, um die Fülle seiner Funktionen ein wenig zu kaschieren, Franz Walsch. Franz Biberkopf ist sein exemplarischer Held – ein Held, der in einer undurchsichtigen Welt nicht das findet, was er sucht, und nicht das sucht, was sich mit menschlichen Mitteln finden ließe. Mit nur wenig Übertreibung kann Fassbinders gesamtes Werk als eine Aneignung dieses Romanstoffs verstanden werden. Es ist die ausholendste, reichste, treueste, idiosynkratischste, zärtlichste und zerrissenste Romanverfilmung aller Zeiten. Hinter dem Schicksal Biberkopfs und seiner Brüder wie Schwestern scheint dabei stets das Selbstporträt eines Künstlers durch, der ein paar Seelen in seiner Brust und keinen sicheren Ort im sozialen Leben hat – und der erfahren muss (wie das anfangs erwähnte Zitat von Beckett wörtlich lautet), »dass ein Künstler zu sein heißt, zu scheitern, wie kein anderer zu scheitern wagt, dass Scheitern seine Welt ist und das Einknicken davor ein Desertieren, Kunsthandwerk, gutes Wirtschaften, Leben.«

20. Im Zweifelsgewann.
Jürgen Wiesners fotografische Passagen
zwischen Natur und Kunst

1. Raum, Zeit, Handlung

Zweifelsgewann heißt eine Gemarkung am Rand des Frankfurter Stadtteils Hoechst, die in der bundesdeutschen Nachkriegszeit lange ein Brachland war, später einige Industrieansiedlungen erfuhr und heute zögernd zu einem Naherholungsgebiet umgestaltet wird – ein Unort zwischen Stadt und Land, eine »Zwickelwelt« oder »Niemandsbucht«, wie man mit Peter Handke sagen könnte, eine unbestimmte Zone, die für wache Augen zu einer Zone der Unbestimmtheit wird. In diesem undefinierten Bereich befindet sich auch, von Bäumen und Sträuchern umgeben, eine Wasseransammlung, auf die keines der im Deutschen gängigen Worte so recht passen will. Für einen See zu klein, für einen Weiher zu schlicht, für einen Teich zu schmucklos; nur eine größere gefüllte Senke, auf die am ehesten das schäbige Wort Tümpel zutrifft. Ein unscheinbarer Ort inmitten eines unscheinbaren Geländes, für den bis heute niemand eine Verwendung hatte.

Außer einem. Denn diesen Ort sucht Jürgen Wiesner seit Dezember 1980 mit seiner Kamera – einer Nikon F2 – auf. Er macht diese eine Wasseroberfläche zum Gegenstand einer beständigen fotografischen Erkundung. Er entlockt ihr Tausende und Abertausende von Bildern, von denen nur ganz wenige ans Licht der Öffentlichkeit gelangen. Er entlockt ihr Bilder, die sich zu Serien und schließlich Serien von Serien von Bildern formen, die so verschieden ausfallen, als wäre er für ihre Herstellung rund um den Globus gereist. Diese Herstellung ist ein durchaus artifizieller Prozess. Von der Wahl des fotografischen Materials, der Kameraeinstellung, der Auswahl des Motivs über den Akt der Aufnahme, ihre Entwicklung und Bearbeitung bis hin zu der Zusammenstellung von Bildgruppen für eine Ausstellung reicht das Spektrum der künstlerischen Handlung. Alle diese Handlungen aber nehmen ihren Ausgang bei der fotografischen Anschauung dieser einen Wasserstelle – bei einer Anschauung *ihrer* Gegenwart, wie sie möglich wird durch die

Präsenz einer *anderen* Gegenwart, derjenigen der Bilder, die dort zu einer bestimmten, im Augenblick ihrer Betrachtung längst vergangenen Zeit gewonnen wurden. Im unwahrscheinlichen Dasein der Bilder erscheint das unwahrscheinliche Dasein des in ihnen Sichtbaren: eine Wiedergeburt der Natur aus dem Geist der Fotografie.

Gerade in seiner außerordentlichen Beschränkung ist dies ein radikales künstlerisches Projekt. Der Ort, an dem die Aufnahmen entstehen, wird zum Zentrum einer rituellen Praxis, die sich an einem zufälligen Schauplatz des Reichtums der Wirklichkeit vergewissert. Wiesner macht ihn zur Mitte *seiner* künstlerischen Welt, die sich in der Sammlung der Bildobjekte als Mitte *einer* künstlerischen Welt erweist. Es gibt ein Urbild von der Wasserstelle, das allererste, das Wiesner dort aufgenommen hat, in der die Magie dieser Operation anschaulich wird (Spätlicht 23.12.1980, 16.25). Als eines von ganz wenigen zeigt es dem Betrachter die Umgebung des Tümpels, einen im Abendlicht schimmernden Feldweg, der zu der aus der Dunkelheit stärker noch hervorleuchtenden Wasserfläche führt. In diesem entfernten Hervorscheinen liegt das Versprechen des Wiesner'schen Projekts. Am Ende dieses Winkels der Welt lockt eine Fülle von Ansichten, an der weder Künstler noch Betrachter sich je werden sattsehen können. Sie wird unseren Durst nach Bildern nur löschen, um ihn zu wecken, und nur wecken, um ihn niemals stillen zu können.[1]

2. Wasser und Licht

In dem Film *Smoke* von Wayne Wang (USA/Japan 1995), zu dem Paul Auster das Drehbuch geschrieben hat, wird beiläufig von einem auf den ersten Blick ähnlichen Projekt erzählt, dem sich die Hauptfigur verschrieben hat. Jeden Morgen, pünktlich um 8.00 Uhr, tritt Auggie Wren, gespielt von Harvey Keitel, mit Kamera und Stativ vor die Tür des von ihm geführten Tabakladens in Brooklyn und macht von immer derselben Stelle eine Aufnahme der davorliegenden Kreuzung. »Die sind ja alle gleich«, bemerkt der begriffsstutzige Schriftsteller, dem Auggie seine Alben vorführt. »Ganz

---

[1] Alle in diesem Essay erwähnten Fotografien finden sich reproduziert in: Jürgen Wiesner, Zweifelsgewann – Traum der Materie, Katalog, Künzelsau 2007.

Spätlicht 23.12.1980, 16.25

richtig«, antwortet dieser. »Das sind über 4000 Fotos vom selben Ort. Die Ecke 3rd Street/7th Avenue um acht Uhr morgens. An 4000 aufeinanderfolgenden Tagen. Bei jedem Wetter. Deswegen fahre ich nie in Urlaub. Ich muss jeden Morgen dort sein, zur selben Zeit. Jeden Morgen am selben Fleck zur selben Zeit. Das ist mein Projekt. Man könnte es auch als Lebenswerk bezeichnen.« Wie er denn darauf gekommen sei, will sein Gegenüber wissen. »Keine Ahnung. Eines Tages einfach so. Es ist hier immerhin meine Ecke. Ich meine, es ist nur ein winziger Teil der Welt, aber darin passiert einiges, wie sonst auch überall. Und das fotografier' ich von hier aus.« Der zufällige Ort, an den ihn das Leben geführt hat, wird ihm zur Gelegenheit einer methodischen Fixierung der Ereignishaftigkeit des städtischen Lebens – einer schier unendlichen Suche nach der verlorenen Zeit. »Kunst demonstriert immer die beliebige Erzeugung von Nichtbeliebigkeiten oder die Zufallsentstehung von Ordnung«, könnte man mit Niklas Luhmann über dieses imaginäre Projekt sagen.

Noch immer aber hat es der Schriftsteller in *Smoke* nicht begriffen. Deswegen setzt der Fotograf zu einem weiteren Monolog über die Ungleichheit der vermeintlich immer gleichen Aufnahmen an. »Sie sind alle gleich. Aber trotzdem unterscheiden sie sich. Es gibt die hellen Morgen und die dunklen Morgen, es gibt das Sommerlicht und das Herbstlicht, die Wochentage und die Wochenenden. Du siehst Leute in Mänteln und Gummistiefeln und welche in Shorts und T-Shirts. Manchmal sind es die gleichen Leute, manchmal andere und manchmal werden die neuen zu alten und die alten verschwinden. Die Erde dreht sich um die Sonne und jeden Tag trifft das Licht der Sonne in einem anderen Winkel auf die Erde auf.« Auggie Wrens fotografische Serie demonstriert das Niesichgleichsein des Gleichen: die Individualität des Raums in der natürlichen Zeit. Was Friedrich Nietzsche die »ewige Wiederkehr des Gleichen« nannte, erweist sich als eine ewige Wiederkehr des Verschiedenen: ein ständiges Entstehen im Vergehen und Vergehen im Entstehen.

In dieser Hinsicht ist das Lebenswerk der Filmfigur mit dem Bildschaffen von Wiesner tief verwandt. Doch es ist eine ganz andere Bildwelt, die er uns zu sehen gibt. Nicht am frühen Morgen entstehen seine Aufnahmen, sondern im Spätlicht des jeweiligen Tages, in der letzten Viertelstunde, bevor sich die Dunkelheit über das Wasser senkt. Kein Stativ wird verwendet; alles ist aus der Zusammenarbeit von Hand und Auge des Fotografen gewonnen. Auch sehen wir keine Szenen aus dem menschlichen Leben, an dem wir Anteil nehmen könnten. Meist sehen wir überhaupt keine Gegenstände, die sich als diese oder jene Sache dingfest machen ließen. Wir sehen nicht einmal den Gegenstand, dem die Aufnahmen abgewonnen wurden. Mit der Ausnahme des schon erwähnten Bildes breiten sich keine Tümpelansichten vor uns aus. Erst recht sehen wir keine Spiegelbilder von Gestalten, die sich im stillen Wasser reflektieren. Denn Wiesners Objekte zeigen nicht das Wasser, sie zeigen nur ganz selten etwas, das sich im Wasser zeigt, sie bannen das Sichzeigen ihres Gegenstands unter den Strahlen verlöschender Helligkeit. Sie sind ungegenständlich in einem sehr besonderen Sinn. Sie sind nicht aus Schall und Rauch, sondern aus Wasser und Licht gemacht. Sie spüren dem Spiel der Farben und Formen nach, in dem die beiden Elemente einander unaufhörlich begegnen. Diese Fotografie macht Ungreifbares greifbar. Sie gibt dem Formlosen Form. Sie hält nie Gesehenes fest, Zustände, die nur durch ihre Fixierung überhaupt sichtbar werden. Sie fängt und friert Luftspiegelungen ein, sekundenschnelle Gestalten, die sich in dem Moment, in dem sie sich zusammenfügen, schon wieder verwandeln. Auf diese Weise erzeugt sie Bilder von Bildlichem. Sie macht sich für die Rezeptivität der Wasseroberfläche empfänglich, sie speichert, was der nie versiegende Bildspeicher ihres Gegenübers hergibt. Wir befinden uns im Zweifelsgewann: Als Betrachter stehen wir vor Bildern von Bildern, die es außerhalb der Wirklichkeit fotografischer Bilder nie gab und die doch Bilder einer äußeren Wirklichkeit sind.

3. Natur der Fotografie

Denn so viel ist sicher: Jeder der Abzüge ist ein Bild, das als fotografisches immer ein Bild *von etwas* ist, das sich im Augenblick der Aufnahme im Raum vor der Kamera befand. Es ist Zeugnis einer Einwirkung der Welt auf den fotografischen Apparat – Zeugnis eines minimalen Ausschnitts der Welt, den wir als »Natur« zu klassifizieren gewohnt sind. Der Ausschnitt dieses Ausschnitts, wie die Kamera ihn eingefangen hat und der Prozess der Bildentwicklung ihn anschaulich macht, war von sich aus da; er ist selbst keinem Arrangement, keiner Inszenierung, keiner Konstruktion entsprungen. Was wir in Wiesners Bildern sehen, ist das bildliche Erscheinen eines außerbildlichen Seins. Außerkünstlerische Ereignisse werden in ihnen zum künstlerischen Ereignis.

Einige der Aufnahmen aus dem Zyklus *Das Atmen des Eises I* halten erkennbar Zustände einer gefrorenen Wasserfläche fest, die sich in der Betrachtung in rätselhafte, wie von innen beleuchtete, von geometrischen Bauformen überzogene Landschaften verwandeln (Spätlicht 15.12.1996, 16.35). Ein anderes Bild aus diesem Zyklus dagegen kommt wie eine grafische Skizze daher, die auf nichts außerhalb ihrer selbst verweist: in Schwarz und Weiß gehaltene Malversuche, die organische und anorganische Strukturen nur zu zitieren scheinen (Spätlicht 20.12.1996, 16.25). Ein weiteres Bild dagegen wirkt wie eine Leinwand, die über senkrechten und vertikalen Linien eine Explosion der Farbe sich ereignen lässt, wie sie eigentlich nur ein abstrakter Expressionist entzündet haben kann. Ein anderes Mal ergibt sich der vulkanartiger Austritt eines »unverhofften Blau« aus einem höllenhaften Dunkel. Die Serie *In Statu nascendi* führt Aggregatzustände strömender Farben vor, die einen Einblick in das Wirken der *natura naturans* gewähren. Die unter dem Titel *Verlorene Spuren* zusammengestellten Bilder bieten Zwischenzustände der Materie dar, die den Betrachter rätseln lassen: Ist es Wasser?, Ist es Gefieder?, Sind es Schuppen?, Sind es verflüssigte Werkstoffe? Man blickt auf Phasen eines chamäleonhaften Brodelns, das sich ständig zu verwandeln scheint. Der Zyklus *Diesem Licht seinen Blick* fängt magmaartige Zustände ein, ein Gebräu aus Farben und Formen, aus dem die bekannten Gestalten des Wirklichen erst noch hervorgehen werden. Oder die *Launen des Windes*: Feuerwerkseffekte, die mal wie pflanzliche Gebilde, mal wie geologische Formationen, mal wie ineinanderfließende Aquarellfarben erscheinen.

Dies sind höchst intensive Bildzustände. Wie alle Bilder bieten sie dem Betrachter etwas im Spielraum einer überschaubaren Fläche dar. In *ihrem* Erscheinen bringen sie *etwas* zum Erscheinen. Wie alle künstlerischen Bilder entfachen und entfalten sie dabei ein Widerspiel zwischen Selbstpräsentation und Weltpräsentation. Das Erscheinen des Bildes steht in einer Spannung zu dem in ihm Sichtbaren. Jedoch gewinnt diese Spannung bei fotografischen Kunstwerken eine besondere Gestalt. Denn was im Bild erscheint, ist hier etwas, das außerhalb des Bildes erschienen ist. Bei fotografischen Bildern geht das in ihnen sichtbare visuelle Muster auf eine Konfiguration von Objekten zurück, deren Reflexion die Erscheinungen im Bild kausal *verursacht* hat. Als fotografisches Bild verweist es auf die Situation seines Entstehens. Es ist der Index eines vergangenen Augenblicks – einer räumlichen Konstellation, die damals dort da gewesen ist. Fotografische Bildzustände imaginieren nicht Weltzustände dieser oder jener Art, sie *sind* Anzeige eines vergangenen Weltzustands, die dem Betrachter zur imaginierenden Vergegenwärtigung freigegeben werden. Sie gewähren in der Zeit ihrer Betrachtung Zeit für eine andere, stets schon vergangene Zeit: einen Blick auf Zustände, die für eine minimale Dauer da waren und nun nur noch im Bild ein Dasein haben.

Auch Jürgen Wiesners Bilder fungieren in diesem Sinn wie Eigennamen einer augenblicklichen Konfiguration bestimmter Gegebenheiten im Raum. Ihre Titel benennen den genauen Zeitpunkt, an dem die jeweilige Aufnahme entstanden ist, und geben dadurch

Spätlicht, 20.12.1996, 16.25

schon die Einwirkung der Welt auf ihr sichtbares Erscheinen zu erkennen. Sie halten ein vergangenes Verhältnis von Lichtspuren auf der Fläche des Wassers fest. Und zwar dasjenige Verhältnis, das in der Betrachtung des jeweiligen *Bildes* wahrnehmbar ist. Das bedeutet, dass auch diese Bilder keine planen Abbilder des Wirklichen sind. Denn es sind nur ganz bestimmte Zustände vor der Kamera, die je nach Filmmaterial, Einstellung, Belichtungszeit und Art des Objektivs im fotografischen Bild sichtbar werden – diejenigen, die der fotografische Prozess aus dem Geschehen in Raum und Zeit hervorgeholt, hervorgehoben und so von ihm herübergerettet hat. Auch die Fotografie greift auf ihre Weise selektiv in die Szene der äußeren Wirklichkeit ein. Ihre Bilder mumifizieren nicht alles das, was zum Zeitpunkt der Aufnahme vor Ort im Rahmen der jeweiligen Einstellung vorhanden war; sie erzeugen *Ansichten* der Phänomene, die sie im Fluss der Zeit aufgefunden hat. Trotzdem bleiben alle ihre Erfindungen an dieses Finden gebunden: an das Stillstellen und Einfrieren einer Komposition, die sich an einer winzigen Zeitstelle im Raum vor der Kamera gefunden hat.

Ein solches Analogon räumlicher Zustände ist und bleibt die

Spezialität der Fotografie auch im digitalen Zeitalter. Denn um Fotografie in einem strikten Sinn handelt es sich nur, wo der Prozess der Bildherstellung auf einen Eingriff in die im Erstbild – sei dies ein herkömmliches Negativ oder ein digitales Dokument – sichtbaren räumlichen Konfigurationen verzichtet. Durch Montagen und Retuschen waren solche Eingriffe immer schon möglich; durch die Bildprogramme des Computers sind diese Möglichkeiten lediglich erweitert worden. In der künstlerischen Fotografie ist ein Ausnutzen dieser neuen Möglichkeiten völlig legitim; gegenwärtige Fotografen wie Andreas Gursky erzielen hiermit bemerkenswerte Effekte. Wiesner hingegen praktiziert durchweg klassische Fotografie. Er lässt die spatialen Verhältnisse unangetastet, die er mit seiner analogen Kamera eingefangen hat. Zwar ist er seit einigen Jahren dazu übergegangen, seine Bilder zu Zwecken der Archivierung und Bearbeitung zu digitalisieren. Jedoch bleiben die ursprünglichen Negative das A und O seiner künstlerischen Arbeit. Die digitale Bearbeitung ersetzt lediglich einen Teil der Arbeit in der Dunkelkammer. Sie dient allein dem Herausfiltern einzelner Bildkomponenten, vor allem ihres Kontrasts und ihrer Farbigkeit; sie wird verwendet zur Bergung des Potentials der Negative, zu ihrer »Erlösung«, wie Wiesner gerne sagt. Sie wird zum Heben der Funde genutzt, die er im Feld, an einem Rand der Zivilisation in der Mitte ihrer industriellen Zurichtung, gemacht hat. Sie dient der Sicherung von Spuren, nicht etwa ihrer Veränderung oder Verwischung. Sie dient der Intensivierung jenes Austauschs mit seiner Umwelt, den der Fotograf seit 27 Jahren praktiziert. Sie bleibt der Lebensform jenes unscheinbaren Gewässers nahe und damit den Transformationen der Natur, die seit jeher eine der großen Inspirationsquellen der Kunst gewesen sind.

4. Fotografie der Natur

Wiesners Fotografien nehmen ihren immer gleichen Gegenstand in seinen steten Verwandlungen durch immer wieder veränderte Bilder auf. Diese doppelte Verwandlung ist entscheidend. Ohne die Umwandlung in ein piktorales Erscheinen wären auch die Erscheinungen dieses Tümpels nicht das, was sie dank der Gegenwart der Bilder sind. Sie wären mal schöner, mal weniger schön anzuschauen, und das wäre alles. Der Tümpel wäre bloß ein Stück Natur, das uns so viel oder so wenig anginge wie jeder andere Winkel des Universums auch. Er wäre ein beliebiges ästhetisches Objekt, nicht aber jene Bilderstelle, die im Medium der an ihr gewonnenen Bilder vom Reichtum alles Wirklichen zeugt. »Das bunte, farbenreiche Gefieder der Vögel glänzt auch ungesehen, ihr Gesang verklingt ungehört«, sagt Hegel in seinen *Vorlesungen über die Ästhetik*. »Die Fackeldistel, die nur eine Nacht blüht, verwelkt, ohne bewundert zu werden, in den Wildnissen der südlichen Wälder, und diese Wälder, Verschlingungen selber der schönsten und üppigsten Vegetationen, mit den wohlriechendsten, gewürzreichsten Düften, verderben und verfallen ebenso ungenossen. Das Kunstwerk aber ist nicht so unbefangen für sich, sondern es ist wesentlich eine Frage, eine Anrede an die widerklingende Brust, ein Ruf an die Gemüter und Geister.«

Von der äußeren Natur, meint Hegel, unterscheiden sich die Objekte der Kunst vor allem dadurch, dass sie Präsentationen sind, die in ihrer sinnlichen Gestaltung den Menschen in ein Gespräch über sich selbst verwickeln. Hegel jedoch möchte Kunst und Natur gegeneinander ausspielen, indem er sagt, dass nur die Kunst, »die aus dem Geist geborene und wiedergeborene Schönheit«, unsere volle ästhetische Aufmerksamkeit verdient. Diese ästhetische Herabstufung der Natur aber macht Wiesner nicht mit. Denn der Dialog, den seine Kunstwerke mit dem Publikum führen, beginnt für ihn als ein Dialog mit der bloß für sich bestehenden Natur, der diese Werke abgewonnen sind. Dass dies nicht buchstäblich ein Gespräch ist, tut nichts zur Sache; schließlich ist dies im Betrachten von Bildern auch nicht der Fall. Voraussetzung für Wiesners Produktion ist vielmehr ein Sicheinlassen auf das Geschehen in der Lichtung des Wassers, das immer schon begonnen hat und sich immer weiter vollzieht. Dieser Teilhabe am Prozess der Natur entspringt die innere Spannung seiner Aufnahmen. Es ist ein Austausch zwischen Kunst und Natur, der hier stattfindet. Wiesner verhält sich wie ein Jazzmusiker, der mit seinem Instrument, der Kamera, einsteigt in die unwillkürlichen Improvisationen, die sich in der letzten Viertelstunde eines Tages am Gegenüber seiner Beobachtungen ereignen. Auf diese Weise transponieren und transformieren seine Fotografien die Lebendigkeit ihres Gegenstands. Denn das Lichtspiel des Wassers und seine Spuren im Bild sind natürlich nicht dasselbe. Das Bildgeschehen ist so wenig ein Naturgeschehen, wie das ästhetische Naturgeschehen als solches ein Bildgeschehen ist. Aber das eine kommt ohne das andere nicht aus, weil die Varietät der Natur einen beständigen Ansporn der Herstellung von Kunst und diejenige der Kunst ein beständigen Ansporn der ästhetischen Begegnung mit Natur darstellt. Immanuel Kant hat dies in seiner *Kritik der Urteilskraft* auf eine elegante Formel gebracht. Sie lässt die schiefen theoretischen Hierarchien zwischen dem Kunst- und Naturschönen gelassen auf sich beruhen: »Die Natur war schön, wenn sie zugleich als Kunst aussah; und die Kunst kann nur schön genannt werden, wenn wir uns bewußt sind, sie sei Kunst, und sie uns doch als Natur aussieht.«

Wegen dieser wechselseitigen Inspiration von Kunstproduktion und Naturanschauung kann auch im Fall Wiesners von einer »Nachahmung« der Natur kaum die Rede sein. Oder doch nur im Sinn Theodor W. Adornos, der in der Nachfolge Kants das traditionelle Denken über Natürlichkeit und Künstlichkeit in seiner *Ästhetischen Theorie* in Frage stellt. »Als Unbestimmtes, antithetisch zu den Bestimmungen, ist das Naturschöne unbestimmbar, darin der Musik verwandt, die aus solcher ungegenständlichen Ähnlichkeit mit Natur in Schubert die tiefsten Wirkungen zog. Wie in Musik blitzt, was schön ist, an der Natur auf, um sogleich zu verschwinden vor dem Versuch, es dingfest zu machen. Kunst ahmt nicht Natur nach, auch nicht einzelnes Naturschönes, doch das Naturschöne an sich.« Das »Naturschöne an sich« steht hier für das aller begrifflichen Rede gegenüber unbestimmte Erscheinen der Welt. Diese Unbestimmtheit des Erscheinenden macht Wiesner zum Elixier seiner fotografischen Erkundungen. Die Bildzustände, die er präsentiert, partizipieren an ihr im Modus einer »ungegenständlichen Ähnlichkeit«, wie Adorno sagt. Sie tun es dadurch, dass sie zwar in *ihrer* Unbestimmtheit ein Widerhall derjenigen ihres Gegenstands sind, aber doch etwas völlig anderes zur Anschauung bringen: Serien unbewegter, im Anblick überschaubarer Bildobjekte, die vom Betrachter eine Teilhabe an ihrer inneren Dynamik verlangen.

5. Passagen zur Kunst

Erstaunlich ist die Heterogenität der Formverhältnisse, die sich aus dem Verfahren dieser Fotografie ergeben – nicht allein deshalb, weil sie höchst unterschiedliche Naturzustände vergegenwärtigt, sondern nicht weniger darum, weil sie überraschende Bündnisse mit vielen künstlerischen Verfahren schließt. Was Adorno mit einer seiner pyrotechnischen Metaphern als künstlerische »Zündung von Ding und Erscheinung« beschrieben hat, erzeugt hier ein Bildfeuerwerk, das vielfältige Korrespondenzen zu anderen Künsten und Kunststilen hervorruft. Die hellen Farborgien des *Frühlingsfeuer*-Zyklus lassen nicht weniger als die düsteren der *Launen des Windes* in ihrer strömenden Farbgebung eine durchaus malerische Bildbewegung entstehen. Letztere kommen wie eine melancholische Übung zu Monets Seerosenbildern daher. Die Serien *Fische schlagen Purzelbäume* und *Verlorene Spuren* erscheinen wie pastose Materialbilder, in denen der Unbotmäßigkeit, ja Anarchie der Farbe gehuldigt wird. Ein schwarz funkelndes Bild aus dem Zyklus *Atem des Eises I* lässt an die dunklen Ikonen des späten Ad Reinhardt denken, in die sämtliche Farben eingedrungen sind, um in einem malerischen Untergrund ein subversives Wesen zu treiben. Aber nicht nur mit der Malerei führen Wiesners Bilder einen beredten Dialog. In ihrer korresponsiven Kraft verbünden sie sich zugleich mit derjenigen der Musik. Sie sind Akkorde, die sich im Formenspiel der verschiedenen Serien zu visuellen Klangkompositionen – zu Melodien fürs Auge – steigern, wie sie sonst nur im Raum des Kinos zu finden sind.

Auf diese Weise demonstrieren Wiesners Fotografien die von Kant und Adorno beschriebene Verschränkung der Wahrnehmung von ästhetischer Natur und Kunst. Naturwahrnehmung wird zu einer Imagination der Kunst, die deren Stile an den Erscheinungen der äußeren Welt variiert. Kunstwahrnehmung wird zu einer Imagination der Natur, die deren Prozessualität auch in den menschlichen Werken sucht. Wir sehen in der Natur eine Kunst, die es so in der Welt der Kunst nicht gibt, wir sehen in der Kunst eine Natur, die es nur im Ereignis ihrer Werke gibt. Die natürliche Oszillation des ästhetischen Bewusstseins zwischen diesen beiden Polen wird durch Wiesners Arbeiten zum Vorschein und damit zu Bewusstsein gebracht. Wir befinden uns im Zweifelsgewann: Wir träumen den »Traum der Materie« und ahnen doch, dass es unser Traum ist, in dem wir uns im Genuss der Droge dieser Bilder verlieren.

An dem Zyklus *Das Atmen des Eises II* lässt sich dies wunderbar verdeutlichen. Seine Bilder sind im Kontext des Spätlicht-Opus insofern ungewöhnlich, als sie auf graubraun gesprenkeltem Grund tatsächlich Konfigurationen von *Dingen* festhalten – Holzstücke, Zweige, Blätter –, die auf den ersten Blick den Eindruck von Collagen erwecken. Die Objekte scheinen auf dem Bildgrund in einer flüchtigen Anordnung aufzuliegen. Jedoch sind sie ganz in der Fläche des fotografischen Papiers geborgen. Zugleich aber *sind* es Collagen, die wir sehen, nur keine intentional, sondern durch den Zufall von Wind und Wetter arrangierten; und die Körper der im Bild sichtbaren Objekte *liegen* auf, jedoch nicht auf dem weichen Boden einer Leinwand, sondern auf hart gefrorenem Wasser. Aus ihm ragen sie in einer tänzerischen Choreografie leicht hervor, in der noch die Bewegung nachzittert, von der sie vor dem Frost getragen wurden. Allein in diesen Aggregatzuständen enthält der Zyklus eine subtile Reflexion über das Verhältnis von Bildgrund, Bildraum und Bildzeit. Darüber hinaus unternehmen diese Fotografien atemberaubende Exkursionen ins übrige Reich der Bildkunst. Einige wirken wie grafische Versuche an Stillleben nach der Natur. Eines lässt den Betrachter Gliedmaßen eines versteinerten Lebewesens oder einer zerbrochenen Spielfigur imaginieren; auch gibt sich die Farbe hier ein Stelldichein, als hätte eine malende Hand in verhaltener Bewegung der Gestalt mit türkisen Schatten eine zusätzliche Kontur verliehen (Spätlicht 3. 3. 1987, 18.10). In einer anderen Aufnahme füllt diese Farbe die Fläche eines Eichenblatts mit surrealem Licht, wodurch es zusammen mit den matten Holzablagerungen wie eine futuristische Basisstation auf einem fernen Planeten erscheint. Aber diese Bilder könnten auch Reproduktionen einer frühzeitlichen Höhlenmalerei sein oder das Dokument archäologischer Funde, deren Fossilien einer natur- oder kulturgeschichtlichen Deutung harren. Wiesners Spurensicherung lässt hier in einzelnen Bildern einen ganzen Kosmos von Bildformen entstehen. Sie changieren nicht nur zwischen den Künsten der Collage, der Zeichnung und der Malerei, sondern auch zwischen den Zeiten eines längst vergangenen, eines weit vorausliegenden und eines höchst gegenwärtigen Daseins. Jedes ist »ein sonderbares Gespinst von Raum und Zeit: einmalige Erscheinung einer Ferne, so nah sie sein mag«, wie es in Walter Benjamins berühmter Definition der Aura heißt.

Eine Interaktion zwischen den Künsten spielt sich aber nicht allein in Wiesners Bildern ab, sondern darüber hinaus in der Art, wie er sie in seinen Ausstellungen präsentiert. Wo immer es geht, richtet er im Kontext der jeweiligen Räume Installationen ein, in

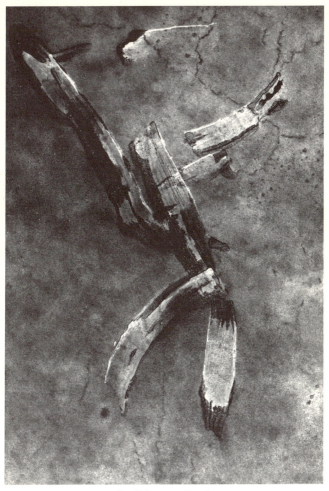

Spätlicht 3.3.1987, 18.10

denen die Fotografien einer Serie sich wechselseitig spiegeln können. Ihre Imaginationskraft wird verstärkt durch Inszenierungen neuer Musik. Die visuelle Gegenwart der Fotografien mischt sich mit der akustischen von Klängen, die das Geräusch der Welt so verwandeln wie jene das, was in ihnen zu sehen ist.

6. Ein Motto

Jede künstlerische Ästhetik enthält ihre eigene Ethik, wie wenig ihr auch an Botschaften moralischer oder politischer Färbung gelegen sein mag. Bei einem Fotografen ist dies zuallererst eine Ethik der Wahrnehmung: Die Welt soll diejenige Seite der Welt wahrnehmen, die vermöge seiner Bilder wahrgenommen werden kann; diese sollen einem Aspekt, einer Seite, einer Dimension des Wirklichen Anerkennung verschaffen, die übersehen und missachtet oder doch zu wenig geachtet und gesehen wurde und wird. Dieses Pathos des Wirklichen, das in der Kunst vieler Fotografen zum Ausdruck kommt, steht nicht im Dienst einer immer besseren Beherrschung, Bemächtigung und Bewältigung der Realität. Es will diese nicht messen und ermessen, sondern in ihrer Unermesslichkeit zu Bewusstsein bringen. Den Insignien der Macht und dem Glamour der Werbung setzt es den Glanz einer inkommensurablen Bildproduktion entgegen.

In Jürgen Wiesners Atelier hängt ein Spruchband mit einem Zitat aus dem Kapitel über das Naturschöne in Adornos *Ästhetischer Theorie*: »Darüber entgleitet, daß jenes Moment in der Natur dem Betrachter auch ein ganz Verschiedenes zuwendet, etwas, woran menschliche Herrschaft ihre Grenze hat und was an die Ohnmacht des allmenschlichen Getriebes erinnert.« Was aber ist »jenes Moment in der Natur«, an dem sich etwas Unverfügbares zeigt, das der gängigen Betrachtung entgleitet? Es ist der »Kult großartiger Landschaft«, in dem der menschliche Geist die eigene Großartigkeit feiert. Unter Berufung auf Karl Kraus erhebt Adorno gegen diesen Narzissmus der Naturbegeisterung Einspruch. »Auch die abstrakte Größe der Natur, die Kant noch bewunderte und dem Sittengesetz verglich, wird als Reflex des bürgerlichen Größenwahns, des Sinns für Rekord, der Quantifizierung, auch des bürgerlichen Heroenkults durchschaut.« Solchem Kult des Prächtigen und Mächtigen müsse sich die Theorie des Naturschönen ebenso wie die künstlerische Auseinandersetzung mit Natur verweigern. »Skepsis gegen große Natur entspringt evident im künstlerischen

Sensorium.« Wiesners Spätlicht-Projekt ist von solcher Skepsis gegenüber der großen Szene und der großen Geste getragen. Seine Arbeiten suchen im Gleichen das Verschiedene, im Unscheinbaren das Sensationelle, im Nichtigen das Lebendige und das Ferne ganz in der Nähe auf. In ihrem unwahrscheinlichen Erscheinen nehmen sie dasjenige der Natur beim Bild.

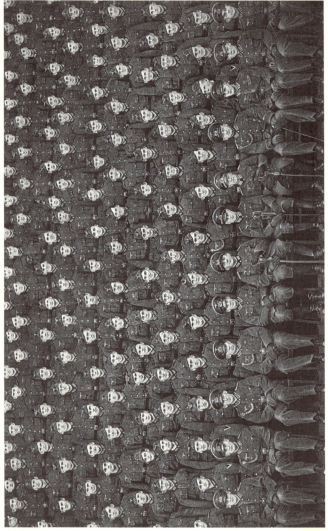

Matthias Holländer, Matrix 2006, Öl/Acryl auf Leinwand, 190/300 cm

21. Im Gegenlicht der Geschichte.
Matthias Holländers monumentale Studie über
die Gegenwart der Vergangenheit

Betrachter, die zum ersten Mal vor dem Werk mit dem Titel *Matrix* stehen, das Matthias Holländer im Jahr 2006 fertiggestellt hat, wissen nicht recht, wovor, ja überhaupt wo sie stehen. Sie stehen vor einem Bild, so viel ist sicher. Vor einem riesigen Bild – es misst 190 x 300 cm. Vor einem Soldatenbild. Vor knapp 150 Körpern in Uniform. Vor 149 Gesichtern, die unter ihren Wehrmachtsmützen mal ernst, mal heiter auf den Betrachter zurückblicken. Vor einem Gruppenfoto von Gefreiten mit ihren Offizieren, von denen einige der Symbolik halber ein archaisches Tötungswerkzeug in Händen halten. Sie stehen vor einem historischen Dokument – oder der Rekonstruktion eines solchen. Zugleich aber vor einem beklemmenden Ornament, bestehend aus einer kompakten Masse von Figuren, in der sich Schulterklappen, Knopfleisten, Gürtelschnallen, Abzeichen und Kragenmanschetten in waagrechten, senkrechten und diagonalen Linien in einem starren Rhythmus wiederholen und zusammen eine Matrix bilden, die nicht wie diejenige in der gleichnamigen Filmtrilogie der Wachowski-Brüder aus endlosen Zahlenkolonnen besteht, sondern aus menschlichen Leibern, die als Block zerstörend, verstümmelnd und verschleppend in den Mahlstrom eines Krieges einrücken werden, um dort ihrerseits zerstört, verstümmelt und verschleppt zu werden. Vor allem aber stehen die Betrachter vor einem Gemälde, das in diesem Muster die Gesichter der Männer aus einem erdig-braunen, von unzähligen bläulichen, gelblichen und rötlichen Einschlägen erschütterten Farbgrund hervorleuchten lässt.

Diese Komposition lenkt den Blick beständig vom Ganzen zum Detail und wieder zurück. Dabei sind viele Entdeckungen zu machen, bei denen das Interesse an den Gestalten immer wieder zu einem an ihrer Gestaltung wird. Drei der Männer tragen eine Brille. Nicht alle blicken frontal in die Kamera, die da einmal gewesen sein muss. Manche Augenpaare wenden sich nach oben oder zur Seite, als suchten sie einen Ausweg; nach unten, in den Abgrund der Zukunft, wagt keines zu sehen. Manche sitzen oder stehen in einer leicht gedrehten Haltung, was die Körperlichkeit sowohl des Bildes als auch der Abgebildeten betont. Ganz links oben blickt eines der Gesichter seitlich auf die Szene des Bildes, so als hätte dieses in seinem eigenen Raum einen Betrachter, der den festgehaltenen Moment gegen die Gewalt der Zeit zu retten versucht. Die Mienen der anderen sind mal streng, mal freudig, mal feixend, starr, beredt, stumm, charmant oder verbockt. Die Haltung der Soldaten erscheint teils grimmig, teils offen, teils verschlagen, unschuldig, schuldig, selbstgewiss, gehemmt, gefasst, schüchtern, kühn, hoffnungsvoll, subaltern, geradlinig, angstvoll oder autoritär. Jeder von ihnen zeigt eine andere physische und psychische Einstellung. Wir stehen vor einer malerischen Untersuchung am Menschen – vor einer Anthropologie des im militärischen System sei es gefangenen, sei es gehaltenen, sei es aufgehobenen, immer aber zugerichteten Menschen. Bei aller Individualität der einzelnen Gestalten jedoch, bei aller Schutzlosigkeit, mit der das Antlitz dieser Männer aus dem Dunkel ihrer Kleidung hervorsieht, behalten ihre Gesichter zugleich etwas Maskenhaftes, Anonymes. Sie sind aufgereiht für einen Totentanz, einen blutigen Karneval, in dem sich durch den Einbruch der Irregularität des Krieges ein Ausbruch aus den täuschenden Symmetrien, aus der geregelten Choreografie dieser Menschenformation ereignen wird. Es ist dieser explosive Aggregatzustand, den das Bild in seiner Organisation bannt. In einer unruhig verhaltenen Farbgebung und Linienführung, in einer wie schon verwitterten malerischen Verausgabung bringt es den Exzess zur Erscheinung, von dem die hier bildgewordene Ordnung fortgerissen werden wird.

Ein archäologischer Malprozess

Die Kraft dieses Bildzustands wird aus der Entstehung von Holländers jüngstem *opus magnum* verständlich. Wie immer bei ihm geht auch dieses Bild auf eine Fotografie zurück. Wie in einigen anderen Fällen ist dies jedoch nicht eine, die er selbst aufgenommen, sondern die er aufgefunden hat. Sie fand sich in einem aufgelassenen Bauernhof in der Umgebung von Überlingen, wo der Maler 1979 mit der Kamera auf Motivsuche war. Aus den Aufnahmen und Funden bei dieser Expedition sind damals bereits verschiedene großformatige Gemälde entstanden, unter anderem *Menschenskinder* aus dem Jahr 1979, das ein Schulfoto aus dem Jahr 1889 mit 90 etwa achtjährigen Kindern in ein düster-farbiges Andenken an eine vergangene Zukunft verwandelt. Das Foto hingegen, das den Ausgangspunkt für *Matrix* bildete, stammt vermutlich aus der Mitte der dreißiger Jahre. Die genaue Herkunft ist ungewiss; vielleicht handelt es sich um das Abschlussfoto einer Grundausbildung in irgendeiner Kaserne in Deutschland nach der Wiedereinführung der allgemeinen Wehrpflicht im Jahr 1935. Ein Angehöriger der damals in jenem Bauernhof lebenden Menschen mag sich darauf befunden haben. Dieses Ursprungsfoto zeigt eine sehr akkurat zu einer stumpfen Pyramide zusammengestellte Gruppe von Soldaten. Vorne, sitzend, sieht man eine Reihe von Offizieren, darüber, stehend, acht Reihen von Gefreiten. Dahinter ist ein nüchternes weißes Gebäude – wohl Teil einer Kaserne – zu sehen, das den gesamten Bildhintergrund ausfüllt. Dieses Foto hat Holländer digital aufbereitet und unter Bewahrung seiner Grundordnung zu einem neuen Bild konfiguriert.

Jetzt füllt die Gruppe den gesamten Bildraum aus – zu einem gedrängten All-Over von Porträts im Porträt, die sich nun an einer ortlosen Raumzeitstelle befinden. Um diesen Effekt zu erreichen, hat Holländer die Gruppe um eine zehnte, vom oberen Bildrand weitgehend abgeschnittene Reihe ergänzt und auch an den Rändern hier und da eine Figur eingefügt. Alle Gestalten aber stammen aus dem Repertoire des ursprünglichen Bildes – bis auf eine. In der Mitte des Bildes, eingereiht in die uniformierte Menge einer älteren Generation, ist das Gesicht des 1954 geborenen Malers zu sehen: Ein surreales Was-wäre-gewesen-wenn, eine winzige zusätzliche Montage, mit der der Lauf der Zeit imaginativ durchbrochen wird.

Aber diese Zeit-Verschiebungen gehen noch sehr viel weiter. Nicht nur ist das Bild aus einer Kombination älterer und neuester fotografischer Verfahren mit einer langwierigen Maltechnik entstanden. Die digitale Bearbeitung umfasste neben der Restauration von Konturen und Kontrasten eine Aufsplitterung des Ausgangsmaterials in 149 Einzelporträts, die der späteren Darstellung der Gesichter zur Seite standen. Aus diesem Reorganisationsprozess ging ein zweites fotografisches Bild hervor, das als Dia auf die grundierte Leinwand geworfen wurde – eine Projektion des Vergangenen auf

Matthias Holländer, Matrix, 2006 (Ausschnitt)

die Zukunft des erst noch entstehenden Bildes. Von ihr nahm die zweijährige Malarbeit ihren Ausgang, in der die Konfigurationen des fotografischen Entwurfs hervorgehoben und wieder verdeckt, verschüttet und wieder freigelegt wurden. Mit Techniken des Malens und Sprühens wurde Farbe aufgetragen und wieder abgeschliffen, mehrfach wurden die Gesichter mit einer Latexlösung maskiert und von neuem enthüllt, bis der helldunkle Farbraum entstanden war, in dem die versammelten Figuren für die Anschauung geborgen wurden. Holländers Bilder sind gleichsam archäologische Operationen. Sie dienen der Wiedergewinnung einer verlorenen Zeit. Zumal *Matrix* verdankt sich dem Paradox einer Reanimation durch Mumifizierung. Die in dem Bild sichtbaren Gestalten werden in einen bebenden Malgrund eingelassen, aus dem sie als Wiedergänger der Geschichte in die Gegenwart des Bildes und dadurch seiner Betrachter treten.

Licht und Zeit

Die radikalste Anverwandlung des Erstbildes betrifft freilich das Licht. Das nüchtern kalte Licht des ursprünglichen Schwarzweißfotos ist einem braunen Grundton gewichen, der allein schon, wie es bei alten Fotografien häufig der Fall ist, den Index eines Zeitenabstands enthält. Auf den Gesichtern der Soldaten liegt außerdem ein unerklärlicher Schimmer, der die Statik des Gruppenbildes nachhaltig stört. Holländer hat sich hierbei von einem der wenigen Farbfotos aus dem Zweiten Weltkrieg inspirieren lassen, in dem das Feuer des Kampfs die Szene einer Schlacht in rötlich-gelben Schwaden durchzieht. Dieses künstlich hinzugefügte Feuer blendet in *Matrix* als ein rötliches Flimmern und Flackern die Aussicht derer, die ins Auge der heutigen Betrachter blicken. In ihm ist das kommende Inferno schon im Vorkrieg eines trügerischen Friedens da. Die Männer auf dem Bild erscheinen im Widerschein ihres nahen Untergangs, von dem nur die Späteren wissen können. Auf diese Weise verschränkt das Licht dieser Malerei die Zeit der vergegenwärtigten Szene mit derjenigen einer damals bevorstehenden, mittlerweile aber vergangenen Zukunft, die ihrerseits lange Schatten in den Raum einer damals weit entfernten Zukunft wirft.

Eine Verschränkung von Zeitebenen lauert freilich auch schon im Verfahren der Fotografie. Nach der Deutung von Roland Barthes in seinem Buch *Die helle Kammer* verweist die fotografische Geste des »so ist es damals dort gewesen« zugleich darauf, dass alles, was so festgehalten werden kann, einmal gewesen sein *wird*. »Ich lese gleichzeitig: das wird sein und das wird gewesen sein: mit Schrecken gewahre ich eine vollendete Zukunft, deren Einsatz der Tod ist.« Das fotografische Bild, meint Barthes, vergegenwärtigt einen unausweichlich vorübergegangenen Moment und damit zugleich die unausweichlich vorübergehende Dauer von Objekt *und Betrachter*. Gerade in seiner Fixierung eines vergangenen Augenblicks, also im Anhalten des Flusses der Zeit, wird es zu dessen untrüglichem Zeichen und damit zu einem stillschweigenden *memento mori*. Das festgehaltene Licht – nichts anderes sind Fotografien – ist ein Licht der Vergänglichkeit, das auch auf die jetzt gerade und die noch gar nicht erlebten Augenblicke fällt.

Dieses Zeit-Potential der Fotografie wird in Holländers *Matrix*-Bild im Medium der Malerei wachgerufen, potenziert und mit historischer Erfahrung kontaminiert. Das Gemälde speichert nicht allein die unterschiedlichen Zeitspannungen der originalen und der bearbeiteten Aufnahme, es zündet diese Spannungen mit dem Funken seiner Farbe und seines Lichts. Damit verstrickt es seine Betrachter in ein irritierendes Zeit-Spiel. Stehen die Figuren des Bildes im Widerschein ihrer ungeheuren Zukunft, so stehen die Betrachter vor dem Bild in einem Widerschein dieses Widerscheins: in der Gegenwart einer Vergangenheit, von der sie nicht wissen können, ob sie nicht auch ihre Zukunft ist.

22. Gestalten der Kritik

Zunächst habe ich nichts weiter vor als einige Gestalten zu unterscheiden, in denen Kritik als Beruf auftreten kann. Diese Gestalten sind nicht auf bestimmte Bereiche der Kritik – Kunstkritik, Kulturkritik, moralische Kritik, Gesellschaftskritik – zugeschnitten. Es liegen ihnen vielmehr voneinander abweichende *Verfahren* zugrunde, denen in verschiedenen Bereichen eine unterschiedliche Berechtigung zukommen mag. Meine Liste erhebt keinerlei Anspruch auf Vollständigkeit, wenngleich ich meine, dass sie durchaus zentrale Varianten einer professionellen Kritik enthält. Am deutlichsten werden diese Varianten, wenn man sie sich als Figuren vorstellt, die sich aus unterschiedlichen Motiven berechtigt glauben, im gesellschaftlichen Raum befürwortend und verwerfend zu intervenieren. Ich stelle sechs dieser Figuren vor – den Richter, den Advokaten, den Ermittler, den Therapeuten, den Enthusiasten und den Opportunisten. Als roten Faden benutze ich das Beispiel der Kunstkritik, obwohl die präsentierten Unterscheidungen, wie gesagt, keineswegs allein auf dieses Feld zugeschnitten sind. Darüber hinaus lässt meine Charakterisierung dieser Figuren unter der Hand schon durchblicken, dass eine gute Kritikerin gleich welchen Typs Affinitäten auch zu anderen Modi der Kritik kultivieren wird. Entsprechend wird eine meiner Thesen im zweiten Teil lauten, dass zum Metier der Kritik ein permanenter Widerstand gegen ihre Verunstaltung durch eine oder einige ihrer Gestalten gehört. Wegen dieser und anderer Konsequenzen enthalten meine typologischen Variationen sowohl eine Kritik der Kritik (also an Formen kritischer *Praxis*) als auch eine Kritik der Kritik der Kritik (also an *Theorien* der Kritik), insoweit diese nur eine oder einige wenige ihrer Varianten gelten lassen will.

1. Sechs Figuren

Der Richter

Der Richter urteilt im Namen von Gesetzen oder Grundsätzen. Die Basis seiner Wertungen ist ein Allgemeines, um das er weiß oder zu wissen glaubt. Zwar kann seine Kritik ein Beitrag zur Revision allgemeiner Auffassungen sein, auf die er oder andere sich bislang gestützt haben, seine Kritik aber unterstellt sich einer Idee verbindlicher Gesetze oder Grundsätze. Daher steht er in einer prinzipiellen, durch allgemeine Gesichtspunkte garantierten Distanz zu den Fällen, mit denen er als Kritiker befasst ist. Sein primäres Medium ist der Schiedsspruch: er sagt, ob ein Zustand, eine Handlung oder ein Produkt legal, legitim, zumutbar, machbar, finanzierbar, avanciert oder genießbar ist, mit einem Wort: ob es so geht oder nicht. Dies kann er mehr oder weniger gut begründen; das Argumentieren jedoch ist seine eigentliche Domäne nicht. Seine Waffe ist das Urteil: er verfügt über die Macht oder die Kompetenz, oder maßt sie sich an, eindeutig Ja oder Nein zu sagen.

Eine Rolle wie diese besetzt nicht allein der Richter im Rechtssystem, sie wird überall bedient, wo Kritik mit einem starken Verlangen zugleich nach Objektivität und Vereinfachung verbunden ist. Ein Kant oder Heidegger füllt sie aus, wenn er die bisherige Metaphysik vor seinen Richtstuhl zwingt, ein politischer Kommentator, der den Kontrast zwischen Gut und Böse, Korruption und Anstand wiederherstellen will, erst recht ein Kunst- oder sonstiger Geschmacksrichter, der sein Publikum mit klaren Ansagen zu bedienen versucht. In der deutschen Literatur- und Theaterkritik wird dieser Typus am vitalsten von Marcel Reich-Ranicki und Gerhard Stadelmayer repräsentiert, doch sollte man daraus nicht folgern, dass das Gefallen am scharfen Urteil eine irgendwie reaktionäre Sache sei; auch Adorno hat im Zweifelsfall zu dieser Tonlage gegriffen.

Der Advokat

Der Advokat ist Befürworter einer Sache oder Partei. Er vertritt partikulare oder allgemeine Interessen großer oder geringer Reichweite, wie edel oder wenig edel diese auch sein mögen. Die Grundlage seiner Bewertungen ist eine Sache, für die er sich mit kühlem Kopf oder ganzem Herzen stark macht – für die Atomkraft oder deren Abschaffung, das Recht von Patienten oder die Sache der Genforschung, die soziale Gerechtigkeit oder die Liberalisierung von Märkten, die Bewahrung überlieferter Dramen oder die Freiheiten des Regietheaters. Er tut dies vor Instanzen unterschiedlichster Art, seien es Gerichte, Leserschaften, Talk-Runden, die politische Öffentlichkeit einer Gemeinde, Region oder der weiten Welt. Auf der Grundlage einer Überzeugung vom ideellen oder materiellen Wert einer bestimmten politischen, moralischen, rechtlichen oder ästhetischen Angelegenheit ist sein primäres Medium das Argument. Er macht sich stark für die Sache, in deren Namen er – offen oder aber in der Rolle eines Komplizen stillschweigend – agiert; für diese bringt er alles Erdenkliche vor, um seiner Partei zu Macht, Einfluss, Geltung oder Recht zu verhelfen.

Auch hier also, obwohl der *Typus* dieser Kritik erneut der Rechtssphäre entstammt, ist keineswegs das Gericht das alleinige Forum, auf dem sie agiert. Lobbyismus nahezu jeder Art setzt Heerscharen von Anwälten in Brot, die sich nach besten Kräften bemühen, die jeweiligen Interessen, Strömungen oder Bewegungen gut dastehen zu lassen. In der ästhetischen Kritik ist es oft ein relativ fixer Kanon, den Kritiker in der Rolle von Advokaten durchzusetzen versuchen. So tat sich Sigrid Löffler zu den Zeiten des *Literarischen Quartetts* zuverlässig als Advokatin einer Pro-Handke-und-Jelinek- und Anti-Bernhard-und-Philip-Roth-Partei hervor, mit einer ebenso zuverlässigen Abneigung gegen die Kunst von Autoren wie Claude Simon und William Gaddis (worin sie dann ausnahmsweise mit Reich-Ranicki konvergierte).

Der Ermittler

Der Ermittler will herausfinden, wie es wirklich war. In der Rolle des Kritikers arbeitet er nicht im Auftrag Dritter – sei dies die Staatsanwaltschaft oder eine Privatperson –, sondern auf eigene Rechnung. Er operiert im Namen einer Wahrheit, die er hinter dem vermutet, was für wahr bloß gehalten oder dafür ausgegeben wird. Ermitteln muss er, weil er diese verborgene Wahrheit selbst noch nicht kennt, obwohl allerlei Spuren auf sie verweisen. Deswegen muss er häufig verdeckt ermitteln, da den Täuschungen, gegen die er angeht, anders nicht beizukommen ist. Seine Arbeitsgrundlage ist eine vielfach erprobte Witterung, die ihm sagt, wo etwas faul und also für ihn etwas zu holen ist. Sein primäres Medium ist der Indizienbeweis: mit diesem legt er dar, dass es nicht so sein kann, wie es zu sein scheint. Die Kriterien seiner Wertungen entspringen einem generellen Affekt gegen die Illusion: mundus vult decipi, so weiß er, doch da macht er nicht mit. Der Part des Spielverderbers liegt ihm. Er begibt sich in den Nebel von Daten und Deutungen, um einen trügerischen Frieden als brüchig zu erweisen.

Paradebeispiel einer ermittelnden Kritik ist ein investigativer politischer Journalismus, der heute mehr und mehr die medialen Fassaden der großen und kleinen Politik zu erschüttern versucht. In der alten Bundesrepublik war Günter Wallraff seinerzeit ein Virtuose der verdeckten Ermittlung, als er sich von Industriebetrieben, Versicherungen und Zeitungen anheuern ließ, um anschließend zu publizieren, wie es da unter der Decke eines vermeintlichen Dienstes am Menschen zuging. Aber auch die ästhetische Kritik bringt diesen Typus immer wieder hervor. Gegenwärtig verkörpert ihn exemplarisch der Literaturhistoriker Michael Maar, wenn er unbekannte Affinitäten und Obsessionen Thomas Manns an den Tag bringt oder Vladimir Nabokov als Autor von *Lolita* im Gewand eines Plagiators vorführt.

Der Therapeut

Der Therapeut möchte den Frieden wiederherstellen. Er will Spannung nicht erzeugen, sondern beseitigen oder doch mildern. Seine Kritik ist konstruktiv gerade dort, wo sie destruktiv verfährt. Ihre Basis ist der Glaube, dass die Benennung von Krisen zu ihrer Überwindung führt. »Erkenne dich selbst« lautet das Motto, unter das er seine Arbeit stellt. Er urteilt im Namen eines Zustands, den es zu fördern gilt, weil er dem psychisch und sozial Machbaren entspricht. Seine entscheidende Waffe ist die Zustimmung: Er versucht den Punkt zu finden, an dem das Opfer seiner Kritik sich selbst ins Gesicht sehen kann. Wenn er gefunden hat, was das kritisierte Individuum oder Kollektiv ohne Reserve bejahen kann, worin es einen unzerstörten Rückhalt hat, kann er mit seinem Werk der Zerstörung beginnen. Er reißt die Fassaden des Selbstverständnisses ein, um die tragenden Mauern individueller oder sozialer Identität freilegen zu können. Sein primäres Medium ist das Gespräch. Er versucht es so zu gestalten, dass seine Adressaten am Ende zugeben müssen, dass sie von falschen Bildern ihrer selbst oder der Weltlage gefangen waren.

Die anerkannten Großmeister dieser Kritik sind Sokrates, Sigmund Freud und Ludwig Wittgenstein. Anders als viele der Therapeuten, die dieser Tage zu Geld und Ruhm gekommen sind, wussten diese noch, wie wenig gewonnen ist, wenn die Probleme gelöst sind – wenn Einzelne oder Gemeinschaften gelernt haben, mit ihren Neurosen zu leben. Dieses skeptische Wissen geht schnell verloren, wenn Kunstkritik im therapeutischen Modus angeboten wird. Dann soll der Konsument mit sanfter Massage an das herangeführt werden, was allen gefallen kann. Dies kann zu einem Verzicht auf jedes negative Urteil führen: Das Publikum soll schmerzfrei an das überall bereitliegende Gute und Schöne erinnert werden. Eine Moderatorin wie Elke Heidenreich verfährt nach diesem Prinzip. Nur keine Verrisse, lautet die Maxime; diese könnte der Kundschaft den Spaß an der Freude verderben. Zur Kunst des Therapeuten aber gehört gerade das Verdikt über Zustände, die ein Gedeihen der Literatur oder der Gesellschaft verhindern. In diesen Verdikten liegt die Hilfestellung, die der Therapeut guten Gewissens anbieten kann. Nur die Eugen Drewermanns dieser Welt operieren mit dem Versprechen, sie wüssten schon, wie ein richtiges Zueinander aussehen könnte. Deswegen sind sie – anders als Sokrates, Freud und Wittgenstein – im Herzen illiterat. Denn Literatur und Kunst wissen alles, aber das gerade nicht.

Der Enthusiast

Der Enthusiast gibt seiner Leidenschaft Ausdruck. Er ist immer mit heißem Herzen dabei. Grundlage seiner Voten ist eine Affinität, die er bereits hat – eine Leidenschaft für künstlerische oder politische, soziale, ästhetische oder theoretische Bewegungen, als deren Teil er sich erfährt und weiterhin erfahren möchte. Seine Stimme ist die der Zuneigung und Abneigung. Sein primäres Medium ist das Lob und der Fluch. Er verwirft, was er verwirft, und feiert, was er feiert, im Namen dessen, was es *ihm* sagt und gibt. Für das, was er ehrt und verehrt, wirbt er mit Äußerungen, die sich gerne in das Gewand von Argumenten kleiden, aber im Grunde nur Ornamente seiner Begeisterung oder Entgeisterung sind. In der Artikulation seiner eigenen Erfahrungen führt der Enthusiast vor, warum es sich lohnt, seiner Gemeinde beizutreten. Bevorzugte Stilmittel seiner Kritik sind Animation und Initiation, Beschwörung und Verwünschung, Aufruf und Pamphlet.

Auch dieser Typus ist in allen möglichen Gefilden zuhause, nicht zuletzt aber in einem, das als Gegenstand eines kritischen Diskurses oft gar nicht wahrgenommen wird: dem des professionellen Sports. Man denke nur an das wilde Spiel von Kritik und Gegenkritik, das das Wirken von Jürgen Klinsmann in den Monaten vor und während der vergangenen Fußballweltmeisterschaft begleitet hat. Auf einer ganz anderen Stufe der *sophistication* steht Hans Ulrich Gumbrechts Essay zum *Lob des Sports* – das Buch eines erklärten Enthusiasten, der nebenbei das Ziel verfolgt, das *Genre* der ästhetischen Apologie wieder salonfähig zu machen. In der bildenden Kunst dagegen ist der enthusiastische Kritiktypus zur Zeit in einige Bedrängnis geraten, da ihm von etlichen Seiten Obskurantismus und Geistestrübung vorgehalten wird. Wolfgang Kemps mit detektivischer Ironie geschriebene Geschichten unter dem Titel *Vertraulicher Bericht über den Verkauf einer Kommode* sind hierfür ein Beispiel. Nach Christian Demands grimmiger Diagnose in seiner Streitschrift *Die Beschämung der Philister. Wie die Kunst sich der Kritik entledigte* wimmelt es im gegenwärtigen Kunstbetrieb von Kritikern, die sich in quasireligiöser Erweckungsbereitschaft ständig ein X für ein U vormachen lassen und dadurch die Wahrnehmungsfähigkeit einer ganzen Branche ruinieren.

Der Opportunist

Der Opportunist sucht die Anlässe seiner Interventionen nicht, er findet sie. Er operiert im Namen einer Affinität, die er noch nicht hat. Er lässt sich von unverhofften Gegebenheiten zu seiner Kritik bestimmen. Er ist auf Opportunitäten aus – auf Gelegenheiten, die ihm zufallen. Er stützt sich auf Vorurteilen und Parteinahmen, wie sie sich nicht vermeiden lassen, auf einen ungeordneten Schatz an Bildung, auf Erfahrungen, die ihm lieb und teuer sind – nur um dies alles das über Bord zu werfen oder zumindest ins Wanken geraten zu lassen, wenn er auf Phänomene trifft, die seine intellektuelle Disposition zu irritieren vermögen. Er ist Agent seiner eigenen

Überraschungen – im Guten wie im Schlechten. Er genießt es, sich zu ärgern, aber ebenso, sich fesseln zu lassen. Grundlage seiner Kritik ist – nichts Bestimmtes; er hat kein Anliegen, ist kein Experte, verfügt über keinen gesicherten Stand, weder im Kopf noch im Herzen. Karl Heinz Bohrer hat einmal von dem »Unbekannten« als einer weithin missachteten kulturellen Norm gesprochen; allein dieser Norm ist der Opportunist verpflichtet. Er ist beständig auf der Suche nach Anlässen, die ihn so oder so bewegen – und von denen er bewegt sein will. Dennoch verfügt er über ein starkes Urteil. Denn er urteilt im Namen eben jener Prozesse, die seine Neugier erweckt haben. Sein primäres Medium ist das eigene Sensorium für Dinge, die es noch nicht gibt. Sein primäres Ausdrucksmittel ist die gedankliche Improvisation – das Zur-Sprache-Bringen von Ereignissen, die es ihm wert erscheinen, über den Augenblick hinaus festgehalten zu werden.

Auch dieser Typus ist nicht ausschließlich im ästhetischen Feld zugange. Von Gedanken und Theorien lässt er sich ebenso verführen wie von künstlerischen Objekten und sozialen oder kulturellen Umbrüchen. In jedem dieser Bereiche aber ist der Opportunist ästhetisch zugange – er lässt sich von dem Erscheinen der historischen Welt faszinieren. In Autoren wie Friedrich Schlegel, Walter Benjamin oder Roland Barthes hat er seine bedeutendsten Repräsentanten. So sehr Opportunismus in moralischen und politischen Angelegenheiten eine anrüchige Sache ist, für ein ästhetisches Bewusstsein verkörpert er das überlegene Prinzip.

2. Sechs Thesen

Der Richter will, dass Gerechtigkeit herrscht, der Advokat will Recht bekommen, der Ermittler will wissen, was los ist, der Therapeut will Hilfe leisten, der Enthusiast will seine Liebe erwidert sehen, der Opportunist will von einer Gelegenheit ergriffen werden. Das sind recht verschiedene Kraftfelder der Kritik, die sich nur teilweise vereinbaren lassen. Denn nicht alle dieser Figuren können gleich gut miteinander. Weder der Richter noch der Enthusiast sind nach dem Geschmack des Opportunisten; sie sind auf eine Weise festgelegt, wie er es gerade nicht sein möchte. Der Ermittler blickt wie der Opportunist auf den Therapeuten herab, da die

Rolle der Kritik für ihn eine unversöhnliche ist. Der Advokat hält den Richter für einen Schwärmer, der sich über die unvermeidliche Parteilichkeit der Kritik hinwegtäuscht, worin insbesondere der Enthusiast ihm beipflichten wird, der den Advokaten freilich (wie auch den Opportunisten) für einen seelenlosen Gesellen hält. Der Therapeut fühlt sich dem Richter verwandt, da dieser sich ebenfalls um Ausgleich bemüht, freilich nach Grundsätzen, die ihm abstrakt und daher unmenschlich erscheinen. Der Richter immerhin weiß, dass der Therapeut sich um den Schaden kümmert, den seine Urteile in einer heillosen Welt verursachen müssen; ein Faible hat er für den Ermittler, wenngleich er bei ihm ein konstruktives Pathos vermisst. Auch der Advokat sieht in dem Ermittler eine verwandte, wenngleich in seiner Fixierung auf Wahrheit zugleich eine lächerliche Figur. Und so weiter. Eine Fülle von Beziehungsdramen ließe sich für diese sechs Figuren entwerfen, die aber ihre Pointe alle darin hätten, dass immer dann, wenn zwei oder mehr von ihnen sich auf Artikel einer Charta ihres Berufsstandes einigen könnten, sofort ein Streit darüber ausbräche, wie die Präambel oder das Schlusswort auszusehen hätte.

Diese Beobachtung führt mich zu meiner ersten These: *Den* Typus des Kritikers gibt es nicht. Das in der Theorie der Kritik immer noch am häufigsten Pate stehende Modell des Richters darf nicht verabsolutiert werden. Es stellt weder das einzige noch das alles in allem wichtigste Modell der Kritik dar. Die Typen der Kritik können auf unterschiedliche Weise zueinander in Beziehung treten, einander überlagern und Mischformen ausbilden, aber so etwas wie eine Synthese gibt es nicht.

Als zweite These folgt hieraus, dass jede der verschiedenen Gestalten der Kritik ihre Berechtigung, aber auch ihre Grenzen hat. Einige dieser Grenzen habe ich in meinen Kurzporträts am Beispiel einiger Kritiker und Kritikerinnen erwähnt. Diese Grenzen haben jedoch grundsätzlich nichts mit der Unfähigkeit bestimmter Vertreter des einen oder anderen Typs, sondern mit dem jeweiligen Verfahren und der jeweiligen Ausrichtung von Kritik zu tun. Unterschiedliche Arten der Kritik vermögen Unterschiedliches zu leisten; in ihrer Differenz zueinander liegt ihre Produktivität.

Wie gut oder schlecht Kritiker sind, hängt letztlich immer an ihrer *Person*. Dies, so die dritte These, gilt für alle ihre Varianten. Engagement, Intelligenz, Wachheit und Wahrnehmungsfähigkeit sind für eine virtuose Ausübung jedes Stils der Kritik verlangt, auch wenn die besten Vertreter der unterschiedlichen Spielarten sich diese Eigenschaften oft mit einer gewissen Hingabe gegenseitig absprechen. Kritik, ob von der Art des Richters, des Therapeuten oder aller anderen, ist Sache einer Kunstfertigkeit, zu der es einer individuellen Kombination von Talenten bedarf.

Trotzdem, so die vierte These, ist es möglich, die Kraft der Kritik*formen* ihrerseits zu bewerten, wie ich es in meiner Darstellung ebenfalls angedeutet habe. Nimmt man ihre kulturelle Produktivität zum Kriterium ihrer Leistungsfähigkeit, so lässt sich unter ihnen eine kritische Abwägung treffen. Allerdings darf dies nicht in einer absoluten Manier erfolgen, die die eine *generell* als besser oder schlechter als andere qualifiziert. Bezogen auf bestimmte *Bereiche* der Kultur aber kommt bestimmten Kritikformen durchaus eine Vorrangstelle zu. In diesem Sinn habe ich den Opportunisten zum Primus im Feld der ästhetischen Kritik erhoben, während Therapeuten hier mit Vorsicht zu genießen sind. Dagegen dürfte der Therapeut im moralischen Feld die beste Figur machen, während hier der Opportunist nur schwer zu ertragen ist. Im Feld der politischen Kritik dürfte der Ermittler die am meisten beeindruckende Figur sein, hinter dem der Advokat nur auf den Plätzen landet. Bemerkenswert ist auch, dass der Richter weder in der politischen, noch in der moralischen, noch in der ästhetischen Sphäre die beste Performance bietet. Vielleicht ist er deswegen so lange als Prototyp durchgegangen, weil er fast überall gute Chancen auf den zweiten Rang hat.

Bevor dieses Spiel mit meinen Figuren und ihren wechselnden Hierarchien zu schematisch wird, reiche ich eine fünfte These nach: Die Grenzen zwischen unterschiedlichen Typen der Kritik sind diffus und sollten es sein. Die holzschnittartigen Linien, die ich gezogen habe, werden der tatsächlichen Praxis der stärksten Formen von Kritik nicht gerecht. Denn produktive Kritik ist immer zugleich Kritik der Kritik (einschließlich einer Kritik der Kritik der Kritik). Durch die Art ihrer Ausführung enthält sie eine Kritik an Vereinseitigungen des kritischen Gewerbes, wie sie überall da vorliegen, wo sich ein Typus in Reinform oder im Schein einer Synthese ihrer Formen präsentiert. Deshalb ist eine gute Kritikerin empfänglich für alle Tonlagen der Kritik, auch wenn sie entschieden mit der Stimme einer ihrer Grundformen spricht.

Daraus folgt sechstens und letztens: Auf Kritiker, auf deren Stil Verlass ist, ist nur selten Verlass.

Nachweise

1. *Ein Schritt in die Ästhetik* – zuerst erschienen in: A. Kern / R. Sonderegger (Hg.), Falsche Gegensätze. Zeitgenössische Positionen zur philosophischen Ästhetik, Frankfurt/M. 2002, 330-343.
2. *Ästhetik und Hermeneutik. Gegen eine voreilige Verabschiedung* – zuerst erschienen in: Neue Rundschau, 103/2002, H. 4, 167-175.
3. *Form als eine Organisation der Zeit* – zuerst erschienen in: J. Früchtl/ M. Moog-Grünewald (Hg.), Ästhetik in metaphysikkritischen Zeiten, Sonderheft 8 der Zeitschrift für Ästhetik und Allgemeine Kunstwissenschaft, 2007, 33-44.
4. *Über die Reichweite ästhetischer Erfahrung* – zuerst erschienen in: G. Mattenklott (Hg.), Ästhetische Erfahrung im Zeichen der Entgrenzung der Künste, Sonderheft 2004 der Zeitschrift für Ästhetik und Allgemeine Kunstwissenschaft, 73-81.
5. *Inszenieren als Erscheinenlassen* – zuerst erschienen in: J. Früchtl / J. Zimmermann (Hg.), Ästhetik der Inszenierung, Frankfurt/M. 2001, 48-62.
6. *Über den kulturellen Sinn ästhetischer Gegenwart – mit Seitenblicken auf Descartes* – zuerst erschienen in: Merkur 61/2007, 619-626.
7. *Die Macht des Erscheinens. Friedrich Nietzsches ästhetische Marginalisierung des Seins* – eine gekürzte Fassung ist erschienen in: du, H. 6/1998, 26-28.
8. *Vom Nutzen und Nachteil der evolutionären Ästhetik* – eine etwas ausführlichere Fassung ist erschienen in: B. Kleeberg / T. Walter / F. Crivellari (Hg.), Urmensch und Wissenschaften. Eine Bestandsaufnahme, Darmstadt 2005, 323-334.
9. *Intensivierung und Distanzierung. Stichworte zur ästhetischen Bildung* – zuerst erschienen in: Kunst + Unterricht, H. 176/1993, 48-49.
10. *Platons Apologie der Literatur* – zuerst erschienen als: *Plato's Apology for Literature: A Brief Reading of the Phaedrus*, in: H. Grabes (Hg.), Literature and Philosophy, Tübingen 1997, 15-24.
11. *Räume im Raum der Gegenwart. Über den Ort der Architektur* – zuerst erschienen in: Ausdruck und Gebrauch 2/2003, H. 3, 4-10.
12. *Realismus und Anti-Realismus in der Theorie des Films* – Originalbeitrag.
13. *Das Auto als Konzertsaal* – zuerst erschienen in: P. Kemper (Hg.), Der Trend zum Event, Frankfurt/M. 2001, 147-155.
14. *Die Idee der Musik* – zuerst erschienen in: Neue Zürcher Zeitung v. 1./2.10.2005, 66.

15. *Über einige Beziehungen der Vernunft zum Humor. Eine Lektüre der Korrektur von Thomas Bernhard* – eine kürzere Fassung ist zuerst erschienen in: Akzente 33/1986, 420-432.
16. *Mein Jahr in der Niemandsbucht. Peter Handkes Komödie der Kontemplation* – zuerst erschienen in: Merkur 49/1994, 1050-1054.
17. *Einiges zum Lob der Lakonie. Beim Lesen von Botho Strauß' Die Fehler des Kopisten*, in: Neue Rundschau 108/1997, H. 4, 17-24.
18. *Das Anti-Terror-Gesetz der Komik. Christoph Schlingensief verweigert den Ausbruch der Kunst aus der Kunst* – zuerst erschienen in: Theater heute 44/2003, H. 3, 24-27.
19. *Das Wagnis des Scheiterns. Fassbinder-Notizen*, in: Neue Rundschau 116/2005, H. 3, 143-148.
20. *Im Zweifelsgewann. Jürgen Wiesners fotografische Passagen zwischen Natur und Kunst* – erscheint auch in: Jürgen Wiesner, Zweifelsgewann – Traum der Materie, Katalog, Künzelsau 2007.
21. *Im Gegenlicht der Geschichte. Matthias Holländers monumentale Studie über die Gegenwart der Vergangenheit* – zuerst erschienen in: Südkurier v. 12. 4. 2007, 18.
22. *Gestalten der Kritik* – zuerst erschienen in: J. Huber / P. Stoellger / G. Ziemer / S. Zumsteg (Hg.), Ästhetik der Kritik. Verdeckte Ermittlung, Zürich–Wien–New York 2007, 21-27.

Personenregister

Adorno, Th. 27f., 38ff., 42, 82, 90, 118, 125, 150, 181ff., 246f., 250f., 260
Aiken, N. E. 112
Allen, R. 157ff., 165f.
Altman, R. 78
Antonioni, M. 160
Aristoteles 209, 217
Atta, M. 221f., 225f.
Aulaulu, C. 230
Auster, P. 238
Ayler, A. 185

Baer, H. 230
Balázs, B. 161
Ballhaus, M. 231
Barthes, R. 167, 173f., 257, 265
Bataille, G. 189
Baukus, P. 112
Baumgarten, A. G. 42, 90, 108, 118
Bazin, A. 155
Becker, K. 20
Beckett, S. 40, 193, 228, 236
Benjamin, W. 40, 162, 208, 248, 265
Berg, A. 183
Bernhard, Th. 189-206, 261
Beuys, J. 223f.
Bierbichler, J. 222, 224
Bleske, L. 112
Bloch, E. 13, 217
Böhm, K. 230
Bohrer, K. H. 27f., 40, 91, 105, 265
Bonnefoy, Y. 215
Borges, J. L. 193
Bourdieu, P. 117, 125
Brandom, R. 86
Bubner, R. 27f.
Buss, D. M. 110, 112

Cage, J. 180
Callas, M. 179
Cameron, J. 159
Carroll, N. 154
Carstensen, M. 230
Casdorf, F. 78
Cavell, S. 155f., 165
Caven, I. 230
Cervantes, M. de 193
Chabrol, C. 235
Chandler, R. 62
Coetzee, J. M. 62
Coltrane, J. 184f.
Conant, J. 157f.
Coppola, F. F. 160

Davidson, D. 86
Davis, M. 228
Deines, S. 55, 108, 175
Deleuze, G. 161
Demand, Ch. 264
Demand, Th. 168
Derrida, J. 46, 50, 82, 131, 133, 138
Descartes, R. 85-92
Desny, I. 230
Dilthey, W. 29
Diogenes 189, 203
Dissanayake, E. 110
Döblin, A. 235
Doderer, H. v. 193
Dohnanyi, K. v. 151
Donizetti, G. 179
Drach, A. 193
Drewermann, E. 263
Duchamp, M. 61, 71

Eco, U. 189
Eibl-Eibesfeldt, I. 112

Eisenhauer, D. D. 24
Eisenmann, P. 151
Elsaesser, Th. 162

Fassbinder, R. W. 160, 228-236
Feige, D. 8, 175
Fengler, M. 231
Fincher, D. 160
Fleißer, M. 233
Ford, J. 160, 230
Foucault, M. 46, 189
Frege, G. 98
Freud, S. 263
Fritsch, H. G. 223 f.

Gadamer, H.-G. 29, 31, 33 ff.
Gaddis, W. 261
Gempart, M. 223
Genet, J. 232
Godard, J.-L. 160, 230, 234
Goebbels, H. 77
Goethe, J. W. v. 37
Goffman, E. 70
Gould, S. J. 112
Grass, G. 193
Greengrass, P. 44
Griffith, D. W. 161, 230
Groys, B. 221
Gumbrecht, H.-U. 27 f., 31 f., 63, 77, 82-85, 90 f., 93, 264
Gunning, T. 162 f., 166
Gursky, A. 171, 244

Hammett, D. 62
Handke, P. 46, 207-213, 218 f., 237, 261
Hansen, M. 163
Hartung, K. 148 f.
Haselton, M. G. 112
Hattan, E. 20
Hawks, H. 231

Hegel, G. W. F. 12, 25, 37, 39, 43, 86, 90, 101, 109, 155, 190, 202, 210, 245
Hegemann, K. 221
Heidegger, M. 29, 33, 37, 47 f., 73, 82, 85, 91, 102, 189, 202, 260
Heidenreich, E. 263
Heino 179
Hendrix, J. 181
Hermann, I. 222, 230
Herzmanovsky, F. v. 193
Herzog, W. 229
Hitchcock, A. 230
Hoffmann, E. T. A. 193
Holländer, M. 252-258
Homer 91, 135, 140
Hörisch, J. 27 f.
Horváth, Ö. v. 233

Iser, W. 73 f.

Jakobson, R. 24
Jean Paul 190, 193 f., 203
Jelinek, E. 78, 261
John, G. 230
Jutzi, P. 232

Kant, I. 13 f., 29, 39, 41 f., 90, 95, 102, 118, 194, 202, 246 f., 250, 260
Kaufmann, G. 230
Keitel, H. 238
Keller, G. 193
Kemp, W. 264
Keppler, A. 74, 153, 164, 175
Kern, P. 230
Klinsmann, J. 264
Kluge, A. 61, 229
Kopystiansky, I. u. S. 20
Kracauer, S. 155 f., 162, 165, 167 f.
Kraus, K. 150, 250
Kuhlbrodt, F. 223

Lamprecht, G. 230
Lessing, G. E. 42
Lewontin, R. C. 112
Libeskind, D. 44
Liptow, J. 55
Löwitsch, K. 230
Lucas, G. 230
Luhmann, N. 74, 224, 239
Lumsden, C. J. 111
Lynch, D. 65, 231

Maar, M. 262
Man, P. de 35 ff.
Mann, Th. 262
Marquard, O. 191-194
Mattenklott, G. 91
McDowell, J. 86
Mendes, S. 15
Menke, Ch. 27 f., 92
Metz, Ch. 157 f., 169
Monet, C. 247
Montaigne, M. E. de 202
Mozart, W. A. 179
Musil, R. 62

Nabokov, V. 262
Nádas, P. 225 f.
Nietzsche, F. 12, 39, 59, 90, 95-106, 190, 202, 240
Nolan, Ch. 160
Novalis 190

Panofsky, E. 155 f., 161
Parker, Ch. 44
Pascal, B. 95
Pereira, S. 8
Picasso, P. 228
Pinker, S. 112
Platon 13, 86, 98, 131-142, 189, 214 f.
Preisendanz, W. 192 ff.
Presley, E. 224

Proust, M. 35 f., 40
Pynchon, Th. 193

Raab, K. 230
Rabelais, F. 193
Raben, P. 233
Retsum, Ch. 175
Reich-Ranicki, M. 260 f.
Reinhardt, A. 247
Ritters, J. 191
Rodriguez, R. 160
Rohmer, E. 230
Rorty, R. 131
Røssaak, E. 175
Rossi, P. 23
Roth, Ph. 21 ff., 78, 261

Schinkel, K. F. 148 f.
Schlegel, F. 190, 265
Schleiermacher, F. 29
Schlingensief, Ch. 62, 221-227
Schlüter, A. 148 f.
Schmidt, A. 193
Schönberg, A. 183
Schopenhauer, A. 39, 45, 50, 59, 90, 101, 202
Schroeter, W. 229
Schubert, F. 246
Schwarzenegger, A. 159
Schygulla, H. 230
Scorsese, M. 160, 230
Sellars, W. 86
Serra, R. 151
Shackelford, T. K. 112
Shakespeare, W. 21 ff.
Shepp, A. 44
Simon, C. 41, 91, 261
Sindermann, Th. 8
Sirk, D. 231
Sloterdijk, P. 221
Sonderegger, R. 27 f.
Spaemann, R. 70

Spengler, V. 233
Springer, M. 8
Stadelmayer, G. 260
Stiegler, B. 175
Stockhausen, K. 221
Straub, J.-M. 233
Strauß, B. 214-220
Stroheim, E. v. 230
Sukova, B. 230

Tarantino, Q. 65, 160
Tedjasukmana, Ch. 8, 175
Theunissen, M. 40, 48, 50
Thornhill, R. 118
Tolstoi, L. 36
Trier, L. v. 62

Valéry, P. 40, 42, 51, 90
Violas, B. 44
Voland, E. 108, 112 f.
Voss, Ch. 157, 175

Wachowski, L. und A. 231, 253
Wächter, F. K. 70
Wakefield, C. 112
Wallraff, G. 262
Wang, W. 238
Webern, A. 179
Weibel, P. 221
Wenders, W. 229 f.
Wiesner, J. 237-251
Williams, W. C. 52
Wittgenstein, L. 202, 263
Wolf, U. 211
Wong, K.-W. 160

Young, L. 181

Zahavi, A. und A. 113

Theoretische Texte zu Kunst und Ästhetik im Suhrkamp Verlag
Eine Auswahl

Rudolf Arnheim
- Film als Kunst. Mit einem Nachwort von Karl Prümm und zeitgenössischen Rezensionen. stw 1553. 336 Seiten
- Rundfunk als Hörkunst. Mit einem Nachwort von Helmut H. Diederichs und zeitgenössischen Rezensionen. stw 1554. 224 Seiten
- Die Seele in der Silberschicht. Medientheoretische Texte. Photographie – Film – Rundfunk. Mit einem Nachwort von Helmut H. Diederichs und zeitgenössischen Rezensionen. stw 1654. 434 Seiten

Mieke Bal. Kulturanalyse. Herausgegeben von Thomas Fechner-Smarsly und Sonja Neef. Übersetzt von Joachim Schulte. Mit zahlreichen Abbildungen. 372 Seiten. Gebunden

Béla Balázs
- Der Geist des Films. Mit einem Nachwort von Hanno Loewy. stw 1537. 237 Seiten
- Der sichtbare Mensch. Mit einem Nachwort von Helmut H. Diederichs. stw 1536. 177 Seiten

Wolfgang Beilenhoff (Hg.). Poetika Kino. stw 1733. 465 Seiten

Walter Benjamin. Medienästhetische Schriften. Mit einem Nachwort von Detlev Schöttker. stw 1601. 443 Seiten

Hans Blumenberg. Ästhetische und metaphorologische Schriften. Herausgegeben von Anselm Haverkamp. stw 1513. 462 Seiten

Pierre Bourdieu. Die Regeln der Kunst. Genese und Struktur des literarischen Feldes. Übersetzt von Bernd Schwibs und Achim Russer. stw 1539. 552 Seiten

Peter Bürger
- Das Altern der Moderne. Schriften zur bildenden Kunst. stw 1548. 218 Seiten
- Theorie der Avantgarde. Mit einem Vorwort zur zweiten Auflage. es 727. 147 Seiten

Arthur C. Danto. Die Verklärung des Gewöhnlichen. Eine Philosophie der Kunst. Übersetzt von Max Looser. stw 957. 321 Seiten

Gilles Deleuze
- Das Bewegungsbild-Bild. Kino I. Übersetzt von Ulrich Christians und Ulrike Bokelmann. stw 1288. 332 Seiten
- Das Zeit-Bild. Kino 2. Übersetzt von Klaus Englert. stw 1289. 454 Seiten

John Dewey
- Erfahrung, Erkenntnis und Wert. Herausgegeben und übersetzt von Martin Suhr. stw 1647. 480 Seiten
- Kunst als Erfahrung. Übersetzt von Christa Velten, Gerhard vom Hofe und Dieter Sulzer. stw 703. 411 Seiten

Georges Duby. Die Zeit der Kathedralen. Kunst und Gesellschaft 980-1420. Übersetzt von Grete Osterwald. Mit Abbildungen. stw 1011. 561 Seiten

Umberto Eco. Das offene Kunstwerk. Übersetzt von Günter Memmert. stw 222. 442 Seiten

Christine Eichel. Vom Ermatten der Avantgarde zur Vernetzung der Künste. Perspektiven einer interdisziplinären Ästhetik im Spätwerk Theodor W. Adornos. 340 Seiten. Gebunden

Sergej Eisenstein. Jenseits der Einstellung. stw 1766. 455 Seiten

Michel Foucault. Schriften zur Literatur. Übersetzt von Michael Bischoff, Hans-Dieter Gondek und Hermann Kocyba. Auswahl und Nachwort von Martin Stingelein. stw 1675. 416 Seiten

Foucault und die Künste. Herausgegeben im Auftrag des Zentrums für Kunst- und Medientechnologie von Peter Gente. stw 1667. 338 Seiten

Manfred Frank. Einführung in die frühromantische Ästhetik. Vorlesungen. es 1563. 466 Seiten

Josef Früchtl
- Ästhetische Erfahrung und moralisches Urteil. Eine Rehabilitierung. 519 Seiten. Gebunden
- Das unverschämte Ich. Eine Heldengeschichte der Moderne. stw 1693. 422 Seiten

Josef Früchtl/Jörg Zimmermann (Hg.). Ästhetik der Inszenierung. es 2196. 300 Seiten

Alexander García Düttmann. Kunstende. Drei ästhetische Studien. 168 Seiten. Broschiert

Peter Geimer (Hg.). Ordnungen der Sichtbarkeit. Fotografie in Wissenschaft, Kunst und Technologie. stw 1538. 448 Seiten

Peter Gendolla/Thomas Kamphusmann (Hg.). Die Künste des Zufalls. stw 1432. 304 Seiten

**Peter Gendolla/Norbert M. Schmitz/Irmela Schneider/
Peter M. Spangenberg (Hg.).** Formen interaktiver Medienkunst. stw 1544. 428 Seiten

Gérard Genette
- Mimologiken. Eine Reise nach Kratylien. Übersetzt von Michael von Killisch-Horn. stw 1511. 516 Seiten
- Palimpseste. Die Literatur auf zweiter Stufe. Aesthetica. Übersetzt von Wolfram Bayer und Dieter Hornig. es 1683. 535 Seiten
- Paratexte. Das Buch zum Beiwerk des Buches. Übersetzt von Dieter Hornig. stw 1510. 408 Seiten

Eva Geulen. Das Ende der Kunst. Lesarten eines Gerüchts nach Hegel. stw 1577. 208 Seiten

Carlo Ginzburg. Das Schwert und die Glühbirne. Picassos ›Guernica‹. Übersetzt von Reinhard Kaiser. Mit Abbildungen. es 2103. 108 Seiten

Luca Giuliani. Bildnis und Botschaft. Hermeneutische Untersuchungen zur Bildniskunst der römischen Republik. Leinen und kartoniert. 335 Seiten

Ernst H. Gombrich/Julian Hochberg/Max Black. Kunst, Wahrnehmung, Wirklichkeit. Übersetzt von Max Looser. es 860. 156 Seiten

Nelson Goodman. Sprachen der Kunst. Entwurf einer Symboltheorie. Übersetzt von Bernd Philippi. stw 1304. 254 Seiten

Nelson Goodman/Catherine Z. Elgin. Revisionen. Philosophie und andere Künste und Wissenschaften. Übersetzt von Bernd Philippi. Mit Abbildungen. 225 Seiten. Gebunden

Götz Großklaus. Medien-Bilder. Inszenierungen der Sichtbarkeit. es 2319. 249 Seiten

Boris Groys/Michael Hagemeister (Hg.). Die neue Menschheit. Biopolitische Utopien in Russland zu Beginn des 20. Jahrhunderts. stw 1763. 640 Seiten

Boris Groys/Aage Hausen-Löve (Hg.). Am Nullpunkt. Positionen der russischen Avantgarde. stw 1764. 550 Seiten

G. W. F. Hegel. Philosophie der Kunst. Vorlesung von 1826. Herausgegeben von Annemarie Gethmann-Siefert, Jeong-Im Kwon und Karsten Berr. stw 1722. 298 Seiten

Dieter Henrich. Fixpunkte. Aufsätze und Essays zur Theorie der Kunst. stw 1610. 302 Seiten

Dieter Henrich/Wolfgang Iser (Hg.). Theorien der Kunst. stw 1012. 637 Seiten

Max Imdahl. Gesammelte Schriften. Drei Bände. Auch einzeln lieferbar.
- Band 1: Zur Kunst der Moderne. Herausgegeben und eingeleitet von Angeli Janhsen-Vukićević. Mit zahlreichen Abbildungen. 562 Seiten. Leinen
- Band 2: Zur Kunst der Tradition. Herausgegeben und eingeleitet von Gundolf Winter. Mit zahlreichen Abbildungen. 503 Seiten. Leinen
- Band 3: Reflexion – Theorie – Methode. Herausgegeben und eingeleitet von Gottfried Boehm. Mit einem Beitrag von Hans Robert Jauß. Mit zahlreichen Abbildungen. 732 Seiten. Leinen

Wolfgang Iser. Das Fiktive und das Imaginäre. Perspektiven literarischer Anthropologie. stw 1101. 522 Seiten

Hans Robert Jauß. Ästhetische Erfahrung und literarische Hermeneutik. 877 Seiten. Gebunden

Andrea Kern. Schöne Lust. Eine Theorie der ästhetischen Erfahrung nach Kant. stw 1474. 336 Seiten

Andrea Kern/Ruth Sonderegger (Hg.). Falsche Gegensätze. Zeitgenössische Positionen zur philosophischen Ästhetik. stw 1576. 345 Seiten

Franz Koppe (Hg.). Perspektiven der Kunstphilosophie. Texte und Diskussionen. stw 951. 412 Seiten

Ernst Kris/Otto Kurz. Die Legende vom Künstler. Ein geschichtlicher Versuch. stw 1202. 188 Seiten

Richard Kuhns. Psychoanalytische Theorie der Kunst. Übersetzt von Klaus Laermann. 195 Seiten. Kartoniert

Claude Lévi-Strauss. Sehen, Hören, Lesen. Übersetzt von Hans-Horst Henschen. stw 1661. 184 Seiten

Paul de Man. Die Ideologie des Ästhetischen. Herausgegeben von Christoph Menke. Übersetzt von Jürgen Blasius. es 1682. 300 Seiten

Christoph Menke
- Die Souveränität der Kunst. Ästhetische Erfahrung nach Adorno und Derrida. stw 958. 311 Seiten
- Die Gegenwart der Tragödie. stw 1649. 300 Seiten

Dieter Mersch. Ereignis und Aura. Untersuchungen zu einer »performativen Ästhetik«. es 2219. 312 Seiten

Erwin Panofsky. Die Renaissancen der europäischen Kunst. Übersetzt von Horst Günther. stw 883. 436 Seiten

K. Ludwig Pfeiffer. Das Mediale und das Imaginäre. Dimensionen kulturanthropologischer Medientheorie. 624 Seiten. Gebunden

Hermann Pfütze. Form, Ursprung und Gegenwart der Kunst. stw 1417. 260 Seiten

Max Raphael. Werkausgabe. Herausgegeben von Hans-Jürgen Heinrichs. 11 Bände in Kassette. stw 831-841. 3448 Seiten. Auch einzeln lieferbar

Martin Seel
- Eine Ästhetik der Natur. stw 1231. 389 Seiten
- Die Kunst der Entzweiung. Zum Begriff der ästhetischen Rationalität. stw 1337. 373 Seiten
- Ästhetik des Erscheinens. stw 1641. 328 Seiten

Georg Simmel. Goethe. Deutschlands innere Wandlung. Das Problem der historischen Zeit. Rembrandt. Herausgegeben von Uta Kösser, Hans-Martin Kruckis und Otthein Rammstedt. Gesamtausgabe Band 15. Gebunden und stw 815. 678 Seiten

Ruth Sonderegger. Für eine Ästhetik des Spiels. Hermeneutik, Dekonstruktion und der Eigensinn der Kunst. stw 1493. 391 Seiten

Bernd Stiegler. Bilder der Photographie. es 2461. 276 Seiten

Robert Stockhammer (Hg.). Grenzwerte des Ästhetischen. stw 1602. 240 Seiten

Dieter Thomä. Totalität und Mitleid. stw 1765. 278 Seiten

Edgar Wind. Kunst und Anarchie. Die Reith Lectures 1960. Mit Abbildungen. stw 1163. 219 Seiten

Uwe Wirth. Performanz. Von der Sprachphilosophie zur Kulturwissenschaft. stw 1575. 435 Seiten

Herta Wolf (Hg.)
- Paradigma Fotografie. Fotokritik am Ende des fotografischen Zeitalters. Band 1. Mit zahlreichen Abbildungen. stw 1598. 467 Seiten
- Diskurse der Fotografie. Fotokritik am Ende des fotografischen Zeitalters. Band 2. Mit zahlreichen Abbildungen. stw 1599. 496 Seiten

Kulturwissenschaft und Kulturtheorie im Suhrkamp Verlag
Eine Auswahl

Aleida Assmann/Ulrich Gaier/Gisela Trommsdorff (Hg.). Positionen der Kulturanthropologie. stw 1724. 391 Seiten

Michail M. Bachtin. Rabelais und seine Welt. Volkskultur als Gegenkultur. Übersetzt von Gabriele Leupold. Herausgegeben und Vorwort von Renate Lachmann. stw 1187. 546 Seiten

Mieke Bal. Kulturanalyse. Herausgegeben von Thomas Fechner-Smarsly und Sonja Neef. Übersetzt von Joachim Schulte. Mit zahlreichen Abbildungen. 372 Seiten. Gebunden

Roland Barthes
- Fragmente einer Sprache der Liebe. Übersetzt von Hans-Horst Henschen. st 1586. 279 Seiten
- Die Körnung der Stimme. Interviews 1962-1980. Übersetzt von Agnès Bucaille-Euler, Birgit Spielmann und Gerhard Mahlberg. es 2278. 404 Seiten
- Mythen des Alltags. Übersetzt von Helmut Scheffel. es 92. 152 Seiten

Hans Blumenberg. Arbeit am Mythos. stw 1805. 699 Seiten

Günter Burkart/Gunter Runkel (Hg.). Luhmann und die Kulturtheorie. stw 1725. 391 Seiten

Peter Burke. Was ist Kulturgeschichte? Übersetzt von Michael Bischoff. Gebunden. 204 Seiten

Jonathan Crary. Aufmerksamkeit. Wahrnehmung und moderne Kultur. Übersetzt von Heinz Jatho. Mit zahlreichen Abbildungen. 408 Seiten. Gebunden

Ute Daniel. Kompendium Kulturgeschichte. Theorien, Praxis, Schlüsselworte. stw 1523. 476 Seiten

Norbert Elias
Über den Prozeß der Zivilisation. Soziogenetische und psychogenetische Untersuchungen. Zwei Bände in Kassette oder auch einzeln erhältlich
- Band 1: Wandlungen des Verhaltens in den weltlichen Oberschichten des Abendlandes. stw 158. 504 Seiten
- Band 2: Wandlungen der Gesellschaft. Entwurf zu einer Theorie der Zivilisation. stw 159. 604 Seiten

Elena Esposito. Die Verbindlichkeit des Vorübergehenden: Paradoxien der Mode. Übersetzt von Alessandra Corti. 192 Seiten. Kartoniert

Harry G. Frankfurt. Bullshit. Übersetzt von Michael Bischoff. Gebunden. 73 Seiten

Josef Früchtl. Das unverschämte Ich. Eine Heldengeschichte der Moderne. stw 1693. 422 Seiten

Michael Giesecke
- Sinnenwandel, Sprachwandel, Kulturwandel. Studien zur Vorgeschichte der Informationsgesellschaft. stw 997. 374 Seiten
- Von den Mythen der Buchkultur zu den Visionen der Informationsgesellschaft. Mit CD-Rom. stw 1543. 464 Seiten

Hans Ulrich Gumbrecht. 1926. Ein Jahr am Rand der Zeit. Übersetzt von Joachim Schulte.
514 Seiten. Gebunden. stw 1655. 554 Seiten

Martin Ludwig Hofmann/Tobias F. Korta/Sibylle Niekisch (Hg.). Culture Club. Klassiker der Kulturtheorie. stw 1668. 304 Seiten

Eva Illouz. Gefühle in Zeiten des Kapitalismus. Übersetzt von Martin Hartmann. Broschur. 170 Seiten

Vladimir Jankélévitch.
- Das Verzeihen. Essays zur Moral und Kulturphilosophie. Herausgegeben von Ralf Konersmann. Übersetzt von Claudia Brede-Konersmann. Mit einem Vorwort von Jörg Altwegg. Gebunden und stw 1731. 292 Seiten
- Der Tod. Übersetzt von Brigitta Restorff. Gebunden. 576 Seiten

Ralf Konersmann. Kulturelle Tasachen. stw 1774. 406 Seiten

André Leroi-Gourhan. Hand und Wort. Die Evolution von Technik, Sprache und Kunst. Übersetzt von Michael Bischoff. Mit 153 Zeichnungen des Autors. stw 700. 532 Seiten

Winfried Menninghaus
- Ekel. Theorie und Geschichte einer starken Empfindung. stw 1634. 592 Seiten
- Das Versprechen der Schönheit. 386 Seiten. Gebunden

K. Ludwig Pfeiffer. Das Mediale und das Imaginäre. Dimensionen kulturanthropologischer Medientheorie. 624 Seiten. Gebunden

Paul Rabinow
- Anthropologie der Vernunft. Studien zur Wissenschaft und Lebensführung. Herausgegeben und übersetzt von Carlo Caduff und Tobias Rees. stw 1646. 252 Seiten
- Was ist Anthropologie? Herausgegeben und übersetzt von Carlo Caduff und Tobias Rees. stw 1687. 168 Seiten

Philipp Sarasin. Reizbare Maschinen. Eine Geschichte des Körpers 1765-1914. stw 1524. 512 Seiten

Philipp Sarasin/Jakob Tanner (Hg.). Physiologie und industrielle Gesellschaft. Studien zur Verwissenschaftlichung des Körpers im 19. und 20. Jahrhundert. stw 1343. 529 Seiten

Thomas Schlich/Claudia Wiesemann (Hg.). Hirntod. Zur Kulturgeschichte der Todesfeststellung. stw 1525. 352 Seiten

Alfred North Whitehead
- Denkweisen. Herausgegeben und übersetzt von Stascha Rohmer. stw 1532. 208 Seiten
- Kulturelle Symbolisierung. Herausgegeben und übersetzt von Rolf Lachmann. stw 1497. 147 Seiten

Slavoj Žižek
- Die gnadenlose Liebe. Übersetzt von Nikolaus G. Schneider. stw 1545. 192 Seiten
- Körperlose Organe. Bausteine für eine Begegnung zwischen Deleuze und Lacan. Übersetzt von Nikolaus G. Schneider. stw 1698. 297 Seiten
- Die Puppe und der Zwerg. Das Christentum zwischen Perversion und Subversion. Übersetzt von Nikolaus G. Schneider. stw 1681. 190 Seiten
- Die Revolution steht bevor. Dreizehn Versuche über Lenin. Übersetzt von Nikolaus G. Schneider. es 2298. 192 Seiten
- Die Tücke des Subjekts. Übersetzt von Eva Gilmer, Anne von der Heiden, Hans Hildebrandt und Andreas Hofbauer. 552 Seiten. Gebunden

Slavoj Žižek/Mladen Dolar/Stojan Pelko u. a. Was Sie schon immer über Lacan wissen wollten und Hitchcock nie zu fragen wagten. stw 1580. 259 Seiten